―新しい福祉国家という出口戦略

# インフレ不況と『資本論』

関野秀明

新日本出版社

はじめに

　本書は三つの性格を有している。その第一は、10年超にわたり継続している経済レジーム、アベノミクスへの批判的・同時代的現状分析の集積という性格である。この10年の私の経済学研究は常にアベノミクスとの格闘であった。株式バブルと「働く貧困」との同時進行、コロナ危機と「社会保障の貧困」との同時進行、首都圏再開発・不動産バブルと「住まいの貧困」との同時進行、TPP等の自由貿易体制強化と地域・国民経済衰退との同時進行、「量的金融緩和・インフレの危機」と「利上げ・大不況の危機」との同時進行など、アベノミクスの時系列的変化と対峙し続けた結果が、私の経済学、本書にほかならない。

　本書の第二の性格は、第一の性格・アベノミクス批判を、マルクス『資本論』の経済学に立ち返りその本質を分析することで、『資本論』の経済学の理論的前進を試みたことである。本書はアベノミクスの破綻的危機を「金融危機と結合した過剰生産恐慌」の危機として分析する。その基礎理論は、1865年にマルクスが『資本論』第二部第一草稿で発見し、2002年に不破哲三氏が『マルクスと「資本論」──再生産論と恐慌』で再発見した「恐慌の運動論」「流通過程の短縮論」「マルクスのバブルの理論」である。資本主義的再生産過程は、労働者の賃金、資本家の利潤等の所得に基づく需要・「現実の需要」から乖離し、商業信用、銀行信用、株式信用等の信用（債権・債務関係）に基づく需要・「架空の需要」に沿って拡大、「流通過程を短縮」「加速」させ「見せかけの繁栄」を生み出す。しかし、借りた金が返せない、停滞する「現実の需要」による債務不履行、金利の急騰、金融危機が「架空の需要」を消滅させ、過剰生産恐慌を表面化させる。本書は、アベノミクス「量的金融緩和政策」を中央銀行信用バブルの創造と規定する。そして、その「架空の需要」創造が「万能とも錯覚するような」軌道に沿って拡大し、インフレーションによって「現実の需要」に引き戻されるという新しい景気循環過程を明らかにする。

　本書の第三の性格は、アベノミクスからの「出口戦略」を、広い意味でマル

クスの政治経済学における最良の後継者による二つの理論に基づき、具体的に提案することである。

その一つは、ケインズとともに有効需要原理の同時発見者であるミハウ・カレツキによる「賃金主導型経済成長論」である。カレツキはマルクスの再生産表式論に所得分配分析を導入し、その「三部門（生産手段生産部門、資本家消費手段生産部門、労働者消費手段生産部門）分割二価値（賃金・可変資本、利潤）構成再生産表式」論を完成させた。その結論は、ある一定の条件の下で、賃金の引き上げは利潤を減らすことなく経済全体を成長させる、という衝撃的な内容である。本書は、インフレ鎮圧の利上げにより労働者・市民が困窮しない第一の「出口戦略」として、「最低賃金全国一律1500円」政策パッケージと「三部門分割三価値構成」再生産表式で証明する「賃金主導型経済成長論」を提示する。

その二つは、日本における「脆弱な社会保障ゆえの極端な企業依存的労働者生活」「長期雇用・年功制と引き換えの大企業中心社会」の仕組みを解明し「社会保障の充実による企業社会統合からの解放」を描き出した「新しい福祉国家」論である。渡辺治、後藤道夫、二宮厚美、岡田知弘の４氏が中心となって生み出した「新しい福祉国家」論は、強力な大企業中心的支配構造・企業社会統合の重要な環として「脆弱な社会保障」の果たす負の機能を発見した。子どもの教育費、家族の住居費、医療費のために労働者が死ぬほどの長時間過密労働をすすんで受け入れる企業社会統合が解明され、欧州福祉国家を参考に、高福祉が極端な企業依存を終わらせ高賃金、人間らしい労働を可能とする大衆的社会統合・福祉国家レジームが提唱された。本書は「賃金主導型経済成長」を成立させ、それが現在の「利潤主導型経済成長」のような商品、貨幣、資本の物神性に支配され、労働者の健康と地球環境を壊す経済にならないために、高度の公共性・助け合い社会、「新しい福祉国家」の必要性を提示する。具体的には30兆円規模の税の集め方と使い方の改革案を提示する。「新しい福祉国家」こそがアベノミクスからの第二の「出口戦略」である。

以下に本書は、第１章「ポスト新自由主義社会の展望と『資本論』──マルクスのバブルの論理と資本主義の必然的没落論より考える」において、2020年コロナ危機・医療崩壊が「働く貧困」と「社会保障の貧困（特に診療報酬削

減）」を梃子にして利潤、株式配当、株価を引き上げる金融バブル誘導策の帰結であることを解明する。そしてアベノミクス・中央銀行信用バブルの構図を『資本論』第二部第一草稿「恐慌の運動」論（バブルの論理）に立ち返り解明する。本章は、「ポスト新自由主義社会の展望と『資本論』――マルクスのバブルの論理と資本主義の必然的没落論より考える」（『経済』2021年5月号〔No.308〕24〜37頁）に基づき大幅に加筆・修正している。

第2章は、「アベノミクス不動産バブルと住まいの貧困――マルクス『不動産バブルの論理』『地代、土地価格と架空資本の論理』に立ち返る」と題し、リニア中央新幹線計画、建築規制緩和、J-REIT不動産投資信託証券化の三本柱による東京都心「不動産バブル」の仕組みを分析する。そしてアベノミクス不動産バブルの構図を『資本論』第二部第二篇「不動産バブルの論理」および第三部第六篇「地代、土地価格と架空資本の論理」に立ち返り解明する。本章は、「不動産バブル、住まいの貧困と『資本論』――マルクス『不動産バブルの論理』『地代、土地価格と架空資本の論理』に立ち返る」（『経済』2022年4月号〔No.319〕130〜145頁）に基づき大幅に加筆・修正している。

第3章、第4章は、「アベノミクス通商政策の三つの性格――『資本論』の信用・世界市場論に立ち返り考える（上）（下）」と題し、「1　多国間主義WTO、包括的地域主義TPP、二国間主義FTAを米国言いなりに変更する、戦略の対米従属性」「2　米国との対等な駆け引きをよそおいつつ大幅譲歩を繰り返す、戦術の欺瞞性」「3　輸入し過ぎ同時に輸出し過ぎる自己目的的な貿易拡大という本質的性格」を一連の自由貿易交渉経過から明らかにする。そして「輸入し過ぎ同時に輸出し過ぎる」という本質的性格をマルクス『資本論』第三部第四篇における信用と世界市場の役割、英国の東インド貿易における「架空の需要の拡大」メカニズムに立ち返り解明し、加えて貿易と信用の不均衡により「架空の需要の崩壊」に至る法則性を『資本論』第三部第五篇「信用主義から重金主義への転化」に立ち返り解明する。この二つの章は、「アベノミクス通商政策の三つの性格：『資本論』の信用・世界市場論に立ち返り考える（上）」（『経済』2020年1月号〔No.292〕106〜116頁）、「アベノミクス通商政策の三つの性格：『資本論』の信用・世界市場論に立ち返り考える（下）」（『経済』2020年2月号〔No.293〕138〜146頁）に基づき大幅に加筆・修正して

いる。

第5章は、「アベノミクス『インフレ不況』と『資本論』——中央銀行信用バブルとインフレ調整」と題し、インフレと不況の狭間で「量的金融緩和政策」が行き詰まり、「単純な利上げ」が政府、企業、家計の債務危機を経由して、また「インフレの放置」が実質賃金低下や原材料費高騰による中小企業経営危機を経由して、共に経済危機に至る現状を解明する。その上で、『資本論』第三部第四篇、五篇の「バブルの論理」に立ち返り、「中央銀行信用」バブルは「万能性」とも錯覚する「架空の需要」拡大を生むが、インフレによる利子率上昇・「架空の需要」消滅、またはインフレ放置による「現実の需要」減退を契機に崩壊する、中央銀行信用バブルはインフレにより調整される、という景気循環過程を解明する。本章は、「アベノミクス『インフレ不況』と『資本論』——中央銀行信用バブルとインフレ調整」（『経済』2023年6月号〔No.333〕120～139頁）に基づき大幅に加筆・修正している。

第6章、第7章は、「最低賃金全国一律1500円と賃金主導型経済成長——三部門三価値再生産表式の所得分配分析（上）（下）」と題し、アベノミクス「インフレ不況」からの出口戦略として「最低賃金全国一律1500円」の必要性、有効性について解明する。そして「最低賃金全国一律1500円」を可能にする中小企業支援策（中小零細企業の社会保険料事業主負担7割・5兆円削減）とその財源（大企業「租税特別措置」等廃止・5兆円）を解明する。

加えて、賃金上昇が資本蓄積と国民経済にポジティブな影響をおよぼすとする「賃金主導型経済成長モデル」の可能性を独自の三部門三価値再生産表式を用いて証明する。この二つの章は、基本的に新たな書下し原稿であるが、第7章第4節で用いた再生産表式の展開は、次の論稿「マルクス『資本論』第1部資本蓄積論と賃金主導型経済成長論——3部門3価値再生産表式における所得分配と経済成長との関係を中心に」（熊本学園大学経済学部『経済論集』、第14巻第1、2、3、4合併号、99～114頁、2008年）に基づいている。しかしながら、本書の分析は、2008年の『熊本学園大学・経済論集』論稿では未解決に終わった三部門三価値再生産表式における完全な「貨幣還流の法則」の証明を含んでいる。

第8章は、「少子化の原因を解明、克服する——賃金主導型経済成長と新し

い福祉国家」と題し、少子化の原因が「社会保障の貧困」と「働き方の貧困」にあること、この二つの貧困は相互促進の関係にあることを解明する。そしてこの二つの貧困の相互促進を断つために「賃金主導型経済成長」と「新しい福祉国家」構想が必要であり、具体的に30兆円規模の税の集め方と使い方の大転換が必要かつ可能であることを解明する。そして最後に『資本論』第一部第七篇の「相対的過剰人口の法則」に立ち返り、「最低限界」の労働条件で労働力を供給する「資本主義的生産様式に固有の人口法則」を解明し、このような「過剰労働」と労働力の「萎縮した形態」（少子化）を克服するマルクスの革命論、「資本主義の必然的没落の法則」論、「社会変革の主体的条件の成熟」論を考察する。本章は、「現代資本主義分析と『資本論』——『少子化』の原因と法則性を解明する」（『経済』2018年5月号〔No.272〕86～96頁）に基づき大幅に加筆・修正している。

　本書は、「弁証法的唯物論の経済学は事実から出発すべき」「多様で具体的な現状分析を突き詰めた先に理論的本質、法則性が見える」という立場から、全体で129の統計図表、概念図を用いており、全て2023年夏の時点での最新データに更新をしている。

　また、本書に引用した『資本論』は、すべて新日本出版社の新版（全12分冊）からで、巻数と頁を示した。最後にこれらの論稿をつくり上げるうえで、常にあたたかく、粘り強く筆者に援助を続けてくださった、日本共産党中央委員会社会科学研究所の柳沢健二さん、新日本出版社『経済』編集部の羽田野修一さん、本書の編集と著者への助言に力添えをいただいた新日本出版社の角田真己さん、みなさんに心からお礼を申し上げます。

2024年2月

関野　秀明

## 初出一覧

第1章 「ポスト新自由主義社会の展望と『資本論』——マルクスのバブルの論理と資本主義の必然的没落論より考える」『経済』2021年5月号（No.308）24～37頁。

第2章 「不動産バブル、住まいの貧困と『資本論』——マルクス『不動産バブルの論理』『地代、土地価格と架空資本の論理』に立ち返る」『経済』2022年4月号（No.319）130～145頁。

第3章 「アベノミクス通商政策の三つの性格——『資本論』の信用・世界市場論に立ち返り考える（上）」『経済』2020年1月号（No.292）106～116頁。

第4章 「アベノミクス通商政策の三つの性格——『資本論』の信用・世界市場論に立ち返り考える（下）」『経済』2020年2月号（No.293）138～146頁。

第5章 「アベノミクス『インフレ不況』と『資本論』——中央銀行信用バブルとインフレ調整」『経済』2023年6月号（No.333）120～139頁。

第6章 書下ろし

第7章 「マルクス『資本論』第1部資本蓄積論と賃金主導型経済成長論——3部門3価値再生産表式における所得分配と経済成長との関係を中心に」熊本学園大学経済学部『経済論集』第14巻第1、2、3、4合併号、99～114頁、2008年。

第8章 「現代資本主義分析と『資本論』——『少子化』の原因と法則性を解明する」『経済』2018年5月号（No.272）86～96頁。

# 第1章　ポスト新自由主義社会の展望と『資本論』
### ——マルクスのバブルの論理と資本主義の必然的没落論より考える

インフレ前夜の2020年、感染症拡大を契機とした経済社会の危機、コロナ危機は、貧困と失業の激化、医療崩壊の危機に瀕してなお、「雇用によらない働き方（フリーランス）推進」等の労働規制緩和、「後期高齢者医療費自己負担倍増」等の社会保障削減、日本銀行とGPIF（年金積立金管理運用独立行政法人）による株価買い支えという新自由主義の継続以外に策がない支配的エリート層の限界を可視化した。しかし、新自由主義も資本主義も自動崩壊しない以上、危機の構造、客観的法則性と変革の必然性が解明されなければならない。

　本稿は第一に、2020年コロナ危機が、貧困を梃子にして利潤、株式配当、株価を引き上げる金融バブル誘導策の帰結、アベノミクス「複合不況」であることを解明する。第二に、資本主義が危機回避策として、再生産「過程の規模が必要とする」架空の需要、金融バブルを周期的に生み出すとした『資本論』第二部第一草稿「恐慌の運動」論（バブルの論理）に立ち返り、アベノミクス・バブルの構造を解明する。そして第三に、恐慌が資本主義の終末でなく循環周期であるからこそ、「資本主義の必然的没落」の証明である『資本論』第一部「革命の主体的条件成熟」論に立ち返り、ポスト新自由主義・アベノミクスの展望を論じる。

## 第1節　コロナ危機＝アベノミクス「複合不況」と金融バブル誘導策

### 1　コロナ危機＝アベノミクス「複合不況」の三重構造

　2020年の経済危機、コロナ危機の第一の原因は、感染症拡大による「需要蒸発」である。その結果、2020年初より失業が増大、特に現役世代・非正規労働者の雇止めが進んだ。図1-1は、2020年3月頃から2021年4月頃にかけて、解雇・雇止めが「女性非正規労働者」「男性非正規労働者」「男性正規労働者」の順に進行し、2023年春の時点においても雇用の本格回復に至っていな

## 図 1-1　年齢階層、雇用形態、男女別雇用増減数の推移 <small>（前年同月比）</small>

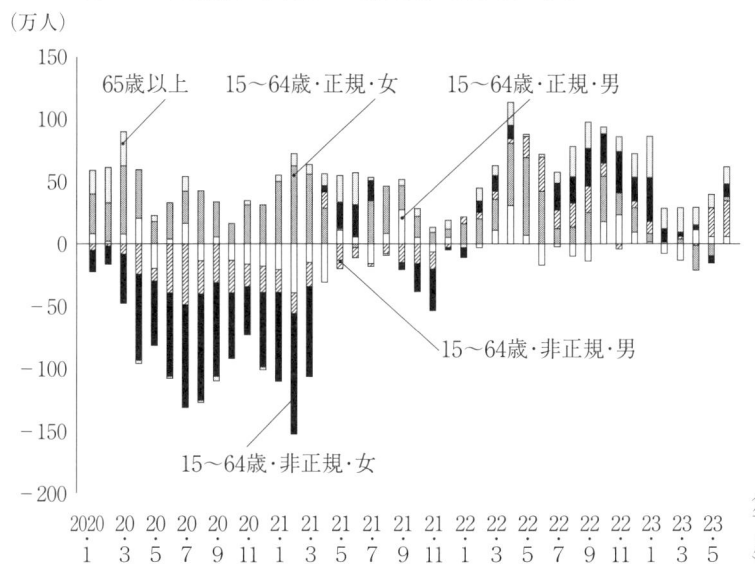

（出所：総務省「労働力調査」より筆者作成）

## 図 1-2　消費物価指数、実質賃金指数、消費者信用供与額の推移

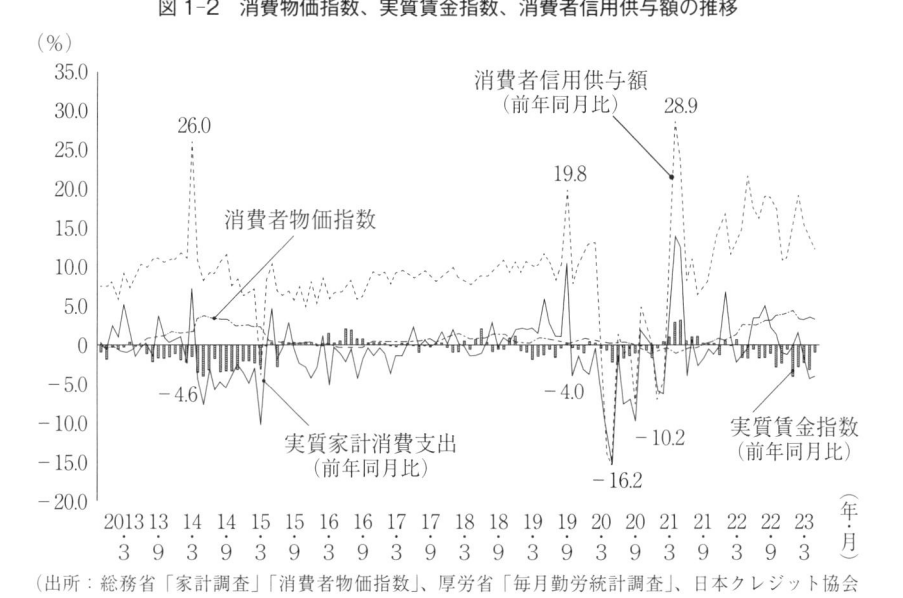

（出所：総務省「家計調査」「消費者物価指数」、厚労省「毎月勤労統計調査」、日本クレジット協会
「クレジットカード動態調査」より筆者作成）

いことを示している。また図1-2は、2020年5月に実質家計消費支出が前年同月比−16.2％と過去に例のない減少に落ち込んだことを示している。

しかし、2020年経済危機は単純な「コロナ不況」ではない。実質家計消費支出低迷の第二の原因は、消費税増税である。同じく図1-2は、2014年春、19年秋の消費税増税により実質賃金の低下が深刻となり、家計消費が大幅に減少したことを示している。特に2019年10月の消費税率10％への引き上げ後、2023年5月までの44か月間において、前年同月比で実質賃金指数がプラスの月は13か月、実質家計消費支出がプラスの月は14か月にとどまる。また実質家計消費支出が大幅プラスとなった2014年3月、2019年9月の消費税増税前「駆け込み需要」、2021年4、5月の「コロナ回復需要」は消費者信用供与額の大幅増、家計債務増加によることも注意が必要である。

その上で、2020年経済危機における第三の、最も構造的な原因は、アベノミクスという政策そのものである。よってこの危機は、アベノミクスに規定された「複合不況」である。

表1-1　アベノミクス10年間の「実績」

| | 2012年<br>前年 | 2013年<br>1年目 | 2014年<br>2年目 | 2015年<br>3年目 | 2016年<br>4年目 |
|---|---|---|---|---|---|
| ①実質GDP成長率 | 1.4% | 2.0% | 0.3% | 1.6% | 0.8% |
| 　うち民需 | 1.8% | 1.8% | 0.0% | 0.9% | −0.1% |
| 　うち公需 | 0.4% | 0.6% | 0.3% | 0.1% | 0.4% |
| 　うち外需 | −0.8% | −0.4% | 0.0% | 0.5% | 0.5% |
| ②大企業経常利益(兆円) | 25.97 | 34.82 | 37.42 | 40.23 | 42.43 |
| 　前年比増加率 | 8.29% | 34.08% | 7.5% | 7.5% | 5.5% |
| ③労働者平均給与月額(万円) | 31.4 | 31.4 | 31.7 | 31.4 | 31.6 |
| 　実質賃金前年比増加率 | −0.8% | −0.7% | −2.8% | −0.8% | 0.8% |
| ④大企業株式配当(兆円) | 10.60 | 10.59 | 12.08 | 17.27 | 15.50 |
| ⑤非正規雇用比率 | 35.2% | 36.7% | 37.4% | 37.5% | 37.5% |
| 　正規雇用者数(万人) | 3,345 | 3,302 | 3,288 | 3,317 | 3,372 |
| 　非正規雇用者数(万人) | 1,816 | 1,910 | 1,967 | 1,986 | 2,025 |
| ⑥日経平均株価(12/1付・円) | 10,395 | 16,291 | 17,450 | 19,033 | 19,114 |
| ⑦合計特殊出生率 | 1.41 | 1.43 | 1.42 | 1.45 | 1.44 |
| ⑧社会保障支出／GDP比率 | 22.1 | 22.1 | 21.8 | 22.2 | 22.3 |

（出所：内閣府「国民経済計算」、財務省「法人企業統計」、厚労省「毎月勤労統計調査」「人口動態調査」・人口問題研究所「社会保障費用統計」、OECD Social Expenditure Database、日経平均プロフィ

## 2 アベノミクス10年間の「実績」

　表1-1は「アベノミクス10年間の『実績』」一覧表である。①10年間の「実質GDP成長率」の平均は0.54%、民主党政権期の平均1.83%、末期である2012年の1.4%を下回っている。特に民間需要の成長率は常に2012年の数値を超えていない。「②大企業経常利益」「④株式配当」は2倍、「⑥株価」は3倍に膨張した。アベノミクスの本質は、大企業・富裕層優遇の資産バブル誘導政策であり、「株価・株主資本主義」である。

　このような1%のエリート層の利益は、99%のノン・エリート層を犠牲にした「成長戦略」の結果である。アベノミクス10年間の「③労働者平均給与月額（名目）」は年平均1200円増にとどまる。労働者派遣法期間規制撤廃、「働き方改革」と称する「月100時間残業の合法化」「成果主義拡大」「フリーランスの奨励」等の労働規制緩和こそが、図1-1が示す非正規労働者使い捨ての雇用危機と、図1-2が示す実質賃金低迷の構造的原因である。[1]

　また表1-1は、アベノミクスの10年間が「⑧社会保障支出／GDP比率」を一貫して抑制し続け、「⑦合計特殊出生率」の低下、少子化を再び加速させていることを示す。[2]

| 2017年 5年目 | 2018年 6年目 | 2019年 7年目 | 2020年 8年目 | 2021年 9年目 | 2022年 10年目 |
|---|---|---|---|---|---|
| 1.7% | 0.6% | −0.4% | −4.3% | 2.1% | 1.0% |
| 1.1% | 0.4% | −0.4% | −4.1% | 0.5% | 1.7% |
| 0.1% | 0.2% | 0.5% | 0.6% | 0.6% | −0.1% |
| 0.6% | 0.0% | −0.4% | −0.8% | 1.0% | −0.6% |
| 46.30 | 48.24 | 41.69 | 37.07 | 49.53 | 57.36 |
| 9.1% | 4.1% | −13.5% | −11.1% | 33.6% | 15.8% |
| 31.7 | 32.4 | 32.3 | 31.8 | 31.9 | 32.6 |
| −0.2% | 0.2% | −1.0% | −1.2% | 0.6% | −0.9% |
| 17.47 | 18.92 | 18.50 | 20.22 | 22.20 | 24.66 |
| 37.3% | 37.9% | 38.3% | 37.2% | 36.7% | 36.9% |
| 3,434 | 3,492 | 3,515 | 3,556 | 3,587 | 3,588 |
| 2,040 | 2,126 | 2,173 | 2,100 | 2,075 | 2,101 |
| 22,764 | 22,629 | 23,529 | 27,444 | 27,935 | 28,226 |
| 1.43 | 1.42 | 1.36 | 1.33 | 1.30 | 1.26 |
| 22.3 | 22.5 | 22.3 | (24.9) | | |

査」、総務省「消費者物価指数」、総務省「労働力調査」、国立社会保ルより筆者作成）

## 3 コロナ危機「医療崩壊」とアベノミクス社会保障抑制・削減政策

　このようなアベノミクス10年間の社会保障抑制・削減政策こそが2020年コロナ危機における「医療崩壊」の直接的原因にほかならない。図1-3は、1998年「橋本構造改革」以降、公的医療保険が病院の医療サービスと医薬品提供に対して支払う「診療報酬」が、連続的にマイナス改定され、2022年までの累計で12％減少したことを示している。その結果、図1-4の示すように地域医療の中核を担いコロナ対応の拠点でもあった公立病院数とその病床数はデータのある2005年以降、一貫して減り続けている。

　この「診療報酬」大幅削減は地域の病院経営を圧迫し医療そのものを歪める。「医療サービス、医薬品」の単位当たり報酬である「診療報酬」削減は、病院経営を維持するため、最小限の医師、看護師数で最大限の入院患者、外来患者を受け入れる「薄利多売」の医療（2時間待ちの3分診療）を必然化する。表1-2は、日本の医師数、病床当たり看護師数が少ないこと、病床数・平均在院日数が多く、医師一人当たりの年間診察回数が5000件を超過する「平時における過重労働・過剰効率経営」であることを示している。このような「平時に

図 1-3　診療報酬改定率の推移

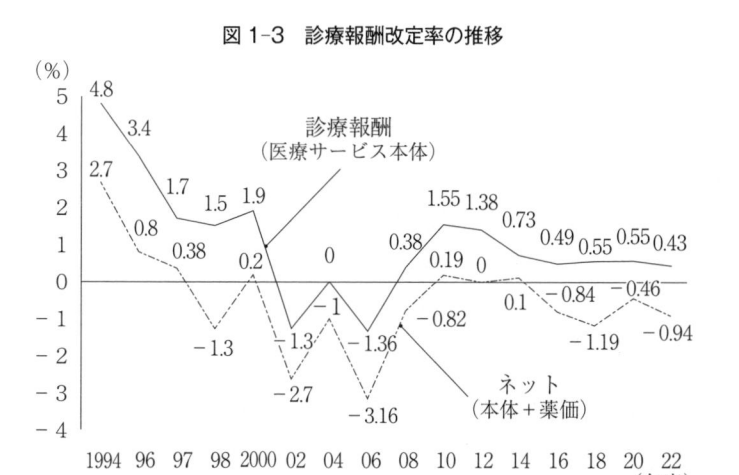

（出所：厚生労働省、日本医師会資料より筆者作成）

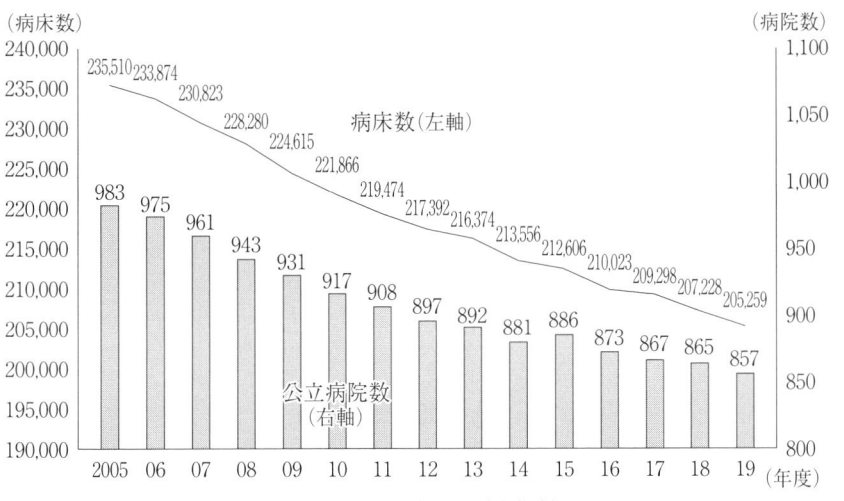

図 1-4　公立病院数と公立病院病床数の推移

（病床数）／（病院数）

病床数（左軸）
235,510 233,874 230,823 228,280 224,615 221,866 219,474 217,392 216,374 213,556 212,606 210,023 209,298 207,228 205,259

公立病院数（右軸）
983 975 961 943 931 917 908 897 892 881 886 873 867 865 857

2005 06 07 08 09 10 11 12 13 14 15 16 17 18 19 （年度）

（出所：総務省「公立病院の現状について（2021年）」より筆者作成）

表 1-2　医療分野についての国際比較 （2019年）

|  | 日本 | ドイツ | フランス | スウェーデン | イギリス |
|---|---|---|---|---|---|
| 総病床数/人口千人 | 12.8 | 7.9 | 5.8 | 2.1 | 2.5 |
| ICU病床数/人口10万人 | 13.8 | 28.2 | 16.4 | 5.1 | 7.3 |
| 臨床医師数/人口千人 | 2.5 | 4.4 | 3.2 | 4.3 | 3.0 |
| 臨床医師数/病床100床 | 19.5 | 55.7 | 55.2 | 204.8 | 120.0 |
| 女性医師の割合(%) | 22 | 48 | 46 | 50 | 49 |
| 臨床看護職員数/人口千人 | 11.8 | 13.9 | 11.1 | 10.9 | 8.2 |
| 臨床看護職員数/病床100床 | 92.2 | 175.9 | 191.4 | 519.0 | 328.0 |
| 平均在院日数(急性期) | 16.0 | 8.9 | 8.8 | 5.6 | 6.9 |
| 外来診察回数/人口1人 | 12.5 | 9.8 | 5.9 | 2.6 | 5.0 |
| 年間診察回数/医師1人 | 5011 | 2230 | 1880 | 625 | ― |
| 一人当たり医療費(ドル) | 4691 | 6518 | 5274 | 5552 | 4500 |
| 総医療費の対GDP比率 | 11.0 | 11.7 | 11.1 | 10.9 | 10.2 |
| OECD諸国間順位(34か国) | 5 | 2 | 4 | 6 | 12 |
| 平均寿命(男:歳) | 81.4 | 79.0 | 79.9 | 81.5 | 79.6 |
| 平均寿命(女:歳) | 87.4 | 83.7 | 85.9 | 84.8 | 83.3 |

（出所：OECD Health Data 2021 より筆者作成）

における過重労働・過剰効率経営」がコロナ危機のような「有事における『欧米諸国と比べ多い病床と少ない患者での』医療崩壊」を招いたのである。

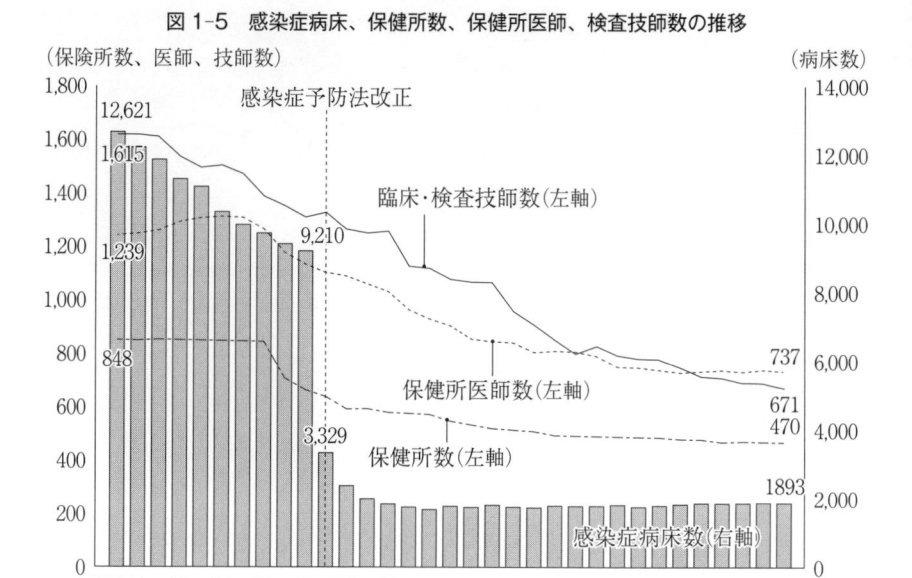

図1-5 感染症病床、保健所数、保健所医師、検査技師数の推移

（出所：全国保健所長会資料、厚労省「地域保健・健康増進事業報告」、厚労省「医療施設動態調査」より筆者作成）

　新自由主義・アベノミクスにより、生活保護基準切り下げ、年金引き下げ、異常な高学費といった脆弱な福祉、自己責任社会が進行した。その結果、公助で守られない99％の労働者・勤労市民は「自立困難な低賃金でいつでも使い捨てられる非正規労働」「人間性を使い潰すブラックな正規労働」に追い詰められている。よってアベノミクス「継承」政権も、感染症拡大下における貧困、雇用不安、医療崩壊に無力・無為・無策なのである。感染症病床数、保健所数、保健所医師数、保健所検査技師数が減り続けてきたことを示す図1-5は、新自由主義・アベノミクスが、いかに社会的共同的な医療保健体制を弱体化させてきたかを物語る。

## 4　「小さな政府」と「成長戦略」、大企業・富裕層減税

　社会保障抑制・削減政策を継続してきたアベノミクス新自由主義政権は、緊

急の国民救済策・支出が求められていた 2021 年を通じても「小さな政府」で
あり続けた。図 1-6 は、主要な先進諸国の中で日本と米国が「政府の総支出」
において対 GDP 比 40％台前半であること、その原因が「政府の総収入」にお
いて対 GDP 比 30％台にとどまること、を示している。日本の財政赤字の原因
は「多すぎる政府総支出」ではなく「少なすぎる政府総収入」である。

　この「少なすぎる政府総収入」「小さな政府」が大企業・富裕層優遇税制を
可能にし、大企業・富裕層優遇税制が株価・株主資本主義を可能にしている。
図 1-7 は、いわゆる「1 億円の壁」問題を示している。「年間申告所得が 1 億
円までの者」は所得比例的に所得税負担率が上昇する。しかし「年間申告所得
が 1 億円を超える者」は所得に反比例して所得税負担率が下降していく。申告
所得に対する社会保険料の負担率が年収 150 ～ 200 万円層において最も重いこ
とと対照的である。このような富裕層への減税が可能である理由は、「年間申
告所得が 1 億円を超える者」の「株式所得割合」が高いことであり、有価証券
優遇税制の結果である。図 1-8 は、2023 年 1 月時点において日本の有価証券
利益に課される税率が 20.3％の分離課税であり、米国（ニューヨーク市）の
34.8％を大きく下回ることを示す。

　また、2011 年に 40％だった法人税率はアベノミクス 10 年間で 30％を下回

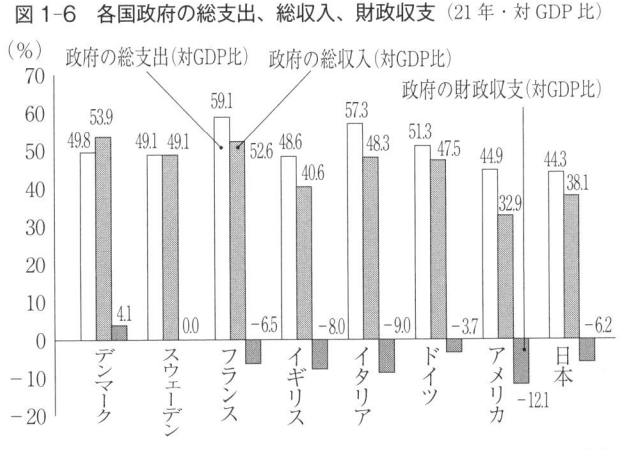

図 1-6　各国政府の総支出、総収入、財政収支 （21 年・対 GDP 比）

（出所：OECD Government at a glance, National account at a glance より
筆者作成）

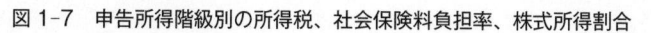

図 1-7 申告所得階級別の所得税、社会保険料負担率、株式所得割合

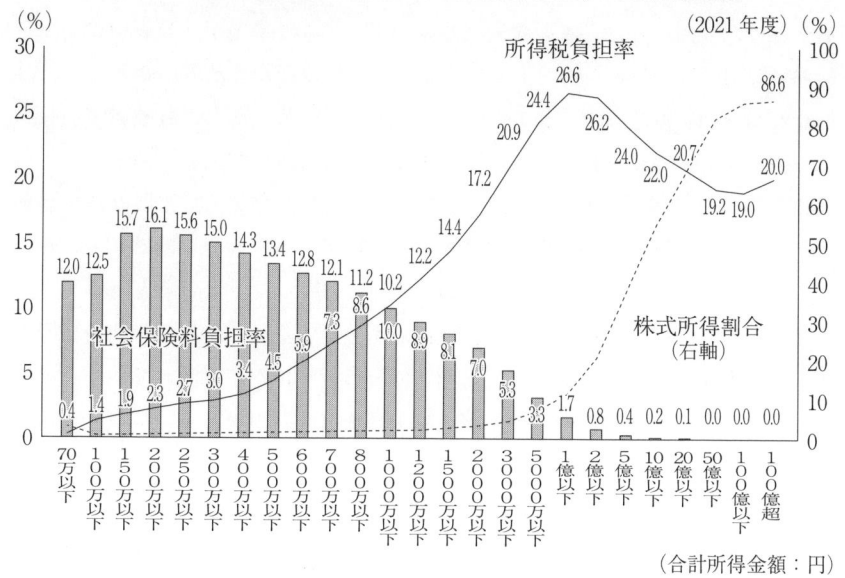

（出所：国税庁「令和 3 年申告所得税標本調査結果」より筆者作成）

った。この大企業・富裕層減税
が大企業利潤と株式配当、株価
を引き上げる有力な要因になっ
ている。

5 アベノミクス・バブル
　誘導政策による格差拡
　大

　新自由主義・アベノミクスに
よる「働き方改革」「社会保障
改革」「大企業・富裕層減税」
といった「成長戦略」と「量的
金融緩和政策」は、株価・株式
利益期待の増幅と緩和マネーの

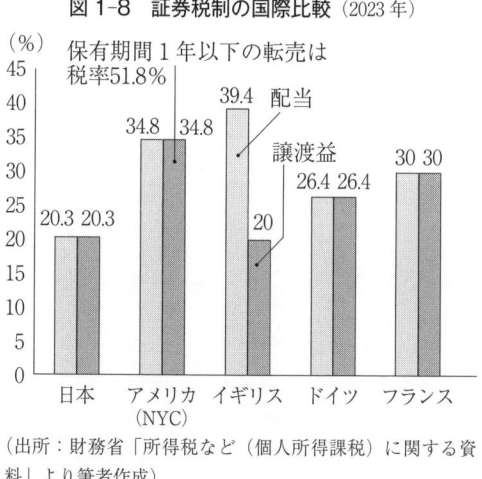

図 1-8　証券税制の国際比較 （2023 年）

（出所：財務省「所得税など（個人所得課税）に関する資料」より筆者作成）

資産市場への流入により、資産バブルの膨張による格差拡大をもたらした。図

1-9 は、日経平均株価が、日本銀行による追加の金融緩和（2014年10月、16年9月、20年3月）と日銀によるETF・株式購入により上昇してきたことを示している。その結果、図1-10のように「量的緩和、成長戦略」の恩恵を受ける「貯蓄額4000万円以上層」割合と、その犠牲となる「貯蓄額100万円未満層」割合が増大して格差が広がり、中間層は減る傾向にある。

さらに、深刻なのは、「量的金融緩和」ゼロ金利政策の下、図1-11のように20代の「債務／年収」比率（2002年比）が2.5倍、30代が2倍に急増したことである。奨学金・教育ローン、消費者・自動車ローン、住宅ローン等による若年層家計の重債務化は、一方で「需要の先取り」、現実の所得に基づかない「架空の需要」を増大させるが、他方で表1-3の通り、今後の不況深刻化、金利の1～2％上昇で、2～3倍もの金利負担増大につながる。

同じ「量的緩和、成長戦略」が、一方で賃金所得低下、雇用不安、社会保障削減、消費増税による労働者階級の「現実の需要」不足を生み出すが、他方で利潤、株式配当、株価引き上げによる大企業・富裕層の金融資産膨張による資

図1-9　日経平均株価とETF売買代金の推移

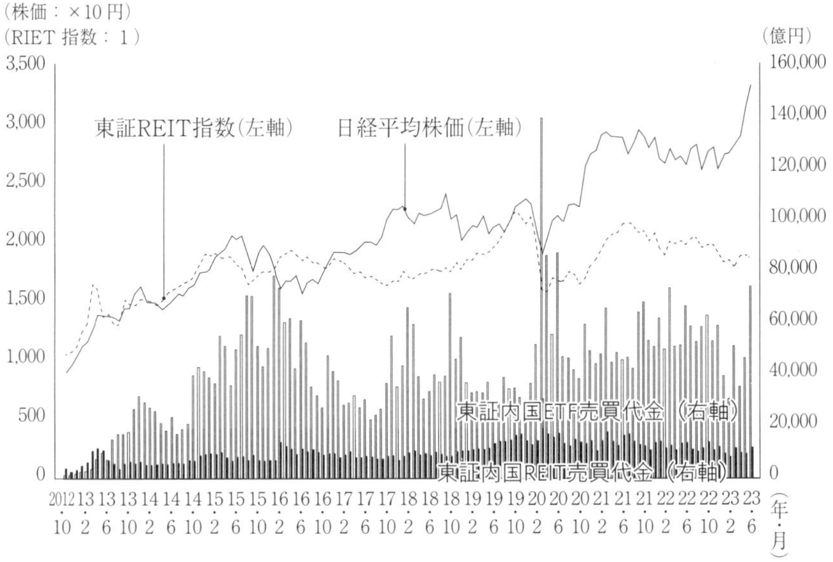

（出所：日経平均プロフィル、日本取引所グループ資料より筆者作成）

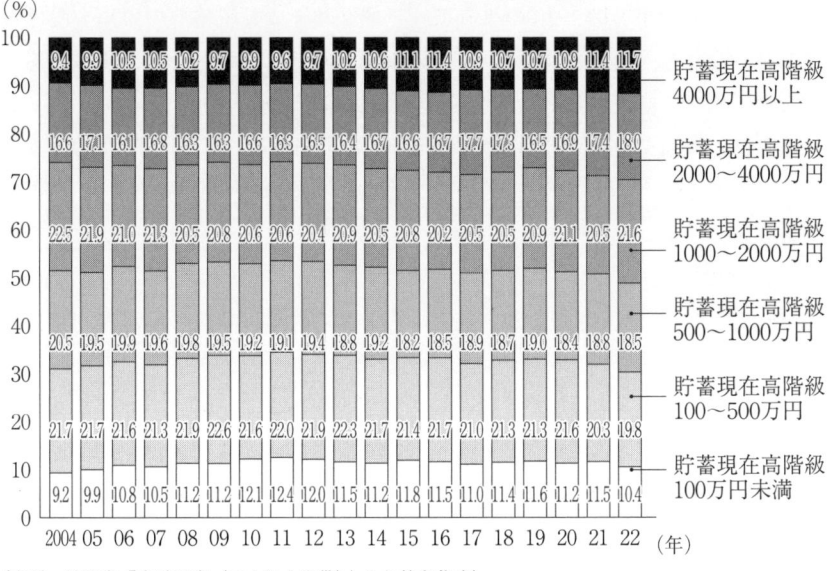

図 1-10　貯蓄額階級・構成比の推移

貯蓄現在高階級
4000万円以上

貯蓄現在高階級
2000〜4000万円

貯蓄現在高階級
1000〜2000万円

貯蓄現在高階級
500〜1000万円

貯蓄現在高階級
100〜500万円

貯蓄現在高階級
100万円未満

（出所：総務省「家計調査（二人以上世帯）」より筆者作成）

図 1-11　年齢階級別「負債／年間収入」比率の推移

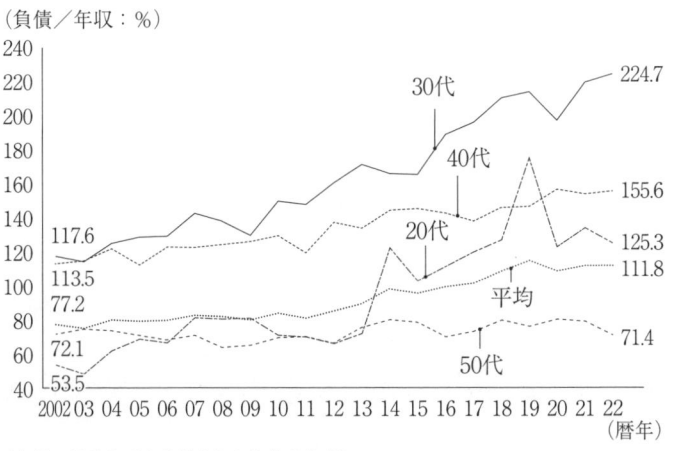

（出所：総務省「家計調査」より筆者作成）

表 1-3　金利 1 ～ 2 ％上昇による返済額、利子総額の変化

|  | 借入金額（万円） | 年利 | 返済期間 | 返済月額（万円） | 返済年額（万円） | 総返済額（万円） | 利子総額（万円） | 増加額（万円） |
|---|---|---|---|---|---|---|---|---|
| ①当初借入・返済計画 | 3,000 | 1.0% | 35年 | 8.5 | 102 | 3,557 | 557 | − |
| ③金利が 1 ％上昇 | 3,000 | 2.0% | 35年 | 10 | 120 | 4,174 | 1,174 | 617 |
| ④金利が 2 ％上昇 | 3,000 | 3.0% | 35年 | 11.6 | 139.2 | 4,850 | 1,850 | 676 |

（出所：住宅金融支援機構〔旧公庫〕住宅ローンシミュレーションより筆者作成）

図 1-12　日本政府、企業、家計債務の対 GDP 比率推移

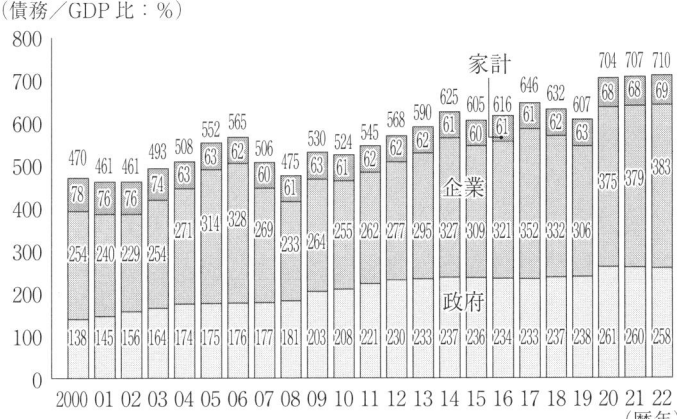

（出所：日本銀行「資金循環統計」より筆者作成）

産効果、「架空の需要」増大を生み出し、好況感の持続を生み出す。まさに図
1-12 の通り新自由主義・アベノミクスの本質は、日銀による無制限の国債購
入、株式・資産購入、ゼロ金利維持で、政府、企業、家計の債務と資産価格を
膨張させ、「成長戦略」による「現実の需要」停滞から独立した「架空の需要」
を創造する金融バブル誘導政策であった。

## 第2節　マルクス『資本論』第二部第一草稿
## 「恐慌の運動論」に見る「バブルの論理」

### 1　マルクスの「バブルの論理」＝「流通過程の短縮」の論理

　経済・再生産過程の規模が、「信用（債権債務関係）」、特に商業信用（流通資本・商人の借入、商業手形発行による購買）と銀行信用（銀行資本の商業手形割引・貸出）により、最終消費・「現実の需要」から独立し、「商人が借入可能な範囲」＝「銀行が貸出可能な範囲」の限界まで「架空の」軌道にそって膨張し過剰生産恐慌に至るという、「バブルの論理」を解明したのは、マルクス『資本論』第二部第一草稿における「恐慌の運動論」である[3]。

　1）最初に、「産業資本家A」は「最終消費者」の「現実の需要」による購買・消費（G—W′）による貨幣支払G′を得るまでは、商品W′を現金化（W′—G′）できず、次の機械・原材料Pm、労働力Aの購入（G—W）を行うことができない（図1-13）。

　2）しかし、信用制度の発達によりこの取引に「商人」と「銀行」が介入すると、「産業資本家A」は、生産した商品W′を「最終消費者」に売る前に、「商人」に販売し手形を受け取る（W′—商業手形）。次に「産業資本家A」は「支払いのかわりに受け取った手形」を「銀行」に売り、「銀行」は利子を目的に手形を買い入れ（手形割引）貨幣を支払う（G′—商業手形）。さらに「産業資

図 1-13　マルクス『資本論』におけるバブルの論理①

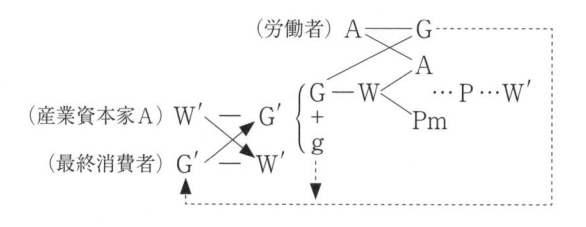

…生産物 W′ が最終消費者に売れた後に次の投資へ

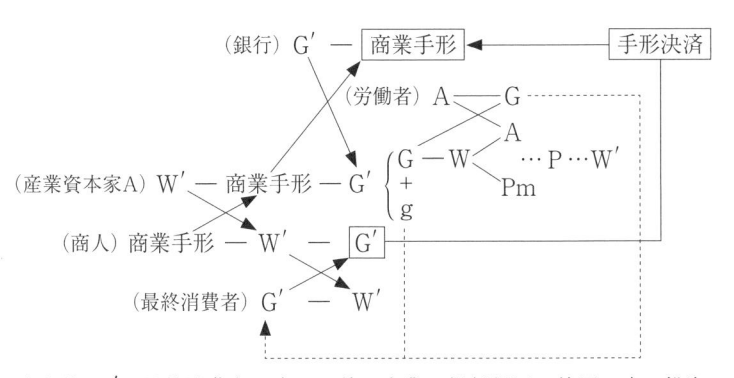

図 1-14　マルクス『資本論』におけるバブルの論理②

…生産物 W′が最終消費者に売れる前に商業、銀行信用の範囲で次の投資へ

本家 A」は、この貨幣 G′で次の生産に必要な W、つまり生産手段 Pm と労働力 A、を購入する（商業手形―G′―W）（図 1-14）（『資本論』⑦ 859 頁）。

　3）「商人」の商業手形発行による「売れるだろうという思惑・見込み」による W′購買（商業手形―W′）と「銀行」の「利子が得られるだろうという思惑・見込み」による手形割引（G′―商業手形）が発達する。この「近代的信用制度」の発達により、「商品あるいは支払手段（手形）が貨幣に転化される時間が先取りされ、それによって、流通過程が短縮され、再生産過程が加速される」（図 1-14）（同上 859 頁）。

　4）ここでは「商人」の商業手形発行による購買（商業手形―W′）と「銀行」の手形割引（G′―商業手形）が手形取引の利益を目的に繰り返され、「産業資本家」の商品 W′の「販売が現実の需要から独立化し、架空の W―G―W が現実のそれにとってかわることができ、そこから、恐慌が準備される。（過剰生産、等々）」（図 1-14）（同上 859 頁）。


## 2　「流通過程の短縮」が生み出す景気循環。「恐慌の運動」論

　マルクスは、この「流通過程の短縮」という運動が現実の再生産過程において、景気循環を生みだし、恐慌を準備するという「恐慌の運動論」を次のように説明した。

1）最初に、先の「産業資本家 A」にとっての W′—G′—W の進行において「W′が本当の最終消費者によって購買されているのか、あるいは、それをふたたび売るつもりでいる商人によって買われているのかは、直接には事態をなんら変えるものではない」（同上 860 頁）。

「産業資本家 A」にとって、W′の販売が「最終消費者」の G′による購買によるものであれ（図1-13）、「商人」の商業手形による購買と「銀行」の手形割引による G′の支払いによるものであれ（図1-14）、商品 W′が売れて貨幣 G′になることに変わりはない。

2）したがって、この「加速」「短縮」される「再生産過程」は、W′が「現実には消費にはいり込んでいなくても」、「ある限界内では」「拡大された規模」で進行しうる（同上 860 頁）。

「商人」が商業手形で購買した W′が「最終消費者」の G′による購買にいたる前でも、「産業資本家 A」は、「銀行」の手形割引で得た G を使い、次の投資、生産手段 Pm と労働力 A の購入を進めることが可能である（図1-14）。

3）このような「個人的消費を予定された」「現実には消費にはいり込んで」いない需要に沿った再生産「過程が拡大されているならば」、「それは生産諸手段の生産的消費の拡大」や「労働者の個人的消費」のさらなる拡大を引き起こす。（同上 860 頁）。

ただし、このような「再生産過程」の拡大は、労働者の労働力 A の販売で得る賃金 G と資本家の得る剰余価値 g を原資とする、「最終消費者」の W′購買、それにより「商人」が得た貨幣 G′を「銀行」に支払い、手形決済を行う「限界内」においてである（図1-14）。

4）結果、「現実の需要」から独立し過熱した「架空の需要」に基づく「繁栄」の中、「諸商品の一大部分は、見かけの上でだけ消費にはいっているにすぎず、現実にはしかし、売れないまま転売者たちの手のなかに」あるという過剰生産の危機が累積する（同上 860 頁）。

「商人」による「最終消費者」への W′販売、G′調達が停滞し手形決済期限が迫る（図1-14）。

5）そして、「商品の流れが次から次に続き」「見かけの上でだけ消費にのみ込まれているにすぎない、ということが明らかになる」、つまり消費が架空で

あり、それに沿った過剰な生産と「現実の需要」との乖離が明るみにでると、「商品資本家たちは市場で互いに席を争奪し」あい、「売るためには価格を下げて売る」。「以前の流れがまだ現金化されていないのに、それの買い手には支払期限がやってくる」。「彼らは、支払い不能〔破産〕を宣言せざるをえない」。「そのときに、全般的な瓦解、恐慌が勃発する」（同上 861 頁）。

　「銀行」が買い取った商業手形が、商人によって手形決済される限り、すなわち商人が手形決済するための貨幣 G′ を「最終消費者」の「現実の需要」に基づいて販売し手に入れる限り（W′—G′）、「架空の需要」は「現実の需要」に引き戻され、再生産過程は正常に進行する。しかし、手形取引による自己目的的な利子・利得追求は「架空の需要」を恐慌という暴力的調整を必要とする規模にまで拡大する。この恐慌の「引き金」は、銀行の買いとった商業手形が手形決済されないこと、商人から銀行への現金支払（G′—手形決済—商業手形）の滞納、不渡り、「商人」の破産、「銀行」の持つ商業手形の不良債権化である。

　6）最後にマルクスは、資本主義にとって「商品の貨幣への転化」における「先取りの諸形態をつくり出すことは、ぜひとも必要」であり、「資本主義的生産様式は、その過程の規模が必要とする、流通過程を短縮する形態を信用の中でつくり出す」とする（同上 861 〜 862 頁）。

## 3　アベノミクス・バブルの論理

ポートフォリオ・リバランス効果による企業、家計への貸付

　「マルクス『資本論』におけるバブルの論理」は、商業信用、銀行信用による「（再生産）過程の規模が必要とする」「架空の需要」の創造であった。その上で、「アベノミクス・バブルの論理」は、商業信用、銀行信用、消費者信用に加えて、株式資産市場、さらに中央銀行信用による、「安倍政権が必要とする規模での」「架空の需要」の創造である。

　アベノミクス・量的金融緩和政策が狙った、第一の「架空の需要」創造の経路は、「ポートフォリオ・リバランス効果」による企業、家計への資金貸付拡大構想である。「政府」が国債を発行、市中「銀行」が買い入れる（図 1-15 政府—銀行）。「日銀」は市中「銀行」の持つ国債を買い入れ、市中「銀行」が

## 図 1-15　アベノミクス・バブルの論理③

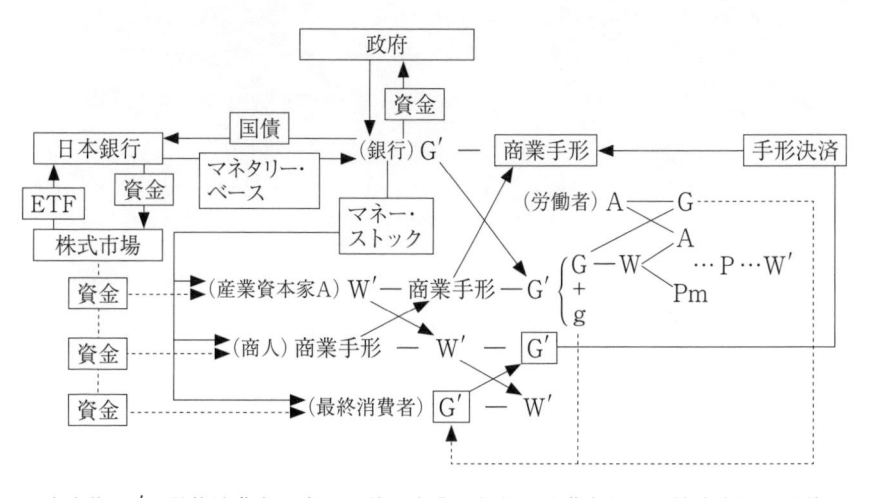

…生産物 W′ が最終消費者に売れる前に商業、銀行、消費者信用、株式市場、最後の貸手・中央銀行信用の範囲で次の投資へ

「日銀」に開設した日銀当座勘定に入金する（マネタリー・ベース供給、図 1-15 日本銀行―マネタリー・ベース―銀行）。この日銀当座預金はゼロ近傍の低利のため、市中「銀行」は相対的に高金利の「住宅・消費者貸付」「設備投資貸付」への資産移し替え（ポートフォリオ・リバランス）、貸付拡大（マネー・ストック供給）を進める◆4（図 1-15 銀行―マネー・ストック―産業資本家、商人、最終消費者）。結果、市中「銀行」の貸付拡大は、住宅・設備投資等「民間需要」を拡大するという構想である。

　しかし、この第一の「架空の需要」創造の経路は明らかに行き詰まっている。2022 年末時点で、日本銀行は米国 FRB（21.2％）、EU・ECB（39.8％）の数倍、対 GDP 比 110.9％ものマネタリー・ベース供給を実行している。しかし、図 1-16 のようにリーマン・ショック前の 2007 年 1 月と比べ 2023 年 3 月時点で、マネタリー・ベース供給が 7.42 倍に増える一方、マネー・ストック供給が 1.70 倍にとどまり、国内民間需要は 1.00 倍と不変である。このような貸出停滞は、日銀当座預金の 59.6 倍もの膨張にも表れており、ゼロ金利の資金供給を増やしても、賃金低下の下では住宅投資も設備投資も進まないことを示して

図 1-16　マネタリー・ベース、マネー・ストック、国内民間需要および投資顧問業協会契
約資産、銀行信金総貸出平均残高の推移

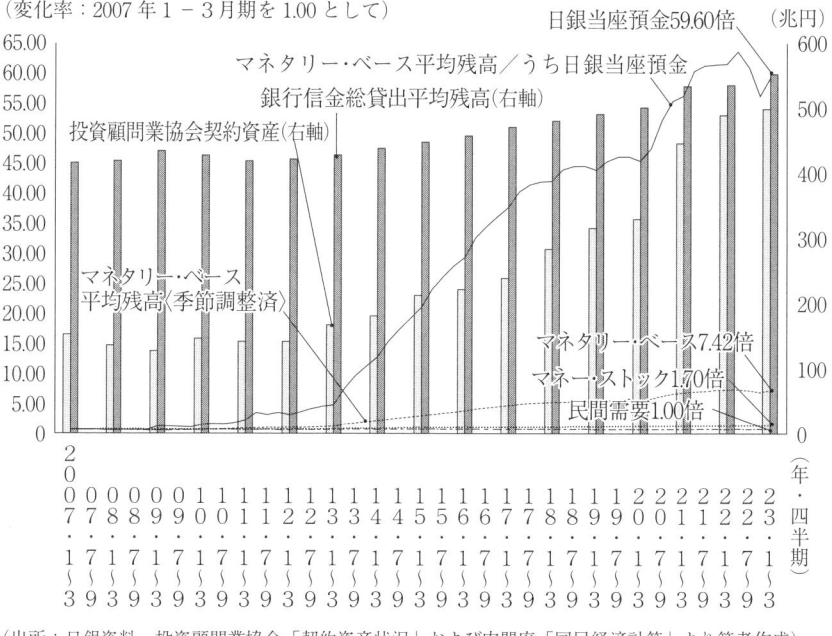

（変化率：2007 年 1 − 3 月期を 1.00 として）

（出所：日銀資料、投資顧問業協会「契約資産状況」および内閣府「国民経済計算」より筆者作成）

いる。

## 日本銀行の ETF 買い入れによる資産効果

　アベノミクス・量的金融緩和政策が狙った、第二の「架空の需要」創造の経
路は、日本銀行の ETF（上場投資信託）購入による株価・資産効果の引き上げ
である。ETF は、証券会社が株式で運用する投資信託に、投資家が出資
（ETF 受益証券購入）して配当を受け取る投資信託商品である。日本銀行によ
る ETF 買い入れは、日銀による多数銘柄の株式一括購入を意味し（図 1-15 日
本銀行…ETF…株式市場）、大企業の資金調達や営業外利益拡大、富裕層の資産
膨張効果による「架空の需要」を拡大する（図 1-15　株式市場…資金…産業資本
家、商人、最終消費者）。2013 年に年間 1 兆円だった日銀による ETF 買い入れ
は、2014 年 10 月から年間 3 兆円、2016 年 9 月から年間 6 兆円、2020 年 3 月

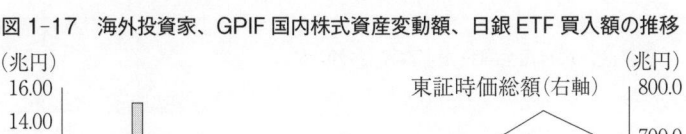

図 1-17　海外投資家、GPIF 国内株式資産変動額、日銀 ETF 買入額の推移

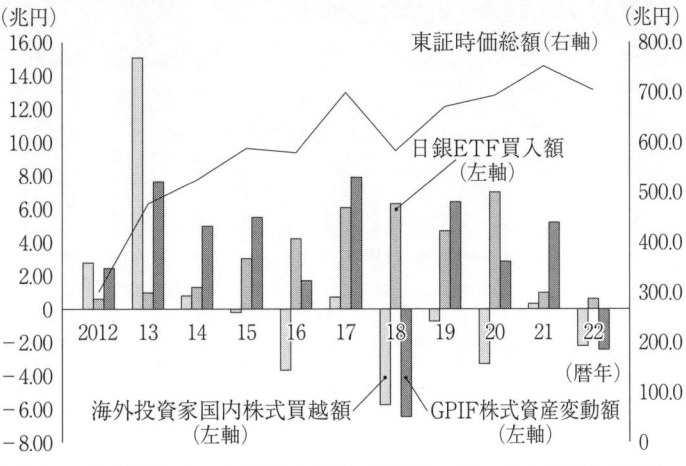

（出所：日本取引所グループ「投資部門別売買状況」、日本銀行「営業毎旬報告」、
GPIF「運用状況」より筆者作成）

から年間 12 兆円に引き上げられた。日銀の介入に支えられ、「銀行信金総貸出平均残高」が伸び悩む中、「資産投資マネー（日本投資顧問業協会契約資産残高）」が急速に増大したことがわかる（図 1-16）。

　図 1-17 は、日本の株式市場において「海外投資家」が 2015 年以降、「売り越し超過」の傾向であるのに対し、日本銀行の ETF 買い、GPIF（年金積立金管理運用独立行政法人）の国内株式資産形成が「買い越し超過」の傾向を強めていることを示している。<sup>◆5</sup>その結果、図 1-9 でみたように、日本銀行の ETF 買いに支えられた「ETF 売買代金」の膨張が日経平均株価の上昇を生み出しているのである。

　日本銀行と GPIF による株価買い支え・株式バブル誘導政策は、日本経済全体を「株価・株主資本主義」、株式市場依存に変質させる。図 1-18 は、アベノミクス 10 年間を経て日本の家計金融資産が「現金・預金」を 1.3 倍化したのに対して、「株式」を 1.9 倍化したことを示す。家計の株式市場依存は、2024 年に予定される NISA（小額投資非課税制度）の拡充、投資枠 2 倍化と投資期間無期限化によりさらに強まることが懸念される。労働者が株式利益期待を理由に労働規制緩和や大企業・富裕層減税を要求することになりかねない。

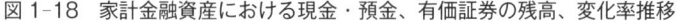

図 1-18　家計金融資産における現金・預金、有価証券の残高、変化率推移

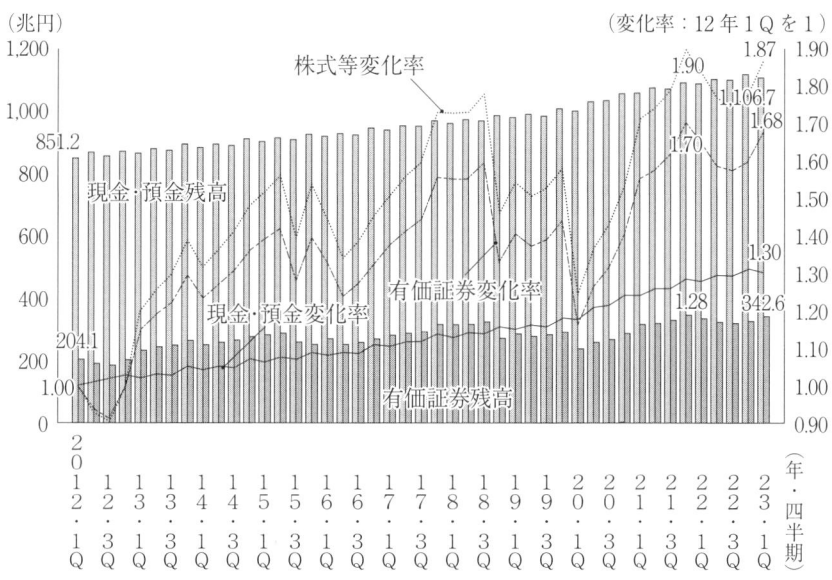

（出所：日銀「資金循環統計」より筆者作成）

図 1-19　日本の株式市場における投資部門別株式保有比率推移

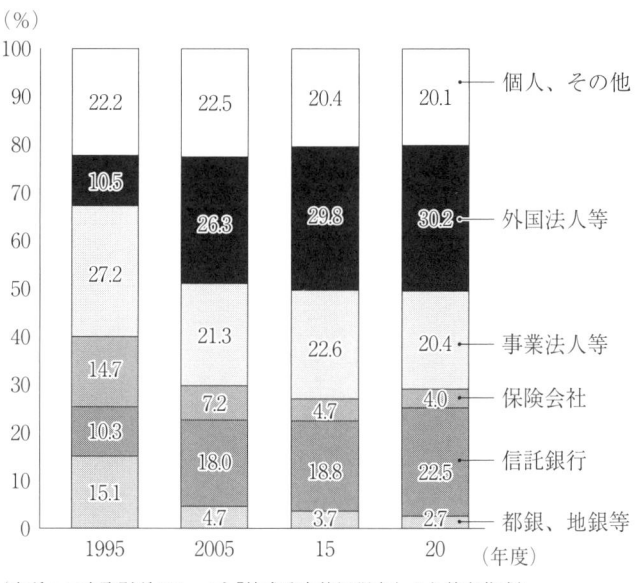

（出所：日本取引所グループ「株式分布状況調査」より筆者作成）

図1-20 「経団連役員企業16社の十大株主」における三大信託銀行持株比率、外国資本持株比率、自社株買い、消却総額の推移および「三大FGの十大株主」における外国資本持株比率の推移

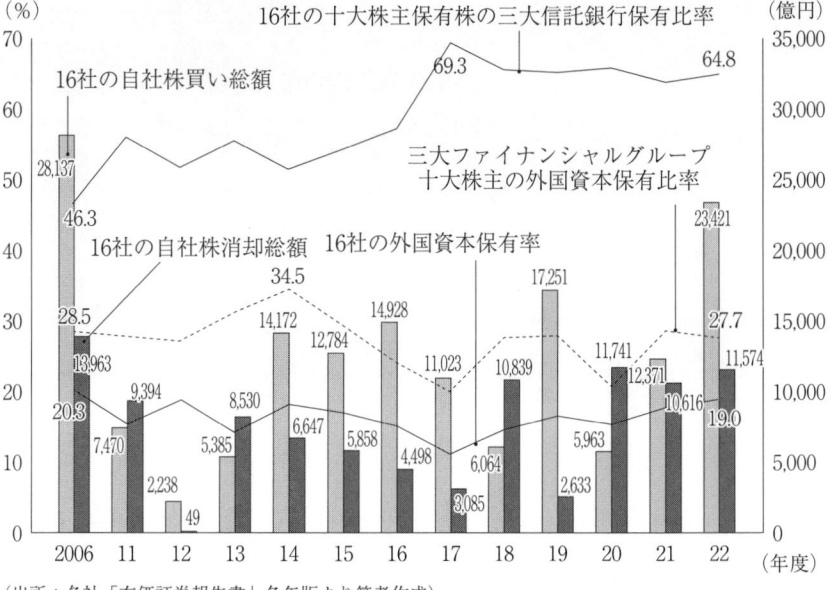

（出所：各社「有価証券報告書」各年版より筆者作成）

　日本経済の株式市場依存、株価・株主資本主義化は外圧の結果でもある。図1-19は、日本の株式市場における第一の大株主が「外国法人」、第二の大株主が「資産管理特化型信託銀行」に変化したことを示す。「資産管理特化型信託銀行」とは、「①日本マスタートラスト信託銀行（三菱UFJフィナンシャルグループ46.5％出資）」「②日本トラスティ・サービス信託銀行（三井住友フィナンシャルグループ66.6％出資）」「③資産管理サービス信託銀行（みずほフィナンシャルグループ54％出資）」のことである。◆6　三大信託銀行は、国内だけでなく外国法人・富裕層の資金を受託、運用する。図1-20のように、三大信託銀行の出資母体である3つの「フィナンシャルグループ」（三菱UFJ、三井住友、みずほ）の株式のうち27.7％を外国法人等が保有・支配している。さらに図1-20が示すように、第二次安倍政権時の経団連役員企業16社の十大株主保有株の64.8％が三大信託銀行保有、19.0％が外国資本保有である。◆7

　このような外国資本・三大信託銀行が支配する経団連役員企業16社は、

2013 年から 22 年にかけて毎年平均 1.23 兆円の自社株買いと 0.76 兆円の自社株消却を繰り返し、株価最大化を図っているのである。

外国資本が大株主として主導する「株価・株主資本主義」は、一方で株価、株式配当増加による株式資産効果・「架空の需要」拡大を推進し、他方でそのための労働コスト削減、社会保障コスト削減による「現実の需要」圧縮を推し進めているのである。


## 第3節　ポスト新自由主義社会の展望
### ——『資本論』第一部「資本主義の必然的没落の諸条件」


### 1　革命の論理。マルクス「資本主義の必然的没落」論の変遷

1）『資本論』第二部第一草稿における「流通過程の短縮」の発見は重大な意味を持った。それは、第一に恐慌の位置付けが「資本主義の没落、終末」ではなく景気循環の一局面に変わること、第二に恐慌が資本主義の没落でない以上、新たな革命論、「資本主義の必然的没落」の論理が必要となることである。マルクスは革命の必然性、その証明にあらためて挑んだ。

2）マルクスは、『資本論』第一部第二版へのあとがきにおいて、自らの経済学の重要な特徴が社会変革の必然性を証明する弁証法に基づくこととしている。

　「この弁証法は、現存するものの肯定的理解のうちに、同時にまた、その否定、その必然的没落の理解を含み、……、その本質上批判的であり革命的である」（『資本論』① 33 〜 34 頁）

その上で、マルクスによる「資本主義の必然的没落」研究は三つの時期に整理できる。

3）初期マルクスの革命の論理、「資本主義の必然的没落」論は、有名な「恐慌 = 革命」論である。1850 年 5 月の「新ライン新聞・評論」において、マルクスは端的に述べる。

「新しい革命は新しい恐慌につづいてのみおこりうる。しかしまた革命は恐

慌が確実なように確実である」（『フランスにおける階級闘争』大月書店国民文庫版、155頁）。

4）中期マルクスの革命の論理、「資本主義の必然的没落」論は、「利潤率の傾向的低下法則」が「恐慌＝革命」に繋がるという「利潤率の傾向的低下法則＝恐慌＝革命」論である。

1864年に執筆された現行『資本論』第三部第三篇において、マルクスは、前貸総資本（c＋v）のなかで、「生産手段の価値を最終商品に移転するだけの不変資本 c（設備、原材料に支出される資本）」の割合が増し、「労働力の価値以上の剰余価値（m）生産の源泉である可変資本 v（賃金、労働力に支出される資本）」の割合が減少すること（資本の有機的構成高度化）が、「利潤率低下」の原因であることをあらためて証明した。そして、利潤率の傾向的低下を引き起こす「資本の有機的構成の高度化」と「敵対的な分配諸関係」ゆえに、「生産力が発展すればするほど、生産力は、消費諸関係が立脚する狭い基盤とますます衝突」し、生産と消費の矛盾、恐慌の原因になるとした（『資本論』⑧419〜420頁）。

しかし、「利潤率の傾向的低下」論は、自由市場の需給調整メカニズムに基づく資本主義がなぜ商品価格の暴落、過剰生産能力の淘汰という調整の失敗、恐慌に陥るのか、という恐慌の根本問題、「恐慌にいたる運動論」の解明には至らなかった。そして1857年恐慌は革命には直結しなかった。「恐慌＝革命」論は転換を迫られることとなった。

5）そして1865年、『資本論』第二部第一草稿における「流通過程の短縮」論の発見を転機に、マルクスは、1866年初から1867年4月に執筆された『資本論』第一部完成稿において、「革命の主体的条件の成熟」論、「労働者階級の成長と発展」論を構築するのである。

## 2　『資本論』第一部における三つの「労働者階級の成長・発展の必然性」

後期マルクスの革命論、「資本主義の必然的没落」論は、資本主義が生産力の増大と貧困・格差の増大を同時に法則的に生み出す「社会変革の客観的条件」と、客観的条件の下で労働者階級が社会変革の主体として成長する「社会

変革の主体的条件」との統一である[8]。

　1）労働者階級の成長・発展の「第一の必然性」は、「労働者階級が自分とその階級の存続を守る階級闘争の必然性」である。『資本論』第一部第三篇「絶対的剰余価値の生産」第8章「労働日」は、労働者が無法な労働時間延長（絶対的剰余価値生産の法則）から自分の身を守るため階級として結集して、10時間労働制の獲得等「社会的バリケード」を構築し、資本の搾取欲を制限する社会的強制を勝ち取る階級闘争の必然性を強調した。

　「自分たちを悩ます蛇にたいする『防衛』のために、労働者たちは結集し、階級として一つの国法を、資本との自由意志による契約によって自分たちとその同族とを売って死と奴隷状態とにおとしいれることを彼らみずから阻止する強力な社会的バリケードを、奪取しなければならない。……法律によって制限された労働日というつつましい"大憲章"が登場する」（『資本論』②532頁）。

　2）「第二の必然性」は「労働者階級が結合し、未来社会の主体に成長する必然性」である。『資本論』第一部第四篇「相対的剰余価値の生産」第11章「協業」は、支配者・資本家による、商品をより安く生産することで労働者の生存費賃金をより安くして搾取するための「指揮」が、労働者自身による自主管理「オーケストラの指揮者」に変革される必然性を解明した[9]。

　本来、「比較的規模の大きい直接に社会的または共同的な労働は、……一つの指揮を必要とする……オーケストラは指揮者を必要とする」（『資本論』③584頁）。資本主義では、「指揮、監督、および調整というこの機能は、資本に従属する労働が協業的なものになれば、資本の機能になる」（『資本論』③584〜585頁）。未来社会では「資本に従属する」「資本の機能」を取り去った、労働者階級の共同、結合、「個別的諸活動の調和をもたらし、生産体総体の運動……から生じる一般的諸機能を遂行する」自主管理が発展する（『資本論』③584頁）。

　3）「第三の必然性」は、「労働者階級が社会変革の闘士となる必然性」である。『資本論』第一部第七篇第24章7節「資本主義的蓄積の歴史的傾向」は、労働者階級が搾取から自らを守る日常闘争で「訓練」され、社会的生産の発展と共に「結合」し、「組織」化を進め、体制そのものに「反抗」する「社会変革の主体的条件」の成熟、その必然性を解明した。

「（資本主義の発展、資本の巨大化にあわせて…引用者）貧困、抑圧、隷属、堕落、搾取の総量は増大するが、しかしまた、絶えず膨張するところの、資本主義的生産過程そのものの機構によって訓練され結合され組織される労働者階級の反抗もまた増大する」（『資本論』④ 1332 頁）。

第 1 章のまとめに代えて
　　——ポスト新自由主義社会を展望する「労働者階級の成長・発展の必然性」

　現代日本においても、労働者・勤労市民階級が貧困や抑圧から自らを守る日常闘争で「訓練」され、職場「組織」における実質的な指揮権を集団的に担う主体に成長することは極めて重要である。そして貧困と失業、社会保障削減による生存権侵害の元凶、新自由主義の体制そのものに「反抗」、決別し転換する新たな社会を展望しなければならない。それは、「自己責任の市場原理社会」ではない「共同体的な新しい福祉国家」であろう。

　日本の社会保障支出は、対 GDP 比で欧州福祉国家に比べ 3 ～ 8 ％（15 ～ 40兆円）低い（図 1-21）。この低すぎる社会保障が労働者階級に極端な企業依存や自己責任を強いる元凶である。生存権を守る年金、医療、子育て、住宅の福

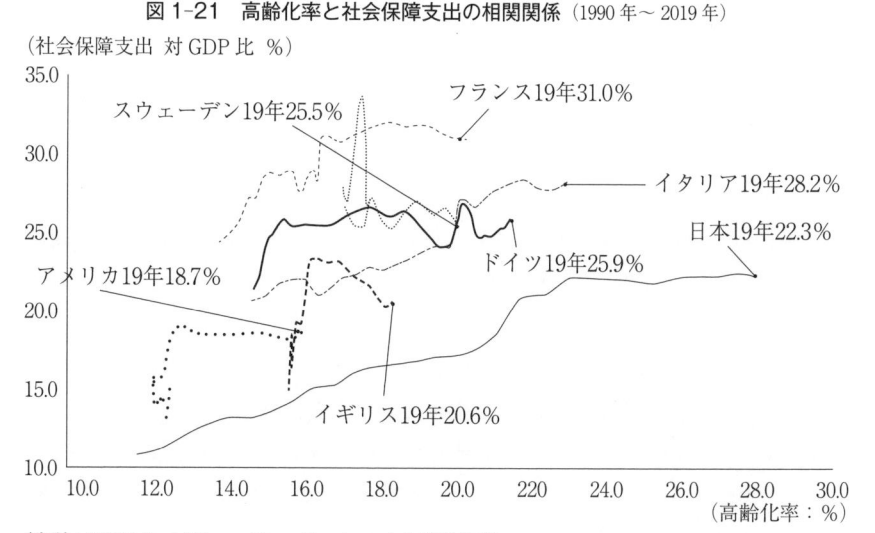

図 1-21　高齢化率と社会保障支出の相関関係（1990 年～ 2019 年）

（出所：OECD Social Expenditure Database より筆者作成）

社国家的保障や教育の無償化は、「社会保障からの追い出し」や「住宅ローン返済、教育費捻出」に追い詰められた強制労働ではなく、労働者階級の健全な勤労意欲を引き出す高賃金に支えられた、人間らしい働き方を可能にする。新自由主義社会を担う1％のエリート支配層の腐敗、堕落、無能力が明らかであるからこそ、私たち99％の労働者・勤労市民階級は、「訓練され」「結合され」「組織され」「反抗する」ことによって、新しい職場、政治、社会の担い手としての能力を高めなければならない。この「新しい福祉国家」への展望は、労働組合と労働者政党に結集する労働者・勤労市民階級の力、「革命の主体的条件の成熟」によってのみ切り開かれる。


注

◆1　表1-1において「アベノミクスは正規雇用も増やした」という見解には注意が必要である。総務省「労働力調査」によると、2012〜21年の20歳代、30歳代の正規雇用は65万人減、かわりに40歳代後半、50歳代前半の正規雇用は212万人増である。2013年4月施行の有期労働契約法改正「（6年目からの）無期雇用転換制度」の影響が考えられ、時給制、賞与なしの「正社員」である可能性を否定できない。

◆2　表1-1 ⑧の示す「社会保障支出／GDP比率」が2020年に24.9まで前年度比＋2.6％急増している理由はコロナ危機対策費の増加であり、他の先進諸国も同様に増加している。

◆3　『資本論』第二部第一草稿の「バブルの論理」、「流通過程の短縮」論を再発見し、「恐慌の可能性」「恐慌の根拠」と並ぶ、「恐慌の運動」論として最初に整理したのは、不破哲三『マルクスと「資本論」②再生産論と恐慌（中）』（新日本出版社、2003年）である。

◆4　日銀当座預金は三層構造で付利＋0.1％の「基礎残高」が全体の約55％、付利0％の「マクロ加算残高」が約40％、マイナス金利（－0.1％）の「政策金利残高」が約5％である（2022年12月末時点）。

◆5　2018年におけるGPIF株式運用資産の「減少」は株価下落による運用資産額の減少、すなわち損失である。しかし、GPIFは、運用する総資産の25％を国内株式、25％を海外株式で運用することを決めているため、損失をこうむり株式の運用資産割合が50％を下回ると、50％の運用資産割合を回復するま

で株式を購入することになる。

◆6　「日本トラスティ・サービス信託銀行」と「資産管理サービス信託銀行」は 2020 年に合併、「日本カストディ銀行」となった。

◆7　ここでの第二次安倍政権下における経団連役員企業 16 社とは、東レ、日本製鉄、トヨタ、日立製作所、ENEOS ホールディングス、日本電信電話、野村證券、三菱 UFJ フィナンシャルグループ、三菱重工業、住友化学、三井物産、日本郵船、東京ガス、三菱商事、三越伊勢丹ホールディングス、三井住友フィナンシャルグループ、である。

◆8　不破哲三氏は、マルクスの「資本主義の必然的没落」・社会変革の主体的条件＝「労働者階級の成長・発展の必然性」をここで紹介した三つの角度から分析している（不破哲三『マルクス「資本論」発掘・追跡・探究』新日本出版社、2015 年、219 〜 292 頁）。

◆9　革命の主体的条件成熟における「第二の必然性」、「労働者階級が結合し、未来社会の主体に成長する必然性」は二つの意味で極めて重要であろう。①１％のエリート層は私たち 99％のノン・エリート層に対し「職場における指揮命令の能力と責任」の有無を理由に差別と搾取を当然視している。私たちは１％のエリート層を超える能力と責任を集団的に獲得する必要がある。②「搾取から自らを守る『日常闘争』」であれ「社会変革のための『反抗』」であれ、私たちが労働者階級の信頼を勝ち取るためには、職場の仕事を通じて「オーケストラの指揮者」としての信頼を勝ち取ることなしには不可能である。

# 第2章　アベノミクス不動産バブルと住まいの貧困

——マルクス「不動産バブルの論理」
「地代、土地価格と架空資本の論理」に立ち
返る

未曽有の感染症拡大とアベノミクス推進政権の無為無策のために、日本の労働者・勤労市民階級は深刻な貧困・経済危機に直面している。そしてこの貧困の日本的特徴として住まいの貧困がある。仕事や所得の減少が住まいを失う危機に直結する。住宅ローン貸付条件変更の実行件数は2020年4月には4千件余だったが、そこから2023年4月までの累計で12万件超に増加した（図2-1）。また生活困窮者自立支援法に基づく住居確保給付金の支給決定件数も20年4月の3千件超から23年4月までの累計で20.6万件超に増加している（図2-1）。人口減少、空き家の増加が進む中で、逆に住宅価格や地代・家賃は高騰し、労働者・勤労市民階級は住まいを失うという社会的矛盾に直面している。

　この矛盾を解明するために、本稿は、第一にアベノミクス不動産バブル誘導政策、その三つの仕組みである「リニア中央新幹線計画を核とした不動産需要の東京集中」「規制緩和『特区』による不動産需要の都心部囲い込み」

図 2-1　ローン貸付条件変更実行数と住居確保給付金支給件数の推移

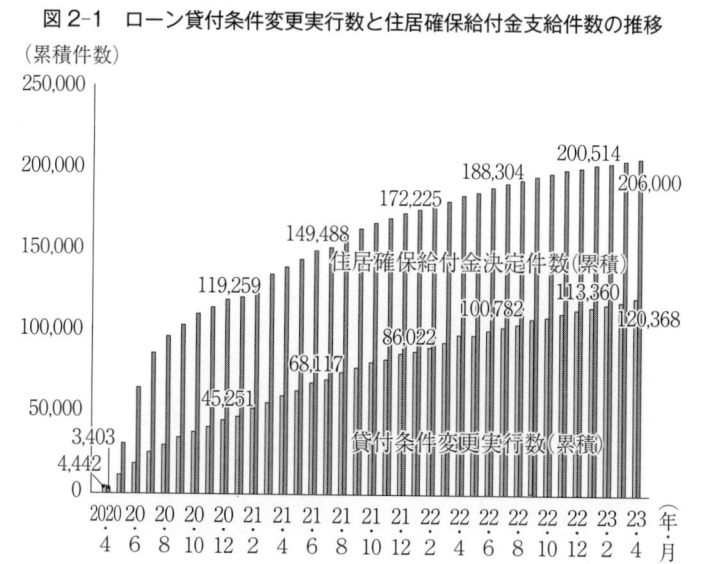

（出所：金融庁「貸付条件の変更等の状況について」、厚労省「住居確保給付金の申請・決定件数の推移」より筆者作成）

「J-REIT 不動産投資信託証券化と量的金融緩和政策」を分析し、巨大不動産開発の加速と住まいの貧困が同時に進むメカニズムを解明する。第二に『資本論』第二部第二篇「不動産バブルの論理」に立ち返り、巨大不動産開発企業、銀行、投資家の利殖への思惑が不動産の「架空の需要」を膨張させる原理を解明する。第三に『資本論』第三部第六篇「地代、土地価格と架空資本の論理」に立ち返り、アベノミクス推進政権が地価、地代、市場利子率の全てに働きかけて地価、地代の高騰と「貧困の破廉恥きわまりない搾取」（『資本論』⑪ 1379頁）を同時に進める原理を解明する。そして最後に、土地や住まいの公共性に係るマルクスの未来社会的展望を確認する。

## 第 1 節　アベノミクス不動産バブル誘導政策
### ——三つの仕組みと住まいの貧困

### 1　リニア中央新幹線による不動産需要の東京集中

　アベノミクス不動産バブル誘導政策の第一の仕組みは、リニア中央新幹線による不動産需要の東京集中である。2014 年 7 月 4 日付、国土交通省「国土のグランドデザイン 2050 〜対流促進型国土の形成〜」概要は、「リニア中央新幹線の整備により、三大都市圏がそれぞれの特色……を発揮しつつ一体化し、世界最大のスーパー・メガリージョンが形成され、世界から人・モノ・カネ・情報を引き付け世界を先導」すると主張した。リニア中央新幹線計画は、2027年に名古屋まで、その後大阪まで開通し、東京—大阪間がおよそ「山手線一周の所要時間」67 分で結ばれる計画である。
　また 2016 年 3 月 29 日付、国土交通省「首都圏広域地方計画」は、リニア中央新幹線整備により、総人口 6000 万人規模の三大都市圏がスーパー・メガリージョンとなり、この圏域の中で首都圏の強化を図るべきとしている。
　しかしながら、このような国土計画は、「より求引力の高い地域に集中が進み、地域格差が拡がっていく」だけである。◆1 その理由は第一に、この計画の鍵概念が都市機能の集約化（コンパクト化）と圏域の連携化（ネットワーク化）だ

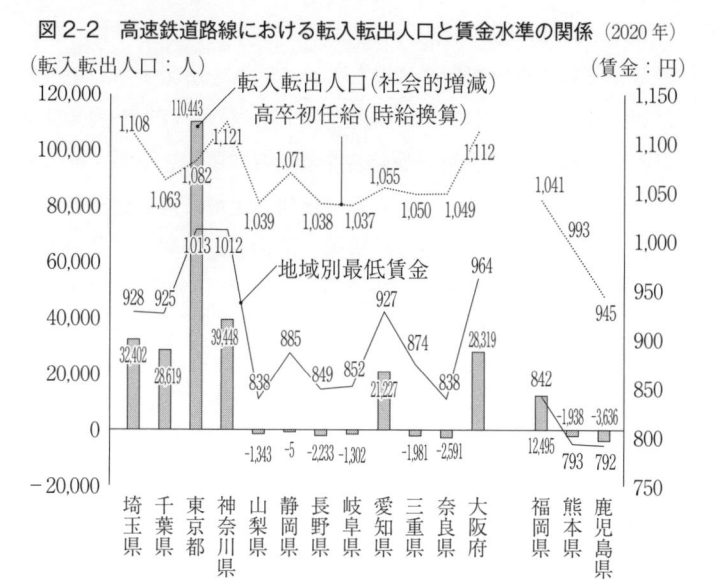

図 2-2　高速鉄道路線における転入転出人口と賃金水準の関係（2020年）

（出所：厚労省「最低賃金改定状況」、「賃金構造基本統計調査」、総務省「住民基本台帳に基づく人口、人口動態及び世帯数」より筆者作成）

からである。

　リニア中央新幹線によりネットワーク化された圏域の中で、名古屋、大阪等、沿線の都市機能が東京に集約化（コンパクト化）されることは論理的に自明である。また第二に、歴史がそれを裏付けている。図 2-2 は、2011 年の、博多―熊本―鹿児島中央を 76 分で結ぶ九州新幹線開業によって、福岡が社会的人口流入超過、熊本、鹿児島が流出超過となっていることを示す。よって都市機能が集積し人材を必要とする福岡の賃金が相対的に高くなり、さらなる社会的人口流出入を促している可能性も示している。人口の減少、国内需要の長期停滞が続く中で、スーパー・メガリージョン構想は、減りゆく総需要を名古屋、大阪から東京に集中させ、「首都圏の強化を図る」、東京再開発による不動産バブル誘発を図る計画にほかならない。

## 2 規制緩和「特区」による不動産需要の東京都心集中

　アベノミクス不動産バブル誘導政策の第二の仕組みは、都市開発の規制緩和政策である「都市再生特区」、「国際戦略特区」の活用、容積率（延べ床面積／敷地面積）規制緩和、開発手続簡素化による不動産需要の東京都心集中、囲い込みである。

　第一の規制緩和政策「都市再生特区」は、2002年制定の都市再生特別措置法に基づく「都市再生緊急整備地域」にのみ認められる制度である。都市再生特区は、都市計画法の規制、最高容積率1300％をはるかにこえる1800％程度の容積率を可能とする。都市再生特区は、開発企業主体の「都市計画提案」に基づき、東京都の権限により指定される。

　第二の規制緩和政策「国家戦略特区」は、2014年に制度化され、内閣府、都、区、開発企業等からなる合議体・「区域会議」により開発手続を簡素化、迅速化する制度である。区域会議は、本来、東京都が決定権者の都市再生特区、特別区が決定権者の「地区計画」と「市街地再開発事業」の三つの都市計画を、ワンストップ的に策定可能とする。◆2

　表2-1は、東京都心地域の大半において、都市再生特区と国家戦略特区が連動し、容積率と開発手続の規制緩和をフル活用して、巨大再開発が推進されている事実を示している。例えば、三菱地所による「大手町常盤橋地区」プロジェクトは、「敷地面積約31,400m²（施設全体）」「延床面積約584,000m²（容積対象延面積）」であり、都市計画法で許される商業地域容積率1300％の平均1.43倍、容積率1860％に達する。地価相場はm²あたり2025万円である。よって三菱地所が得る規制緩和による超過利潤（追加延床面積価格）は、2025万円×3万1400m²×（1.43－1）＝2734億円　に達し、市場利子率を1.5％と仮定すれば、年41億円の地代収入を生み出すことができる。

　同様の「容積率と開発手続の規制緩和」を駆使した巨大再開発の典型例が「明治神宮外苑再開発」問題である。神宮外苑は1926年に「風致地区」に指定され、「都市計画公園」の一部として「建物高さ規制15m」という規制により文化的景観が守られてきた。

表 2-1　都市再生特別地区の決定状況と容積率緩和の実態および国家

| 都市再生特別地区の決定状況（2013 年～ 2023 年） | |
| --- | --- |
| 地区名 | 提案者 |
| 浜松町二丁目 4 地区 | 世界貿易センタービルディング、国際興業、東京モノレール、東日本旅客鉄道 |
| 大手町常盤橋地区 | 三菱地所 |
| 日比谷地区 | 三井不動産 |
| 虎ノ門四丁目地区 | 森トラスト |
| 竹芝地区 | 東急不動産、鹿島建設 |
| 虎ノ門一丁目 3・17 地区 | 森ビル、野村不動産 |
| 大手町一丁目 2 地区 | 三井物産、三井不動産 |
| 八重洲一丁目 6 地区 | 東京建物 |
| 八重洲二丁目 1 地区 | 三井不動産 |
| 八重洲二丁目中地区 | 三井不動産、鹿島建設、ヒューリック |
| 虎ノ門・麻布台地区 | 森ビル |
| 日本橋一丁目中地区 | 三井不動産、野村不動産 |
| 芝浦一丁目地区 | 野村不動産、東日本旅客鉄道 |
| 虎ノ門一・二丁目地区 | 森ビル、都市再生機構、東洋海事工業 |
| 赤坂二丁目地区 | 森トラスト |
| 八重洲一丁目北地区 | 東京建物、同地区再開発準備組合 |
| 日本橋室町一丁目地区 | 三井不動産、同地区再開発準備組合 |
| 内神田一丁目地区 | 三菱地所 |
| 品川駅北周辺地区 | 東日本旅客鉄道 |
| 歌舞伎町一丁目地区 | 東急レクレーション、東急電鉄 |
| 東池袋一丁目地区 | 住友不動産、同地区再開発準備組合 |
| 新宿駅西口地区 | 小田急電鉄、東京地下鉄 |
| 虎ノ門一丁目東地区 | 住友不動産、同地区再開発準備組合 |
| 赤坂二・六丁目地区 | 三菱地所、TBS |
| 日本橋一丁目東地区 | 東急不動産、三井不動産、日鉄興和不動産 |
| 渋谷二丁目西地区 | 東京建物、同地区再開発準備組合 |
| 日本橋一丁目 1・2 番地区 | 三井不動産 |
| 新宿駅西南口地区 | 京王電鉄、東日本旅客鉄道 |
| 京橋三丁目東地区 | 東京建物、東京高速道路 |

（出所：内閣官房「都市再生特別地区の決定状況」、内閣府「国家戦略特区

　しかし、2013 年東京五輪による新国立競技場建て替え計画に伴い「建物高さ規制 75m」と「空中権売買による容積率規制緩和」が可能となった。「空中権売買」「容積率移転取引」とは、開発者が再開発地区の建物を建て替える際、その建物を高層化しない代わりに余った容積を売却し、同じ地区内の別の開発者がその容積を購入、容積率規制を超える高層建築を可能とする手法である。[3]「神宮外苑再開発」問題においては、明治神宮が所有する神宮球場と日本スポ

戦略特区との連携状況一覧

| 現行用途地域/ 容積率 | 緩和容積率 | 決定告示年月日 | 国家戦略特区の区域計画 |
|---|---|---|---|
| 商業地域/700%、600% | 1120% | 2013.3.14 | 国家戦略民間都市再生事業 |
| 商業地域1200%、1300% | 1860% | 2016.4.19 | 国家戦略民間都市再生事業 |
| 商業地域/900% | 1450% | 2013.12.6 | 国家戦略民間都市再生事業 |
| 商業地域/700%、500% | 1000% | 2015.3.27 | 国家戦略民間都市再生事業 |
| 準工業地域/400% | 1100% | 2015.3.27 | 国家戦略都市計画建築物等整備事業 |
| 商業地域/800%、700%、600% | 1410% | 2015.7.8 | 国家戦略都市計画建築物等整備事業 |
| 商業地域/1300% | 1450% | 2015.7.8 | 国家戦略都市計画建築物等整備事業 |
| 商業地域/900%、800% | 1670% | 2015.9.18 | 国家戦略都市計画建築物等整備事業 |
| 商業地域/900%、800% | 1670% | 2015.9.18 | 国家戦略都市計画建築物等整備事業 |
| 商業地域/800% | 1670% | 2017.9.12 | 国家戦略都市計画建築物等整備事業 |
| 商業地域/600%、500%、400% | 990% | 2017.9.12 | 国家戦略都市計画建築物等整備事業 |
| 商業地域/800%、700% | 1600% | 2018.3.16 | 国家戦略都市計画建築物等整備事業 |
| 準工業地域/400% | 1120% | 2018.3.16 | 国家戦略都市計画建築物等整備事業 |
| 商業地域/700%、600% | 1490% | 2018.3.16 | 国家戦略都市計画建築物等整備事業 |
| 商業地域/700%、400% | 1150% | 2018.6.21 | 国家戦略都市計画建築物等整備事業 |
| 商業地域/800% | 1670% | 2019.10.11 | 国家戦略都市計画建築物等整備事業 |
| 商業地域/800%、700% | 1310% | 2019.10.11 | 国家戦略都市計画建築物等整備事業 |
| 商業地域/800% | 1400% | 2020.10.6 | 国家戦略都市計画建築物等整備事業 |
| 準工業地域、商業地域/600%、400% | 930% | 2019.4.26 | 国家戦略都市計画建築物等整備事業 |
| 商業地域/900% | 1500% | 2018.6.21 | 国家戦略都市計画建築物等整備事業 |
| 商業地域/800%、700% | 1200% | 2020.10.6 | 国家戦略都市計画建築物等整備事業 |
| 商業地域/1100% | 1600% | 2021.4.9 | 国家戦略都市計画建築物等整備事業 |
| 商業地域/800%、700% | 1500% | 2021.6.30 | 国家戦略都市計画建築物等整備事業 |
| 商業地域/600%、500% | 1200% | 2021.11.15 | 国家戦略都市計画建築物等整備事業 |
| 商業地域/800%、700%、600% | 1530% | 2022.3.24 | 国家戦略都市計画建築物等整備事業 |
| 商業地域/800%、700%、500% | 1270% | 2022.3.24 | 国家戦略都市計画建築物等整備事業 |
| 商業地域/900%、800%、700% | 1880% | 2022.11.9 | 国家戦略都市計画建築物等整備事業 |
| 商業地域/1100% | 2000% | 2022.11.9 | 国家戦略都市計画建築物等整備事業 |
| 商業地域/900%、800%、700% | 1990% | 2023.1.13 | 国家戦略都市計画建築物等整備事業 |

『区域計画』（東京圏）」、東京都都市整備局「都市再生特別地区決定一覧」より筆者作成)

ーツ振興センター（JSC）が所有する秩父宮ラグビー場の建て替えに伴い「余った容積」が、伊藤忠商事東京本社ビル建て替え（高さ185m）と三井不動産複合ビル新築（高さ190m）に売却される。表2-2は、この「空中権売買」「容積率移転取引」により伊藤忠商事と三井不動産が追加で得る「移転容積率」が750%、「移転床面積」が約10万m²、その不動産評価額が1300億円に上ることを示している。この膨大な利権は樹齢100年超の貴重なイチョウ並木を含む

1000 本の樹木伐採という犠牲の上に築かれる。

また「神宮外苑再開発」は「東京都『公園まちづくり制度』による開発手続の規制緩和」を活用している。「東京都『公園まちづくり制度』」は 2015 年に創設され、当該制度は 2022 年に「再開発等促進区を定める地区計画」を策定、神宮外苑地区を「都市計画公園」区域から削除し超高層ビル建設を可能とした。

表 2-2　神宮外苑再開発の空中権売買・移転容積評価額

| | 三井不動産ビル | 伊藤忠商事ビル |
|---|---|---|
| 高さ | 185 m | 190 m |
| 敷地面積 | 13,130m² | 13,170m² |
| 容積率 | 600% | 700% |
| 移転容積率 | 300% | 450% |
| 総容積率 | 900% | 1150% |
| 移転床面積 | 39,390m² | 59,265m² |
| 空中権価格 | 約 500 億円 | 約 800 億円 |

＊空中権価格は移転床面積から得られる家賃総額を利子率で資本還元した価格
（出所：『週刊ダイヤモンド』2022 年 7 月 2 日号、87 頁の図表を参考に筆者作成）

　樹木の大量伐採による民間資本の超高層ビル建設は当該制度の趣旨、緑地整備とそもそも矛盾している。さらに、すでに緑地整備されている「都市計画明治公園」の一部・神宮外苑は新たな公園整備を進める当該制度の対象とは考えられない。加えて、当該制度の運営を担う「審査会」は行政機関の内部組織であり、その運営ルールも議会の議決による法令・条例でなく「内規」に過ぎない。構成する委員全員は東京都都市整備局、建設局の職員である。法に基づく審議会でない「公園まちづくり制度・審査会」が法に基づく都市計画の上位に位置づけられ、都市計画変更、大規模再開発事業を推進している。そして同「審査会」の脱法的運用を追認した 2022 年 2 月 9 日第 236 回東京都都市計画審議会、同月 17 日に開発施工認可した東京都の責任は重大である[4]。

## 3　J-REIT 不動産投資信託証券化と量的緩和政策による投機資金流入

　アベノミクス不動産バブル誘導政策の第三の仕組みは、国土計画（スーパー・メガリージョン）や規制緩和「特区」により生まれる局地的な不動産需要を資金供給で支え、不動産関連バブルに導く「J-REIT 不動産投資信託証券

化」と日本銀行の量的緩和政策である。

　アベノミクス不動産バブルの特徴は、80年代のような郊外宅地開発ではなく都心市街地再開発である。よって不動産利潤の源泉は、不動産売買益（売買価格差益・キャピタルゲイン）から不動産運用益（地代・賃貸収入・インカムゲイン）に変化した。この地代・賃貸収入を劇的に引き上げる手段が「建築規制緩和・容積率引き上げ」である。巨大不動産開発企業は政治権力と一体化し容積率規制緩和を追求したが、それは開発規模の巨大化につながった。この開発規模の巨大化は、投資・利潤の回収に長い期間と高いリスクを招く。

　ここで投資期間を短縮しリスクを回避する方法が、J-REIT法人等の不動産投資法人への売却と不動産投資法人による不動産の証券化、J-REIT証券の発行である。◆5　J-REIT法人はJ-REIT証券の発行により投資家から資金を集めてファンドをつくり巨大不動産開発企業から不動産物件を取得、不動産物件から生まれる地代・賃貸料収入を分配金として投資家に分配する。結果的に、巨大不動産開発企業は開発物件をJ-REIT法人に売却することで早期に投資を回収し、J-REIT法人は投資家にJ-REIT証券を売却することでリスクを回避する。図2-3は、2013年以降のアベノミクスの下で、J-REIT法人の不動産取引額が上場企業等の不動産取引額全体の20〜40%を占め、東京圏の商業地地価が上昇傾向にあることを示す。

　このような巨大不動産開発企業やJ-REIT法人の資金供給源が中央銀行信用、日本銀行の量的金融緩和政策である。アベノミクス量的緩和政策は、日本銀行が民間の市中銀行を介して国債やETF（株式で運用する上場投資信託証券）、J-REIT証券を買い入れることで、市中銀行にマネタリー・ベースを供給してきた。図2-4は、日銀のマネタリー・ベース供給が対GDP比111%、米欧の数倍に達したことを示す。市中銀行はこれを元に企業や家計にマネー・ストックの貸出を進めてきた。国民経済の長期停滞下において、この量的緩和資金は株式市場や不動産市場に流入している。図2-5は、アベノミクス量的金融緩和政策の下で、民間銀行、信用金庫の不動産関連貸出残高が40兆円以上増加したことを示す。また2023年3月時点での日銀のJ-REIT証券保有残高は6570億円である。量的金融緩和下の不動産関連貸出の膨張、不動産証券化による開発資金流入が巨大開発を加速する「梃子」として機能している。

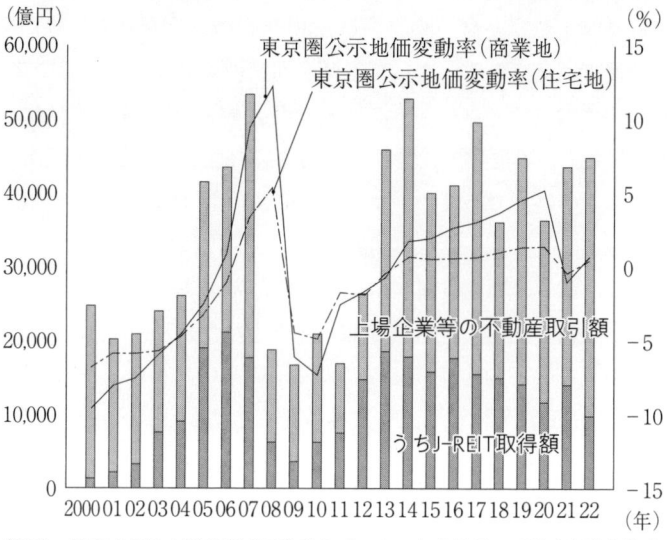

図 2-3　上場企業等（ファンド、J-REIT 含）の不動産取引額推移

（億円）

60,000

50,000

40,000

30,000

20,000

10,000

0

（%）

15

10

5

0

−5

−10

−15

東京圏公示地価変動率（商業地）

東京圏公示地価変動率（住宅地）

上場企業等の不動産取引額

うちJ-REIT取得額

2000 01 02 03 04 05 06 07 08 09 10 11 12 13 14 15 16 17 18 19 20 21 22
（年）

（出所：都市未来総合研究所「不動産トピックス」各月号、不動産証券化協会
"ARES J-REIT Databook"、国土交通省「地価公示」より筆者作成）

図 2-4　日米欧マネタリー・ベース供給量推移（対 GDP 比）

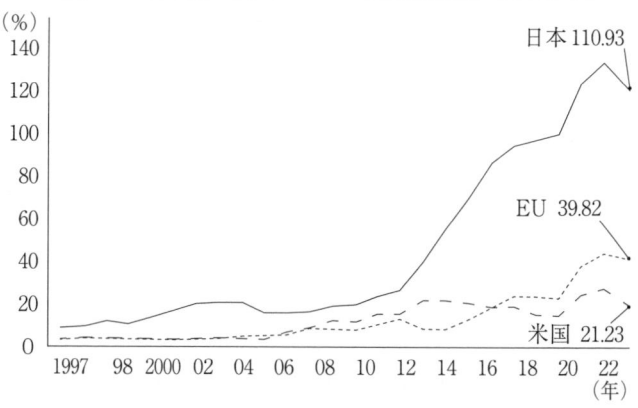

（%）

140

120

100

80

60

40

20

0

日本 110.93

EU 39.82

米国 21.23

1997　98　2000　02　04　06　08　10　12　14　16　18　20　22
（年）

（出所：日本銀行、FRB、ECB、EuroStat 資料より筆者作成）

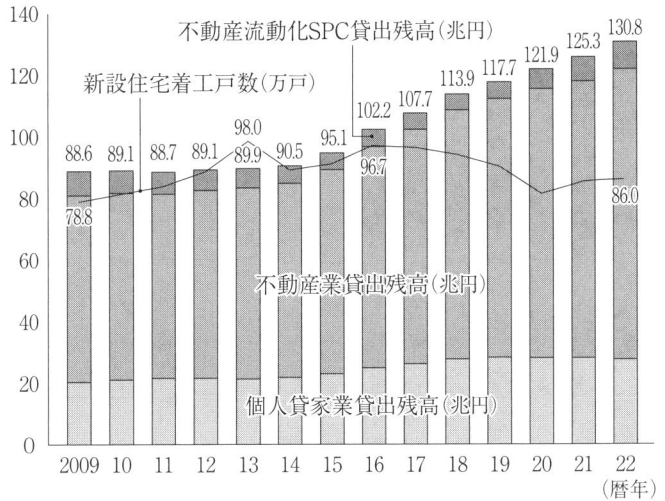

図2-5　銀行信金不動産関連貸出残高と新設住宅着工戸数の推移

貸出残高（兆円）
着工戸数（万戸）

不動産流動化SPC貸出残高（兆円）

新設住宅着工戸数（万戸）

不動産業貸出残高（兆円）

個人貸家業貸出残高（兆円）

（出所：日本銀行資料、国土交通省「住宅着工統計」より筆者作成）

## 4　量的金融緩和政策、アベノミクス不動産バブルによる住まいの貧困

　以上の分析のとおり、アベノミクス不動産バブル誘導政策、その三つの仕組みは、東京都心地区に不動産需要を集中させ不動産価格の引き上げを実現した。このような都市機能の集中・コンパクト化は、ネットワーク化された都区部の拠点駅周辺に住環境を集積させる効果を持つ。図2-6は、首都圏、なかでも東京都区部にタワーマンションの竣工が集中し大量の住宅が供給されることを示す。しかし、都心部、都区部への都市機能と住環境の集積は貧しい労働者階級を住宅から遠ざけ、住まいの貧困に突き落とすことにほかならない。

　図2-7は、アベノミクス下の東京において、都市機能を担うオフィスビルや商業用不動産の急激な価格上昇が、その周辺の住環境、マンション・アパートの価格上昇を牽引していることを示す。住宅価格の上昇は労働者階級の重債務化に直結する。

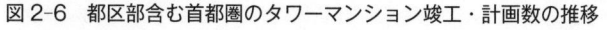

図2-6 都区部含む首都圏のタワーマンション竣工・計画数の推移

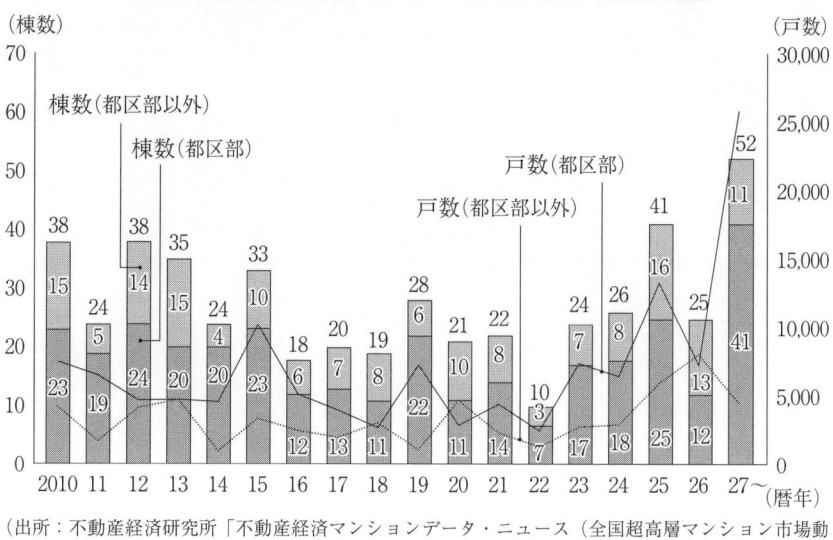

（出所：不動産経済研究所「不動産経済マンションデータ・ニュース（全国超高層マンション市場動向）」より筆者作成）

図2-7 東京都不動産価格指数の推移（2010年平均値：100）

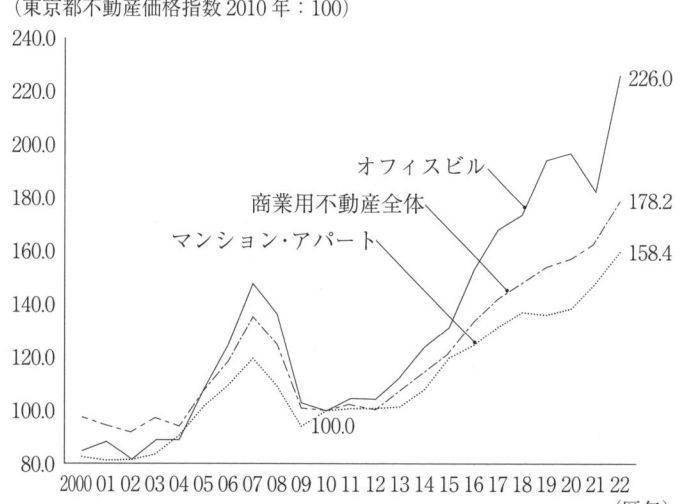

（出所：国土交通省、公社東京都不動産鑑定士協会「不動産価格指数」より筆者作成）

図 2-8 は、総務省「家計調査」の結果より、2012 年に比べ 2022 年までに、20 代の住宅土地負債額が 2.54 倍、30 代が 1.72 倍に膨張したことがわかる。また図 2-9 は、住宅金融支援機構の調査結果より、2005 年に比べ 2022 年までに、住宅ローンの平均融資額は 822 万円増加し、完済年齢は 8 歳上昇、平均 77 歳におよぶことがわかる。アベノミクスの下で、労働者は一生、住宅ローンの奴隷として働き続けなければならないのだ。さらに図 2-10 は、2022 年時点での住宅ローン新規貸出の 70％が変動金利型であり、将来の金利上昇の脅威にさらされていることを示す。2023 年 3 月、米国消費者物価指数上昇率は 5％に粘着し、インフレ対策・利上げが継続中である。例えば、借入金額 3000 万円、年利 1％、返済期間 35 年の住宅ローンは、返済月額 8.5 万円、返済総額 3557 万円だが、年利 2％では返済月額 10 万円、返済総額 4174 万円になる。

　アベノミクス不動産バブルによる住宅価格の上昇は、賃貸住宅で暮らす労働者にも影響している。図 2-11 は、1998 年以降に東京都内の家賃が上昇を続け、2018 年には 55.8％の世帯で家賃が月 7 万円以上、うち 25.1％が月 10 万円以上

### 図 2-8　年齢階層別住宅・土地負債額の推移

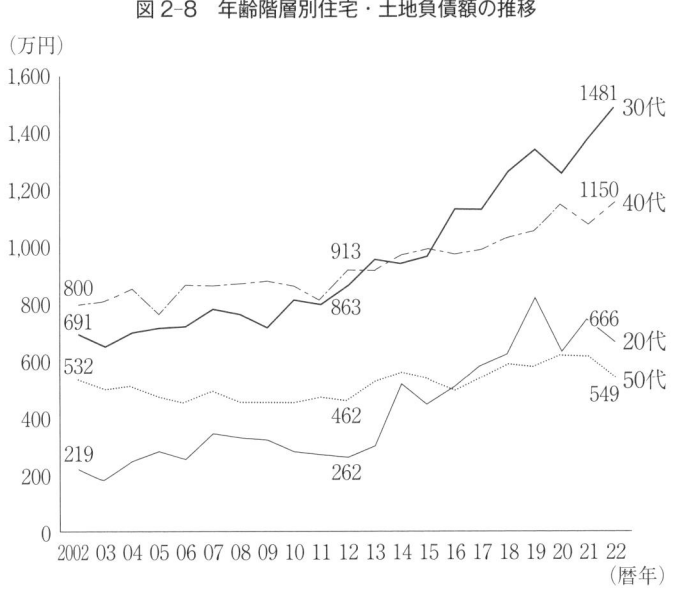

（出所：総務省「家計調査」より筆者作成）

に達していることを示す。

図2-9　年齢別住宅ローン残高と完済年齢の推移

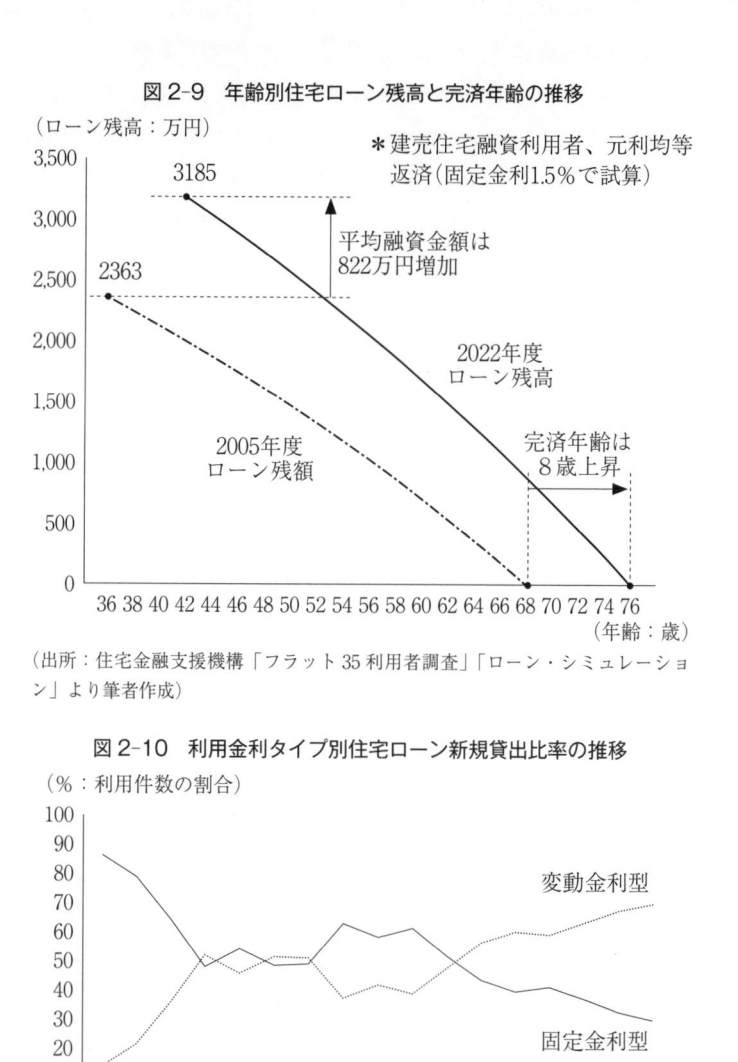

（出所：住宅金融支援機構「フラット35利用者調査」「ローン・シミュレーション」より筆者作成）

図2-10　利用金利タイプ別住宅ローン新規貸出比率の推移

（出所：住宅金融支援機構「住宅ローン利用者調査」より筆者作成）

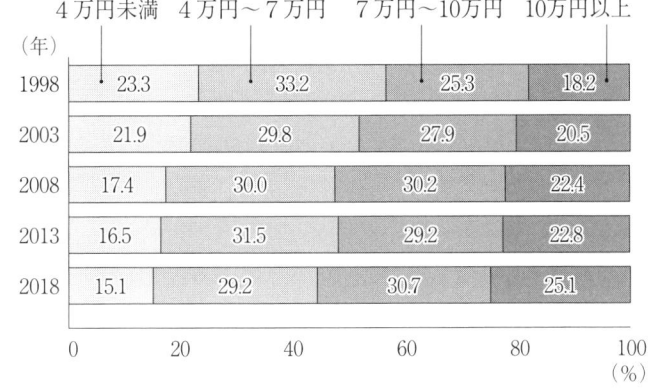

図2-11　東京都内における1か月あたり家賃の分布

| | 4万円未満 | 4万円〜7万円 | 7万円〜10万円 | 10万円以上 |
|---|---|---|---|---|
| 1998 | 23.3 | 33.2 | 25.3 | 18.2 |
| 2003 | 21.9 | 29.8 | 27.9 | 20.5 |
| 2008 | 17.4 | 30.0 | 30.2 | 22.4 |
| 2013 | 16.5 | 31.5 | 29.2 | 22.8 |
| 2018 | 15.1 | 29.2 | 30.7 | 25.1 |

（出所：総務省「住宅・土地統計調査報告」より筆者作成）

## 第2節　『資本論』第二部第二篇「不動産バブルの論理」から考える

　第1節は、アベノミクス不動産バブル誘導政策が規制緩和「特区」により容積率引き上げ・開発の巨大化、開発手続の簡素化・迅速化をもたらすこと、巨大開発の投資・利潤回収の迅速化とリスク回避のために不動産関連貸出の膨張や不動産投資の証券化を進めることを解明した。この「開発投資・利潤回収の迅速化」「貸出の膨張と証券化」という本質的な仕組みの原理を解明しているのが『資本論』第二部第二篇の「不動産バブルの論理」および第三部第五篇の「資本の非所有者による他人資本の運用」論である。19世紀に書かれた『資本論』は、21世紀の金融バブルの全てを説明することはできない。しかし、21世紀の金融バブルの原理・本質は『資本論』を基礎としなければ、また解明することができない。

## 1 『資本論』第二部「資本の回転」に描かれた住宅バブル

マルクスは、『資本論』第二部第二篇「資本の回転」において、住宅バブルの形成に触れている。ここでは住宅建築と販売をめぐり、「架空の需要」の膨張と消滅が、『資本論』第二部第一草稿における「流通過程の短縮」論と類似した論理で描かれている。これは、

1）「産業資本家」が生産した商品 W′を「最終消費者」に「現金」G′で販売し（現実の需要）、貨幣 G′受け取り後、次の生産過程（W…P…W′）に移ることは、時間がかかりすぎる。

2）よって「産業資本家」が生産した商品 W′を「商人」に「手形」で販売し（架空の需要）、受け取った手形を銀行に買い入れてもらい、手に入れた現金 G′で次の生産過程 P に移ることは「時間が先取りされ……流通過程が短縮され、再生産過程が加速される」（『資本論』⑦859頁）。

3）この過程を通じ、販売が現実の需要から独立化し、商人が手形を発行（借入）し銀行が手形を買い入れる（貸出）範囲で「架空の需要」が膨張する（バブルの論理）が、「商人」の「最終消費者」への W′販売が滞り、「商人」が「銀行」に現金支払・手形決済ができないと「全般的な瓦解、恐慌が勃発する」（『資本論』⑦861頁）。これが「流通過程の短縮」論である。

マルクスは、『資本論』第二部第二篇において、この「流通過程の短縮」論を応用して住宅バブルを次のように解明している。

1）最初にマルクスは、「資本主義的生産の未発展な段階では」（『資本論』⑥375頁）、「家屋はたいてい注文で建築され、その代価は建築中に」建築請負業者に支払われ「思惑で建築されることはほとんどなかった」とする（『資本論』⑥376頁）。図2-12のように、「建築請負業者」の資本循環過程 P…P は「個々の私人」の現金 G′による購買、「現実の需要」に制限され膨張する余地はない。

2）次にマルクスは、「発展した資本主義時代には」（『資本論』⑥375頁）、「注文による建築はもうごくまれ」となり、家屋 W′は「思惑で建てられ」、建築請負業者は「顧客のためでなく、市場めあてに仕事をする」としている。

「建築請負業者」は「広大な地所を買い……100戸とか200戸とかの家屋をそこに建て」「自分の資産の20倍から50倍にもなる事業に手を出さなければならない」。資金 G′ は銀行から「抵当の設定で調達され」る（『資本論』⑥ 376 頁）。

　3）そして最後に「恐慌が起こり」、「前払金の払い込みが停止されると、普通は全事業が瓦解する。最善の場合でも家屋は景気回復まで未完成のままにされ、最悪の場合には競売にかけられ半値で売りとばされる」（『資本論』⑥ 376 頁）。

　この変化を図 2-13 で示すと、「建築請負業者」は「個々の私人」に注文販売するのではなく「市場めあて」に販売する。今、この「市場めあて」を便宜上「不動産業者」と捉えると、家屋 W′ は「個々の私人」の「現実の最終需要」G″ を離れ、「不動産業者」の「思惑」による「架空の需要」に沿って建設、販売される。

　この「思惑」、「架空の需要」を膨張させるのは「銀行」による「手形買入」でなく「抵当貸付」である。ここで不動産需要は、現実の需要から三段階（第一段階：個々の私人により最終消費される思惑、第二段階：抵当貸付で利殖する思惑、第三段階：地代、地価騰貴の思惑）乖離（かいり）した架空の需要に沿って、「銀行」による抵当貸付が続く限り膨張する。

　マルクスは、不動産の需要が専ら「地代、地価騰貴の思惑」により膨張する様を指して、「建築そのものからの利潤はごくわずか」で「主要な利得は地代の騰貴から、建築用地の巧妙な選択および利用から得られる」と指摘する（『資本論』⑥ 376 〜 377 頁）。しかし、「個々の私人」による最終消費 G″、「不動産業者」への支払いが途絶し、不動産価格・担保価値が下落すると、「不動産業者」は「銀行」への返済が滞り経営破綻（はたん）し、「建築業者」も建設中断に至る。


## 2　アベノミクス不動産バブルの形成

　以上のマルクスの「住宅バブルの論理」に基づき、アベノミクス不動産バブルの形成を、図 2-14 を用いて考察する。不動産物件は銀行の抵当貸付を受けた「不動産業者」の「思惑」購入後、「J-REIT 法人」に転売される。この「J-REIT 法人」の物件購入は「投資家」の J-REIT 証券購入資金と「銀行」の抵当貸付により支えられ、「J-REIT 法人」は購入した不動産物件の「地価、

## 図2-12　資本主義発展以前の「注文建築」

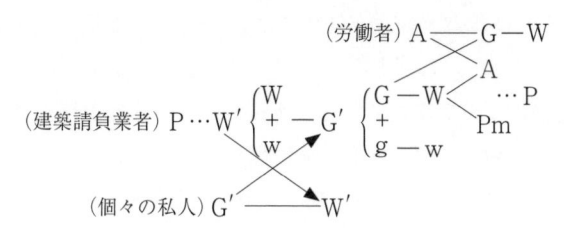

## 図2-13　発展した資本主義における「市場めあての」「思惑建築」

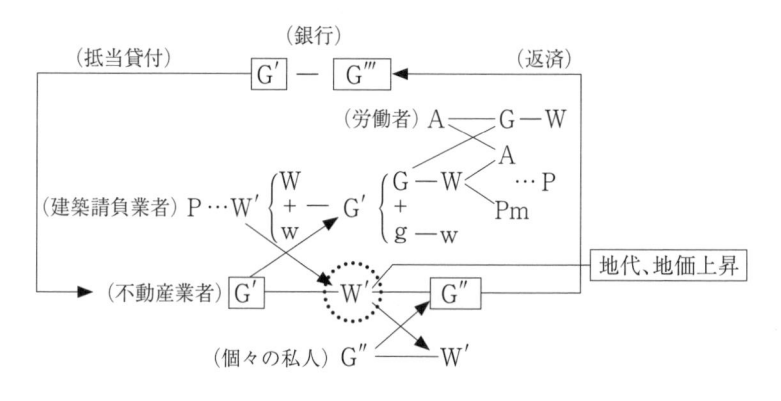

## 図2-14　現代日本のJ-REIT（不動産投資信託証券化）投資目的の建築

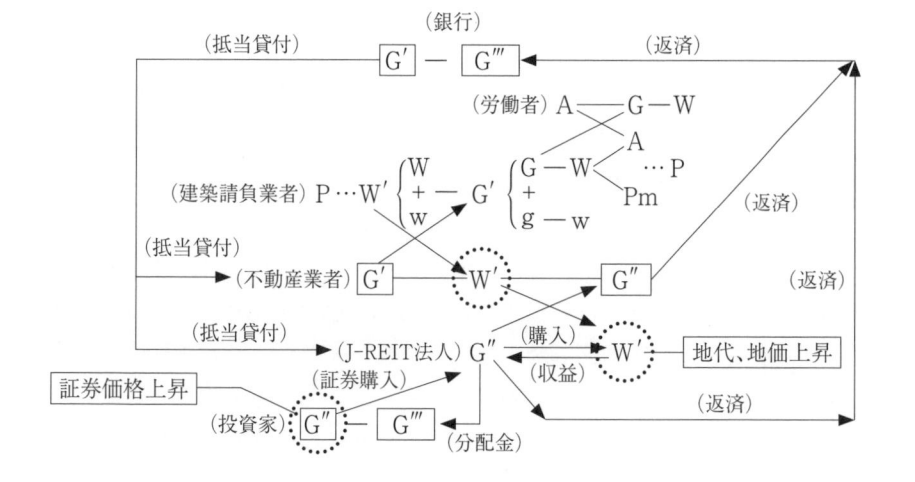

地代騰貴の運用収益」から「投資家」に分配金を支払う。「地価、地代騰貴の運用収益」増大の「思惑」が高まればJ-REIT証券は騰貴し、J-REIT証券需要の増大が「J-REIT法人」による不動産需要増大、建設需要増大へと波及する。家屋・不動産の最終消費を待たずに、建築業者の設備投資需要、建築労働者の個人消費需要も膨張し、不動産建築が続行する。

このように不動産物件の需要は、現実の需要から四段階（第一段階：個々の私人により最終消費される思惑、第二段階：抵当貸付で利殖する思惑、第三段階：地代、地価騰貴の思惑、第四段階：J-REIT証券価格騰貴・分配金増大の思惑）乖離した架空の需要に沿って、その資金供給・証券投資が続く限り膨張する。ここで金融バブルは、不動産業者、「J-REIT法人」の思惑による不動産購買と銀行の抵当貸付、「投資家」の思惑による証券購入が利子、「地代、地価騰貴」「証券価格上昇と分配金増大」を目的に繰り返されることで、証券投資が続く限り膨張する。

## 3　資本の非所有者による他人資本の運用<sup>◆6</sup>

マルクスは、『資本論』第三部第五篇において、近代的信用制度が「その性質上弾力的である再生産過程」を極限まで押し広げるとし、「過度投機の主要な梃子」が働くとしている。その梃子とは、〈資本の非所有者による他人資本の運用〉である（『資本論』⑨779頁）。これは「自分の私的資本の諸制限をおどおどと考えながらやるのとはまったく違ったやり方で」過熱する傾向を持つ（『資本論』⑨779頁）。この〈資本の非所有者による他人資本の運用〉は、現代日本のアベノミクス不動産バブルにおける「過度投機の主要な梃子」・レバレッジ効果にあらわれている。レバレッジ効果とは、小さな「自己資本・出資額」「大きな借入金」の投資で大きな「利潤」を得て「投資利回り」（投資収益率）を引き上げる技術である。

一般に「投資利回り」は次のように定義できる。

「投資利回り」＝「利潤（＝地代－借入金利＋売買益）」÷「出資額（＝事業資金－借入金）」

ここで分子の「利潤」を所与と想定すれば、分母の「事業資金」全体に占め

図 2-15　三井不動産、三菱地所、森ビル長短借入金計の推移

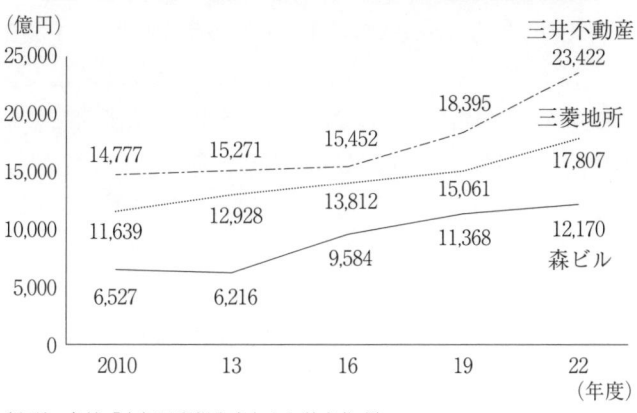

（出所：各社「有価証券報告書」より筆者作成）

る「借入金」の比率（LTV：Loan to Value）を引き上げ「出資額」を圧縮すると、「投資利回り」（＝「利潤」÷「出資額」）は向上する。「借入金」を増やせば借入金利負担が増え「利潤」を引き下げるが、開発プロジェクト全体の利益率（＝利潤÷事業資金）が「借入金利」を上回る限り、借入をすればするほど、開発利益が増え、したがって J-REIT 証券を購入する投資家を含めた出資者への配当益も増える。規制緩和「特区」における巨大不動産開発資本は、量的緩和政策による低金利を利用して巨額の借入（LTV 引き上げ）を行い「投資利回り」の向上を図っている。[7] 同時に J-REIT 法人もこの LTV 操作による「投資利回り」の向上で投資家からの「出資額」を確保している。図 2-15 は、傘下の J-REIT 法人を含め巨大不動産開発を推進する三井不動産、三菱地所、森ビルが長短借入金を増やし続けていることを示す。


## 第３節　『資本論』第三部「地代、土地価格と架空資本の論理」から考える


　もう一度、第１節を振り返ると、第１節は、アベノミクス不動産バブル誘導政策が国土計画・スーパー・メガリージョン構想により不動産需要を東京に集

中しようとしていること、さらに規制緩和「特区」により不動産需要を東京都心地域に囲い込もうとしていること、容積率を引き上げて開発手続を簡素化・迅速化していること、不動産投資の証券化と量的金融緩和政策により利下げと不動産市場への資金供給強化を図ってきたことを解明した。

　この「不動産需要の集中・囲い込み」「容積率緩和による地代・賃貸収入引き上げ」「市場利子率引き下げ」が「土地・不動産価格のバブル的上昇」を進める仕組み・原理を解明しているのが『資本論』第三部第六篇における「地代、土地価格と架空資本の論理」である。

## 1　地代の資本還元による土地価格と架空資本の成立

　マルクスは、『資本論』第三部第六篇「超過利潤の地代への転化」第37章緒論において、地代を次のように定義する。「地代は、土地所有者が地球の一片を賃貸することによって年々手に入れる一定額の貨幣として現われる」（『資本論』⑪ 1128頁）。つまり家賃、賃貸料である。

　そして続けて、「一定の貨幣所得はいずれも資本還元されうる、すなわち、ある想像上の資本の利子とみなされうる」（『資本論』⑪ 1128頁）という。つまり、一定の貨幣収入（利子、配当、地代）を生み出す資産が「想像上の資本（架空資本）」としての「元本」価格を与えられ取引されるのである（架空資本の成立）。要するに「元本×市場利子率＝利子、配当、地代」の関係は、「利子、配当、地代」収入が存在し、市場利子率が独立に与えられると、「元本＝利子、配当、地代÷市場利子率」として元本価格、利子・配当を生む「架空の」資本価格を逆算、「資本還元」できるのである。したがって、たとえば、平均的な市場の「利子率が5％」であるとすれば、「200ポンドの年々の地代」は、「4000ポンドの」土地、架空資本の利子とみなされるのである（『資本論』⑪ 1128頁）。

　よって一般に図2-16の関係により、地代を市場利子率で資本還元することで土地価格を算定することができる。

　「こうして資本還元された地代こそは、

**図2-16　資本還元法による土地価格の決定**

$$①土地価格 = \frac{②地代}{③市場利子率}$$

土地の購買価格または価値をなす」(『資本論』⑪1128頁)。

## 2 アベノミクス不動産バブル誘導政策、
三つの仕組みの不動産価格引き上げ効果

「図2-16　資本還元法による土地価格の決定」に立ち返ってアベノミクス不動産バブル誘導政策、①リニア中央新幹線による不動産需要の東京集中、②規制緩和「特区」による不動産需要の東京都心集中、③J-REIT不動産投資信託証券化と量的緩和政策による投機資金流入、この三つの仕組みを考察すると、図2-16の①土地価格、②地代、③市場利子率、この全てに対し地価引き上げを直接働きかける政策であることが判明する。

1）リニア中央新幹線による不動産需要の東京集中および規制緩和「特区」による都心部への不動産需要囲い込みは、図2-16①土地価格に直接働きかける。この政策は、人口減少、長期停滞により減りゆく不動産総需要を政治権力で東京にかき集め、さらに都心地域に囲い込むことで土地・不動産価格の上昇を作り出している。

2）規制緩和政策、都市再生特区による容積率緩和は、建築物規制を無視した高層化・多層化により図2-16②地代を劇的に引き上げる。この地代収入の飛躍的増加が不動産価格を押し上げることは自明である。マルクスは次のように端的に述べる。

「土地の価格は、地代が増大するから騰貴しうる」(『資本論』⑪1385頁)。

3）J-REIT不動産投資信託証券化は、J-REIT証券価格騰貴の思惑に基づく投機資金の流入を通じて不動産価格を引き上げる。その上で、量的金融緩和政策は、中央銀行信用に基づく投機資金供給の増大と同時に、図2-16③市場利子率の異常な低下を通じて土地・不動産という架空資本の資本還元価格を引き上げる。マルクスは、「利子率の単なる下落によって。……したがって、資本還元された地代である土地価格が増大する」と述べている [8] (『資本論』⑪1385頁)。

## 3 マルクス「建築地地代」論における超過利潤の源泉と
アベノミクス不動産バブル

マルクスは、『資本論』第三部第六篇第46章「建築地地代。鉱山地代。土地

価格」において、「自然諸力が独占可能であり、この諸力を使用する産業家たちに超過利潤を保証するところでは」「それが落流であろうと、豊かな鉱山であろうと、魚類の豊富な水域であろうと、位置にめぐまれた建築地であろうと」土地を貸す土地所有者が土地を借りる「機能資本から、この超過利潤を地代の形態で横領する」としている◆9（『資本論』⑪ 1378 頁）。

　この「建築地地代」論は、現代のアベノミクス不動産バブルの解明において、次の二つの重要な論点、「特徴」を提示している。

　第一は、「位置にめぐまれた建築地」が超過利潤を生むと土地所有者の「建築地地代」に転化し地価・不動産価格を大きく引き上げるという「圧倒的影響」である（『資本論』⑪ 1378 頁）。

　この理論は、「位置にめぐまれた建築地」が「自然諸力が独占可能」な結果でなく、「政治権力が独占可能」なため、リニア中央新幹線の建設強行や規制緩和「特区」指定の結果、好位置と容積率緩和・高層化によって創造された超過利潤を「地代の形態で横領する」ことも説明してくれる。マルクスは、都市計画による建築地地代について指摘している。

　　「人口の増加、したがって住居にたいする需要の増大ばかりでなく、……大地に基礎をおく固定資本——すべての産業用の建物、鉄道、倉庫、工場用建物、ドックなどのような——の発展も、必然的に建築地地代を増加させる」（『資本論』⑪ 1379 頁）。

　第二は、「位置にめぐまれた建築地」における建築地地代、つまり「独占価格が支配的」な家賃が「貧困の破廉恥きわまりない搾取」であり、「この場合には、社会の一部分が、他の部分に、この大地に住むことを許す権利にたいする貢納を要求する」という特徴である。（『資本論』⑪ 1379 頁）。「図 2-9」のように、住宅ローンを組む労働者の平均融資額は 3000 万円を超え、平均で 77 歳まで働いて返済する。都内の家賃も「月 7 〜 10 万円」負担世帯が全体の 30.7％、「月 10 万円以上」負担世帯が全体の 25.1％に達する。マルクスは次のように述べる。

　　「（不動産開発企業が搾取する…引用者）家賃にとって貧困は、スペインにとってかつてのポトシ鉱山がそうであった以上に儲かる源泉だからである」（『資本論』⑪ 1379 頁）。

## 第2章のまとめに代えて

マルクスが指摘した「建築地地代」論の重要な「特徴」、「独占価格が支配的な」家賃による「貧困の破廉恥きわまりない搾取」という本質的特徴は、アベノミクスの下で現代日本の労働者・勤労市民階級も等しく苦しむ本質である。しかし、永久不変の本質ではない。

マルクスは、この「建築地地代」論の中において、未来社会の土地所有を展望する。そこでは「各個人による地球の私的所有は、ある人間による他の人間の私的所有と同じくまったくばかげたものとして」理解されるという。そして誰であれ「大地の所有者ではない」、私たちは「大地の占有者、土地の用益者である」にすぎず「これを改良して次の世代に遺さなければならない」と結論付けている（『資本論』⑪ 1384 頁)。土地・不動産の公共化にほかならない。

その上で、私たちは現代を未来社会に至る「過渡期」として、「貧困の破廉

**図 2-17　公的住宅扶助**（対 GDP 比率）**の国際比較**

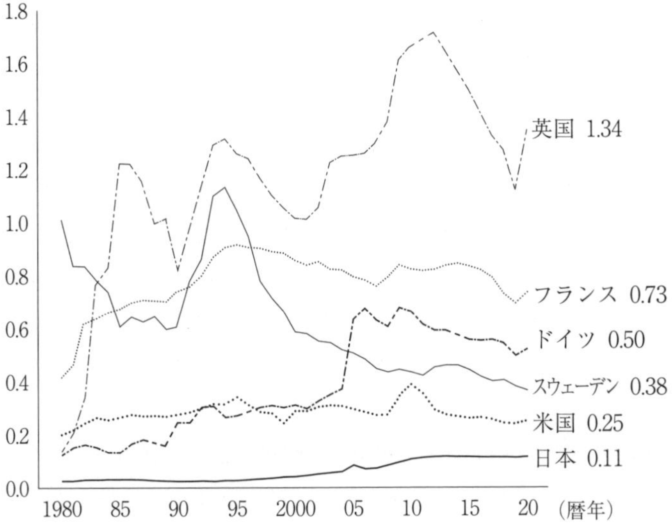
（対 GDP 比率：%）
1.8
1.6
1.4
1.2
1.0
0.8
0.6
0.4
0.2
0.0
1980
85
90
95
2000
05
10
15
20
（暦年）
英国 1.34
フランス 0.73
ドイツ 0.50
スウェーデン 0.38
米国 0.25
日本 0.11

（出所：OECD Social Expenditure Aggregated data より筆者作成）

恥きわまりない搾取」を取り除くために土地・不動産の公共化を進める時代とすることができる。図2-17は、日本の公的住宅扶助（対GDP比）が米国の2分の1、ドイツの5分の1、英国の13分の1という惨状を示す。住まいなしに生きられる人はいない。住まいは生存権である。国家が市民に対して良質な公共住宅、充分な家賃支援補助、公的住宅リフォームを保障する義務を負う、そんな新しい福祉国家が必要である。

注

◆1　このリニア中央新幹線構想による東京一極集中の加速については、岩見良太郎「東京一極集中を加速した都市再生の20年」『経済』2020年4月号、109頁を参照。

◆2　この「国家戦略特区」による開発手続の迅速化については、岩見良太郎「アベノミクス開発戦略とポスト五輪危機」『前衛』2018年11月号、90〜91頁を参照。実際、豊島区都市計画審議会報告書「国家戦略特区による都市再生プロジェクトについて（東池袋一丁目地区）」は、①開発事業者の「都市計画提案」が東京都に「都市再生特区」として認可、開発案が作成され、②豊島区都市計画審議会で「地区計画」「市街地再開発事業」が、③東京都都市計画審議会で「都市再生特区」が付議されるが、④国家戦略特別区域会議が「区域計画」として一括決定し、⑤国家戦略特別区域諮問会議において議長である総理大臣が「区域計画」を承認し、都市計画が認可されることを示している。

◆3　ここでの「空中権売買」「容積率移転取引」の仕組みの解説は、岡田悟、大根田康介、宮原啓彰「神宮外苑再開発のウラ」『週刊ダイヤモンド』2022年7月2日号所収、84〜87頁、の研究を参考とした。

◆4　ここでの「開発手続の規制緩和」「公園まちづくり制度」の問題点は、石川幹子「近代日本の文化的資産である神宮外苑の保全と継承に向けて」『環境と公害』第52巻3号、岩波書店、2023年1月所収、48〜53頁、の研究を参考とした。

◆5　この「都心市街地再開発」→「不動産運用益重視」→「容積率緩和で開発巨大化」→「投資回収期間の長期化」→「証券化による回収期間短縮」の仕組みについては岩見良太郎「歯止めなき東京乱開発と2020年問題」『経済』2018年4月号、52〜54頁を参照。

◆6　この〈資本の非所有者による他人資本の運用〉という概念は、正確には次のように表現されている。「社会的資本の一大部分がこの資本の非所有者たちによって使用され」る（『資本論』⑨779頁）。

◆7　「レバレッジ効果」と「投資利回り」の関係については、岩見良太郎「歯止めなき東京乱開発と2020年問題」『経済』2018年4月号、56～57頁を参照。なお、このLTV効果は「両刃の剣」である。巨額の借入（LTV引き上げ）による「投資利回り」の向上は、地代収入の途絶や土地売買差損の発生により、投資家に巨額の「マイナスの投資利回り」をもたらす。

◆8　ジリアン・テット「低金利の罠　BISが示す」（「日本経済新聞」2020年9月23日付）は、「中央銀行が実質利回りを押し下げ、リスク資産のバリュエーション（評価）を押し上げると、その分だけ、……資産を買い続ける必要が出てくる」と指摘する。つまり、P（地価4000）＝r（地代収入200）／i（市場利子率5％）において、市場利子率iが1％下がる（4％）と、理論上、地価の「評価」額は5000に押し上げられる。これは、市場利子率4％に対し地価が4000のままだと、200の地代を生むのは高利回り、という状況を示すが、実際に地価を4000から5000に引き上げる民間需要がなければ、中央銀行の資産購入拡大が必要となり、利下げと資産購入拡大との「恐ろしい罠」に陥ることを示している。

◆9　マルクスはこの「建築地地代」について、「位置にめぐまれた建築地」を賃借した生産者が、位置にめぐまれない建築地を賃借した他の生産者に比べて、平均利潤を超える超過利潤を得られること、その超過利潤は、「位置にめぐまれた」という自然力に基づくので、その「位置にめぐまれた建築地」を賃貸した土地所有者の地代収入に転化すること、つまり差額地代の一種であることを示している。差額地代の定義は次のとおりである。

　「この超過利潤もまた、このめぐまれた生産者たちの個別的生産価格（より安い費用価格＋平均利潤…引用者）と、この生産部面全体の一般的社会的な、市場規制的な生産価格（より高い費用価格＋平均利潤…引用者）との差額に等しい。この差額は、商品の個別的生産価格を超えるその一般的生産価格の超過分に等しい」（『資本論』⑪1161～1162頁）。

# 第3章　アベノミクス通商政策の三つの性格

## ——『資本論』の信用・世界市場論に立ち返り 考える（上）

2012年末に「TPP断固反対」を掲げて総選挙に勝利しスタートした第二次安倍政権は、その直後に豹変し、日豪EPA（経済連携協定 Economic Partnership Agreement）、TPP（環太平洋戦略的経済連携協定 Trans-Pacific Partnership）、TPP11（環太平洋パートナーシップに関する包括的及び先進的な協定 Comprehensive and Progressive Agreement for Trans-Pacific Partnership）、日欧EPA、日米FTA（自由貿易協定 US-Japan Free Trade Agreement）など通商政策を「成長戦略」と称し拡大・推進してきた。

　このようなウソから始まるアベノミクス「通商政策」は、三つの性格を有する。第一は、その時々の米国の通商戦略に盲従し「ある時は自由貿易主義、多国間主義の宣伝」「またある時は米国第一主義、二国間主義への迎合」という「自らの思考は一時停止状態において、ただアメリカを第一にした外部の変化に反応し、すばやくそれに追随する形でしか振る舞うことのできない」戦略の対米従属性である（二宮厚美『終活期の安倍政権』新日本出版社、149頁）。第二は、その対米従属性を隠蔽するために「まず米国を牽制すると国民を欺き別の国に譲歩、つぎに譲歩した水準から対米交渉、最後に米国に大幅譲歩」を繰り返す戦術の欺瞞性である。第三は、為替操作を含めた輸出と輸入による貿易政策で日本経済再生の活路を見いだそうとするもので、「輸出・輸入依存の経済政策」といえるものである。それは「輸入し過ぎ同時に輸出し過ぎる」（萩原伸次郎『世界経済危機と資本論』新日本出版社、11頁）資本主義的世界市場の本質に根ざした自己目的的な貿易拡大の政策である。

　本書では、第一に、第二次安倍政権による一連の貿易交渉が抱える「対米従属的戦略」とそれを糊塗する「欺瞞的戦術」を2013年4月国会決議の挙げる「重要5品目（コメ、麦、牛肉・豚肉、乳製品、甘味資源作物）」の交渉に絞り解明する。第二に、資本主義にとっての貿易・世界市場開拓の本質的目的、「帝国支配の構造的連関」の形成という本質をマルクス『資本論草稿』『資本論』第一部の世界市場分析、国際価値論に立ち返り考察する（以上、第3章）。

　そして第三に、アベノミクスの下での「輸出・輸入依存の経済政策」を検討するため、自己目的的な貿易拡大が資本主義的世界市場の本質ととらえ、マル

クス『資本論』第三部第四篇における信用と世界市場の役割、現実の需要供給調整を乗り越える「架空の需要の拡大」メカニズムに立ち返り考察する。そして第四に、貿易と信用の不均衡により「架空の需要の崩壊」に至る法則性を『資本論』第三部第五篇「信用主義から重金主義への転化」に立ち返り考察する。そして考察を通して、アベノミクスの下での「量的金融緩和と自由貿易協定」の同時進行が理論的にも、現実的にも破綻（はたん）していることを明らかにする（以上、第4章）。

　アベノミクス通商戦略をマルクス『資本論』から解明するということは、パクス・ブリタニカ、パクス・アメリカーナ、金本位制崩壊、戦後 IMF 体制、ニクソン・ショック、管理通貨、変動相場制、新自由主義的金融化など理論、歴史分析を発生論的弁証法的に重層化しなければ、本来充分に達成できない。しかしその上で、マルクスが生きた時代の大英帝国の自由貿易帝国主義、現代アメリカ資本主義の覇権主義的政策、そしてアベノミクスの通商政策に共通する本質、「輸出・輸入依存の経済政策」、自己目的的な貿易拡大の法則を解明することは、現代資本主義を分析する基本視角として重要な研究課題であろう。


## 第1節　アベノミクス通商政策の対米従属的戦略と欺瞞的戦術


### 1　「日豪 EPA 早期締結による米国主導 TPP 交渉への牽制」論

　2013 年 5 月に TPP 交渉参加を表明した安倍政権は、「国民の公約違反追及の怒り」と「米国の例外なき関税、非関税障壁撤廃要求」との矛盾に直面し交渉に行き詰まった。この局面において、米国の要求に従い国民を欺くために、安倍政権が持ち出した欺瞞的な戦術が「日豪 EPA による米国への牽制」論である。「日本が米国に先んじて豪州と輸入関税引き下げで妥結する→関税撤廃にこだわる米国は日米交渉の停滞により低関税の恩恵を得られない→米国が焦って関税撤廃要求を撤回し豪州並み関税水準を受け容れる」というシナリオである。GDP ベースで日豪の 3 倍ある米国が何故、焦って要求を撤回するのか

理解に苦しむが、このような、安倍政権関係者自身も本気で信じていないであろう、荒唐無稽な「外交戦術」がメディアをとおして拡散されたことは事実である。主要メディアにおいても「豪州は、日本の牛肉市場で競合する米国より先に低い関税を手に入れ、シェアを広げたいとの思惑があった。日本にも、豪州との交渉を急ぐことで、関税撤廃にこだわる強硬な米国を牽制する狙いがある」（朝日新聞デジタル 2014 年 4 月 8 日）、「関税維持を求める日本にとって今回の合意は、関税撤廃の例外を豪州から引き出したともいえ、関税撤廃に強くこだわる米国を強く牽制することができる」（東京新聞 2014 年 4 月 8 日）などと報じられた。

2014 年 4 月に大筋合意、15 年 1 月発効した日豪 EPA は、WTO 水準と比べ、牛肉の輸入関税をほぼ半減、豚肉の従価税も半減、またチーズに「関税 0 ％輸入枠」を設定させた（表 3-1）。対米従属という基本戦略の下にありながら、小手先の駆け引きを演出し国民を欺く性格こそ、アベノミクス通商戦略の欺瞞的戦術にほかならない。

## 2 米国主導 TPP 交渉における大幅譲歩

当然、日豪 EPA 交渉の結果は、2015 年 10 月大筋合意、16 年 2 月に日米含む 12 か国で署名した TPP 交渉への牽制などにはならず、逆にさらなる大幅譲歩に向かう交渉のスタート・ラインとなった。牛肉輸入関税は運用の最初から「日豪 EPA 水準以下」が「保証」され、最終的な関税引き下げ水準は日豪 EPA 水準をはるかに超える 9 ％まで下がることとなった（図 3-1）。「キロあたり 524 円」以上の豚肉にかかる従価税は全廃、それ以下の価格帯の豚肉にかかる従量税は約 9 割削減、キロあたり 50 円まで下げられた（図 3-2）。またハード系ナチュラルチーズ（チェダー、ゴーダ等）の関税撤廃、ソフト系ナチュラルチーズの一部（ブルー）の関税半減、プロセスチーズに国別関税 0 ％輸入枠設定措置がとられた（表 3-1）。日豪 EPA 交渉において交渉から「除外」されたコメ、「将来見直し」とされた小麦も、国別関税 0 ％輸入枠がコメ 7.8 万トン、小麦 25.3 万トン、WTO 協定枠に加えて新たに設定された（表 3-1、図 3-3）。一連の経過は「まず日豪 EPA で米国を牽制すると国民を欺き豪州に譲

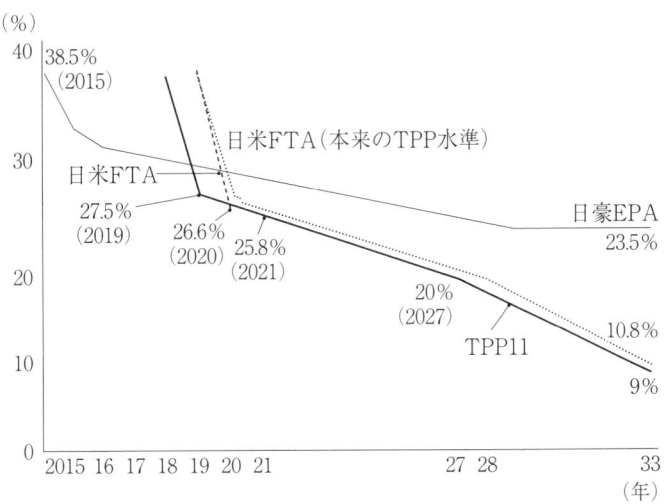

図3-1 日豪EPA、TPP11、日米FTAの牛肉関税水準の比較

＊各年1月1日の関税率
(出所：農水省「TPPにおける重要5品目等の交渉結果」、財務省「日豪EPA交渉の合意内容について」、紙智子議員「2018年3月14日参院予算委質問」より筆者作成)

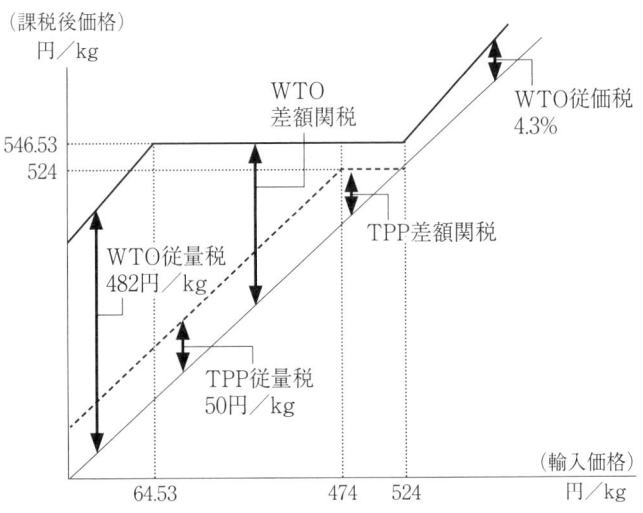

図3-2 豚肉差額関税制度の変化

(出所：農水省「TPPにおける重要5品目等の交渉結果」、2019年10月27日内閣官房TPP等政府対策本部資料、2022年11月28日財務省・税関「修正対象物品の令和4年度における輸入基準数量」より筆者作成)

表3-1 農産物「重要5品目」市場開放の流れ

| 重要5品目 WTO協定水準 | 日豪EPA 15年1月発効 | TPP 13年5月日本交渉参加表明。15年10月大筋合意。16年2月日米含む12か国協定署名。17年1月米国離脱。 | TPP11 18年12月発効 | 日欧EPA 17年7月大筋合意。19年2月発効 | 日米FTA 19年10月合意。20年1月発効 |
|---|---|---|---|---|---|
| **コメ**（WTO協定枠MA米77万t）<br>米国 37.67万t<br>豪州 0.7万t<br>タイ、中国他 38.5万t | 除外 | MA米5.6万t→13年後7.8万t追加<br>TPP追加枠／当初3年／13年後<br>米国 5.0万t／7.0万t<br>豪州 0.6万t／0.84万t | TPP国別追加枠の豪州分発効 | ほぼ輸入実績0（シェア0.01%） | TPP国別追加枠はWTO枠復活？ |
| **小麦**（WTO協定枠574万t）枠外関税55円/kg 枠内輸入差益マークアップ（17円/kg）<br>米国 310万t（11-13年平均）<br>カナダ 135万t（同）<br>豪州 98万t（同） | 将来見直し | 枠外関税55円/kg 輸入差益・マークアップ（17円/kg）9年目45%削減<br>追加数量枠／発行時／7年目以降<br>米国 11.4万／15万<br>カナダ 4.0万／5.3万<br>豪州 3.8万／5.0万 | TPP国別追加枠のカナダ、豪州分発効 | （ほぼ輸入実績0（シェア0.1%）） | TPP追加枠米国分WTO枠復活 |
| **牛肉関税38.5%** | 冷蔵23.5%<br>冷凍19.5% | 日豪FTA水準以下保証 10年後20%、16年後9%<br>米合む低関税輸入枠61万t | TPP水準 加わる低関税輸入枠61万t | TPP水準 | TPP水準以下保証＋米国枠24万t |
| **豚肉**<br>～64円/kg従量税482円<br>64円/kg～524円/kg差額関税482～22円。<br>524円/kg以上従価税4.3% | 従価税部分 税率4.3% を2割～5割削減<br>加工肉以外関税10年後<br>加工肉従量税50円→0円。従価税撤廃。 | 従量税部分 税率4.3%<br>～474円/kg関税50円<br>474円/kg～524円/kg差額関税50～0円。従価税撤廃。 | TPP水準 | TPP水準 | TPP水準 |

| 品目 | 関税 | 日豪EPA | TPP水準 | TPP米国 追加枠復活 | 日EU・EPA |
|---|---|---|---|---|---|
| チーズ モッツァレラ | 関税29.8% | プロセス用 ナチュラルチーズ関税0枠 0.4万t→2万t（今後20年） | プロセス用・シュレッド 一大国別枠（国産1：輸入3.5）抱き合わせ0%の豪NZ分の一大国別枠 発効 | 1年目 2万t→16年目 3.1万t 枠内で0% | |
| シュレッド | | シュレッド 関税0枠 1千t→5千t（今後10年） | | | |
| クリームチーズ | | | 脂肪分45%未満 16年後0%／脂肪分45%以上、26.8% | クリームチーズ 脂肪分45%未満 16年後0% | クリームチーズ45%未満 16年後0%／脂肪分45%以上 |
| ブルーチーズ | | | 11年後0% 14.9% | ブルーチーズ （16年実績2.1万t） | ブルーチーズ （16年実績2.1万t） |
| ソフト（カマンベール） | | | 29.8% | ソフト（カマンベール） | ソフト（カマンベール） 16年後0% |
| チェダー、ゴーダ | 22.4 | | 16年後0% | チェダー、ゴーダ 16年後0% | チェダー、ゴーダ 16年後0% |
| おろし、粉 | 26.3〜40% | | 300t→450t 枠内11年後0% | おろし、粉 ほぼ輸入実績0（シェア0.1%） | おろし、粉（ナチュラル） 16年後0% |
| シュレッド（加工） | | | 16年後0% | | おろし、粉（プロセス） 16年後0% |
| プロセス | 40% | | | プロセス | プロセス 16年後0% |
| 砂糖（関税＋調整金） | | | | | |
| 精製糖 | 21.5円/kg＋57.4円/kg | 将来見直し | 精製糖 21.5円/kg＋57.4円/kg | TPP水準 | |
| 高糖度原料糖 | 21.5円/kg＋42.4円/kg | | 高糖度 糖度99.3%以上：21.5円/kg＋42.4円/kg 糖度99.3%未満0円/kg＋39.0円/kg | | |
| ＊日本からの自動車輸出関税 | 5%→3年目0% | | 現行2.5%→25年目に撤廃 | 関税撤廃 見送り | 現行10%→8年目に撤廃 |

（出所：財務省「日豪EPA交渉の合意内容について」、農林水産省「TPPにおける重要5品目等の交渉結果」、「日EU・EPAにおける農林水産物の交渉結果概要」、「経済連携交渉等の状況について（令和5年1月）」等より筆者作成）

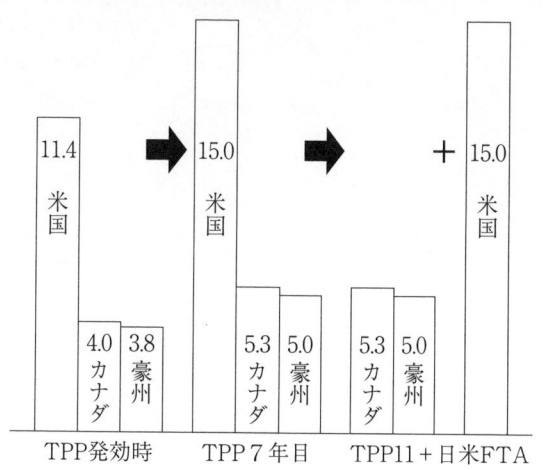

図3-3　小麦追加輸入枠の変化 (単位：万t)

| TPP発効時 | TPP7年目 | TPP11＋日米FTA |
|---|---|---|
| 11.4 米国 | 15.0 米国 | ＋ 15.0 米国 |
| 4.0 カナダ ／ 3.8 豪州 | 5.3 カナダ ／ 5.0 豪州 | 5.3 カナダ ／ 5.0 豪州 |

(出所：農水省「TPPにおける重要5品目等の交渉結果」、2019年10月27日内閣官房TPP等政府対策本部資料、2022年11月28日財務省・税関「修正対象物品の令和4年度における輸入基準数量」より筆者作成)

歩、つぎに日豪EPA水準からTPP交渉開始、最後に大幅譲歩でTPP締結」という、国民を欺く戦術の欺瞞性を露呈している。

### 3　米国のTPP離脱、「TPP11で米国の復帰促進」論とさらなる譲歩

2017年1月、米国トランプ政権はTPP協定から離脱を表明した。[1]この「危機」を打開するため安倍政権が再び持ち出した、欺瞞的戦術が「TPP11早期締結→米国にTPP復帰の利益を示す→米国のTPP復帰促進→日米二国間協議での米国側要求抑制（TPP水準まで）」論である。再びメディアは「アメリカ産農産物は、TPPによる低関税で輸出できるカナダやオーストラリア産などの農産物に日本市場から駆逐される。……もし安倍政権がアメリカの復帰を望むのなら、熟柿が落ちるように待つだけでよい」(「WEB　RONZA」2017年1月26日付）などと報じた。

安倍政権が主導した、米国を除く11か国でのTPP協定（TPP11）大筋合意

図 3-4　牛肉低関税輸入枠（セーフガード）の変化（単位：万t）

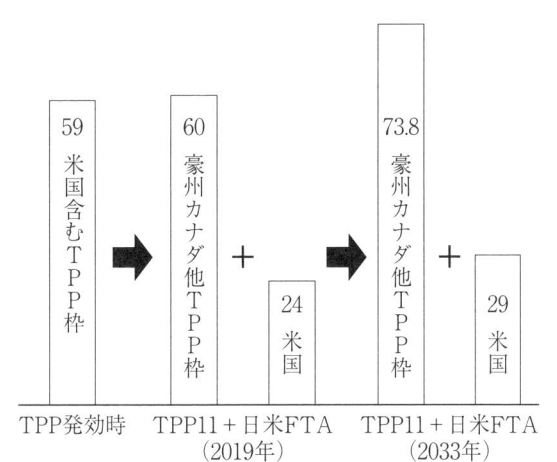

TPP発効時　　TPP11 ＋日米FTA　　TPP11 ＋日米FTA
　　　　　　　　（2019 年）　　　　（2033 年）

（出所：農水省「TPP における重要 5 品目等の交渉結果」、2019
年 10 月 27 日内閣官房 TPP 等政府対策本部資料、2022 年 11 月
28 日財務省・税関「修正対象物品の令和 4 年度における輸入基
準数量」より筆者作成）

（2017 年 11 月）、協定発効（18 年 12 月）は、現状においては、コメ、小麦、プ
ロセスチーズの「国別関税 0 ％輸入枠拡大」の TPP 米国割当部分を留保し、
豪州、カナダ、NZ 割当部分を発効する◆2。また「牛肉低関税輸入枠」は TPP
発効時に「米国を含め 59 万トン」だった。しかし、安倍政権は豪州、カナダ
を TPP11 に繋ぎとめるために「米国を除く豪州、カナダ等に 60 万トン」とし
て引き継ぎ、大幅譲歩した。後の日米 FTA において、「牛肉低関税輸入枠」
の「米国枠 24 万トン」は復活することになる◆3（図 3-4）。

　これは「まず米国の TPP 復帰を促すため米国側要求を抑えると称して他の
11 か国へ譲歩、次にこの譲歩した TPP11 水準から 19 年 4 月以降の日米 FTA
交渉を受け容れ、最後に米国が TPP 離脱で失った利益以上の日本側大幅譲歩
を米国側に差し出す」ことを意味している。この「米国の TPP 離脱」＝
「TPP 漂流、自由化交渉頓挫」という想定外の危機に際しても、アベノミクス
通商政策は「米日多国籍大企業権益最優先の戦略」と「国民を欺くためトラン
プ政権を牽制する擬態をとる戦術」とに基づき行動していることがわかる。

## 4 「日欧 EPA は米国への牽制」論

　同時期に、米国 TPP 離脱という通商政策破綻の危機を打開するため、安倍政権が三たび持ち出した欺瞞的戦術が「日欧 EPA 早期締結で米国の保護主義的要求を牽制できる」といった議論である。「日本が米国より先に欧州に関税引き下げ・自由貿易の利益を与える→米国に TPP 復帰の利益を示す→米国の保護主義的要求を牽制→日米二国間協議での米国側要求抑制（日欧 EPA 水準まで）」というのである。三たび、このような荒唐無稽な「外交戦術」がメディアをとおして拡散されたことも事実である。主要メディアにおいても「米国は豚肉やワインなどの対日輸出で欧州より不利になる。TPP 離脱で農産物の対日輸出拡大が期待できなくなったが、それに追い打ちをかける事態となる」（産経新聞 2018 年 7 月 19 日付）、「日欧はそれぞれ米国との貿易交渉を抱える。早期に自由貿易圏を広げ、米国をけん制したい思惑がある」（日本経済新聞 18 年 11 月 29 日付）などと報じられた。

　2017 年 7 月に大筋合意、19 年 2 月に発効した日欧 EPA は、ソフト系ナチュラルチーズ（モッツァレラ、シュレッド、クリーム、ブルー等）において新たな関税 0 ％輸入枠設定という TPP 水準以上の譲歩を伴った◆4（表 3-1）。

## 5 日欧 EPA 水準から日米 FTA での大幅譲歩へ

　この日欧 EPA 交渉の結果も、2019 年 4 月以降に本格化した日米 FTA 交渉への牽制にならず、逆にさらなる大幅譲歩に向かう交渉のスタート・ラインとなった。18 年 3 月、米国は通商法拡大法 232 条に基づく鉄鋼 25 ％、アルミ 10 ％の追加関税措置を発動し日本を対象除外しなかった。また米国は自動車への対日追加関税、輸入数量規制の検討も継続している。この米国の圧力は、「米国の TPP 復帰促進、保護主義的要求牽制」という安倍政権の戦術的欺瞞性を明白にし、18 年 9 月、米日首脳会談における「日米物品貿易協定（TAG）」、日米二国間の新たな貿易交渉開始という売国的な対米従属戦略に安倍政権を導いた。◆5

この「日米二国間の新たな貿易交渉」は、安倍首相の説明「限定的な物品協定（TAG）」ではなく「包括的貿易協定（FTA）」であること、TPP水準が交渉のスタート・ラインとなったことは明白である。18年12月の米国通商代表部（USTR）による「日米貿易交渉公聴会」は、全米自動車労組の「円安誘導是正措置・為替条項」要求、米国研究製薬工業協会の「新薬データ保護期間12年確保」など物品以外の要求を取り上げている。

そして2019年9月、日米両政府は日米FTA「第1ラウンド最終合意」を共同発表した。注目された牛肉関税引き下げは、19年中にいきなり26.6％にまで引き下げられる。図3-1のように、日米FTAの牛肉関税引き下げが「本来のTPP水準」に留まるなら、米国は発効1年目の20年3月末まで関税率27・5％（TPP11は26.6％）、20年4月から26.6％（TPP11は25.8％）となり、発効16年目の34年までTPP11より高い関税を課されるはずであった。また先に述べたとおり、図3-4のように牛肉低関税輸入枠（セーフガード）は、「TPP11加盟国に適用されるTPP枠60万トン」に「米国枠24万トン」が上乗せされる。豚肉関税も図3-2のようなTPP水準へ引き下げられる。またこの協定とは別に日本は米国産飼料用トウモロコシ275万トン（年間消費量の25％相当）を購入する。これらの事実は、日米FTAが「過去の経済連携協定で約束した内容が最大限」でなかったことを示す。

## 6　米国通商政策の変化に無原則的に抱きつく日本の対米従属的戦略

「日豪EPAからTPPへ」「TPP（11）から日米FTAへ」「日欧EPAから日米FTAへ」、このいずれのケースも「まず米国を牽制すると国民を欺き別の国に譲歩、次に譲歩した水準から対米交渉、最後に米国に大幅譲歩」を繰り返す、アベノミクス通商政策における「戦術的欺瞞性」を示す経過であった。そしてこの「戦術的欺瞞性」は、その時々の米国の通商戦略に盲従し「ある時は自由貿易主義、多国間主義の宣伝」「またある時は米国第一主義、二国間主義への迎合」という無原則的な対米従属的戦略に基づいている。日本が通商戦略として真に多国間主義を堅持するのであれば、WTO改革を通じて食料、国民経済主権と互恵的貿易とのバランスの取れた多国間協定を追求し、米国主導の

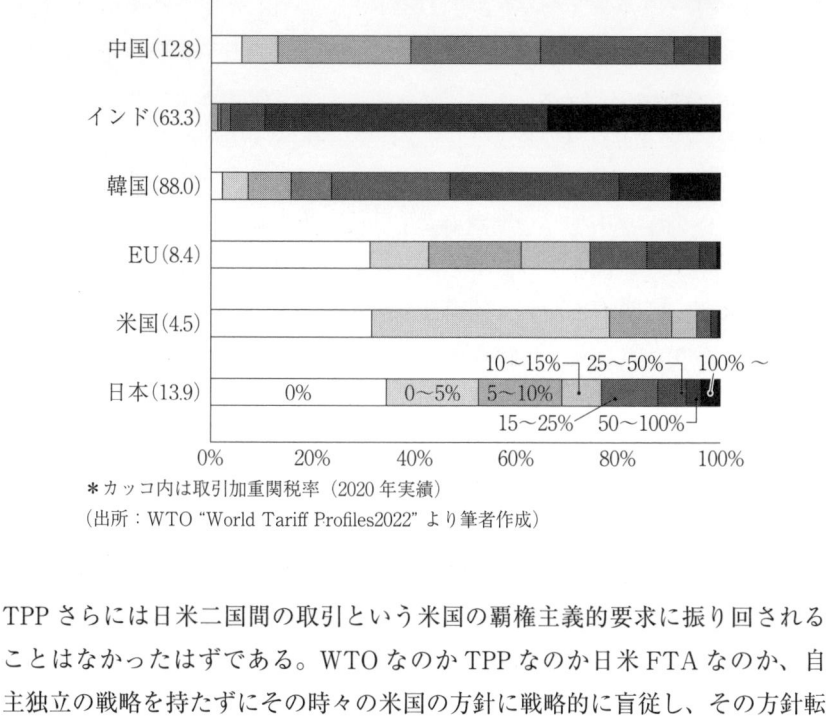

図3-5 主要国の農産物関税率の分布 (2022年)

＊カッコ内は取引加重関税率 (2020年実績)
(出所：WTO "World Tariff Profiles2022" より筆者作成)

TPPさらには日米二国間の取引という米国の覇権主義的要求に振り回されることはなかったはずである。WTOなのかTPPなのか日米FTAなのか、自主独立の戦略を持たずにその時々の米国の方針に戦略的に盲従し、その方針転換をもっともらしく合理化し国民を欺くため「欺瞞的な戦術」におぼれてきたことがアベノミクス「通商政策」の基本性格であろう。

　そもそもの前提として、日本は通商、特に食料安全保障に関し、自主独立の戦略を持ち合わせていない。図3-5は主要国における農産物関税率の分布を示している。日本はEUと比べて「取引量で加重平均した農産物平均関税率」が高いように表れる。しかし、分布図からわかるように、「日本の高い平均関税率」の原因は一部の「関税率100％超品目」の影響であり、「ゼロ税率〜低関税率品目」はEUよりも多い。また同じアジアの主要国である韓国やインド、中国は、独自の通商、食料安全保障戦略に基づき関税率を管理していることが明白である。

　表3-2は日本、米国、EU27における「農業予算」、特に農家を直接支援す

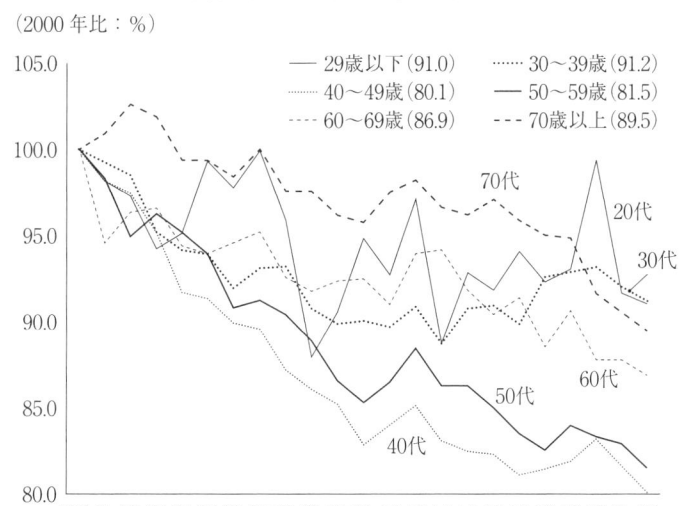

図3-6　年齢別世帯ごとの年間食料費の推移（2000年基準）

（2000年比：％）

凡例:
― 29歳以下（91.0）　‥‥ 30～39歳（91.2）
‥‥ 40～49歳（80.1）　― 50～59歳（81.5）
--- 60～69歳（86.9）　--- 70歳以上（89.5）

＊年間食料費は総務省「消費者物価指数（2020年基準）」で実質化

（出所：総務省「家計調査」より筆者作成）

る「価格・所得保障予算」の規模を比較している。米国は「農業付加価値生産額」の80％〜90％近い「農業予算」を投入し、その75〜80％近くが「価格・所得保障予算」である。米国の「価格・所得保障予算」は海外輸出向けの農産物にも同様に投入されており、事実上の輸出補助金である。またEU27の「農業予算」は「農業付加価値生産額」の23％〜25％近くにとどまるが、その75〜80％近くが「価格・所得保障予算」である。対して、日本の「農業予算」は「農業付加価値生産額」の26％〜30％近くにとどまり、農家を直接支援できる「価格・所得保障予算」は、「農業予算」の45％程度に過ぎない。[6]これまで、通商、食料安全保障に関する日本の対米従属戦略は、「安い海外産食料を食べることで賃金・労働者自身を安くする」相対的剰余価値生産の法則を通じ日本の労働者の貧困化を進めた。[7]図3-6は、2000年以降22年までに、世帯主20歳代、30歳代世帯の食費が約9％、40歳代、50歳代の世帯の食費が約20％、インフレ率を差し引いた実質値で減少したことを示す。この生活諸手段・食料費の減少が同じ時期における賃金所得の減少傾向をつくり出したのである。

表3-2　各国農業予算の比較（単位：米国；億ドル　EU27；億ユーロ　日本；兆円）

| 国・年次 | 米国2017 | 米国2019 | 米国2021 | EU2017 | EU2019 |
|---|---|---|---|---|---|
| 農業関係予算① | 1513.0 | 1501.2 | 1975.1 | 525.4 | 546.4 |
| うち価格・所得保障② | 1157.5 | 1139.8 | 1561.0 | 409.7 | 408.3 |
| 農業付加価値生産額③ | 1844.2 | 1793.5 | 2237.2 | 2223.3 | 2224.5 |
| ②価格所得保障／①予算 | 76.5 | 75.9 | 79.0 | 78.0 | 74.7 |
| ①予算／③付加価値生産 | 82.0 | 83.7 | 88.3 | 23.6 | 24.6 |

＊米国の価格・所得保障は商品金融公社（CCC）予算＋国内食料支援予算、EU27は直接保障＋市場
（出所：USDA Budget Summary, European Commission Agriculture & Rural development CAP

またこれから世界的インフレと食料危機の時代において、すでに国内農業を衰退させてしまった日本の対米従属戦略は、「高い海外産食料を食べることで賃金・労働者自身を貧しくする」、多国籍アグリ・ビジネスの独占価格支配を招くであろう。

　最後に解明しなければならない問題は、アベノミクス「通商政策」の第三の性格、戦略的対米従属性と戦術的欺瞞性に左右されながら一貫して「輸入し過ぎ同時に輸出し過ぎる」性格である。この第三の性格こそが資本主義的信用・世界市場の本質に規定された法則なのである。


## 第2節　マルクスの世界市場論


　21世紀のアベノミクス通商政策や米国の外交戦略を読み解く上で、19世紀のマルクスの世界市場論は三つの優位性をもち、分析の基本視角を与えてくれる。マルクスの貿易論、世界市場論はリカードの貿易論を批判的に継承したものである。19世紀の理論を今日の貿易問題に当てはめるだけでは、現実のすべてを理解することはできない。しかし今日の国際貿易を考察するうえでなお重要な本質を摘出してくれる。以下、マルクスが古典派経済学を批判的に継承して確立した、独自の優位性をもつ貿易論、世界市場論を『資本論』に立ち返

| EU2021 | 日本2017 | 日本2019 | 日本2021 |
|--------|---------|---------|---------|
| 540.4 | 1.63 | 1.61 | 1.61 |
| 403.5 | 0.7412 | 0.6934 | 0.6930 |
| 2360.6 | 6.2411 | 5.7464 | 5.2241 |
| 74.7 | 45.5 | 43.1 | 43.0 |
| 22.9 | 26.1 | 27.8 | 30.8 |

介入予算。日本の農業関係予算は非土木事業費分
indicators, Oecd.stat, 農林水産省資料より筆者作成）

り明らかにする。

## 1　「帝国支配の構造的連関」の解明

マルクスは、『資本論』第一部第四篇第13章「機械設備と大工業」において、19世紀大英帝国の自由貿易が、平等で互恵的な国際関係ではなく植民地支配、帝国支配の構造的連関をもたらしたことを解明している。マルクスは、大英帝国の「機械生産物の安さおよび変革された輸送・交通制度」が「外国の諸市場を征服するための武器」となること、帝国本国の「機械経営は、外国市場を強制的に自分の原料の生産地に転化させる」こと、「東インドは、大ブリテンのために綿花、羊毛、大麻、黄麻、藍などの生産を強制された」ことを指摘する（『資本論』③791頁）。

このようなマルクス「世界市場論＝帝国支配の構造的連関の解明」という優位性は、マルクスが批判的に継承した古典派経済学、なかでもリカード「比較生産費説」と比べて明らかである。[8]リカードは、表3-3、3-4に示した「比較生産費」モデルを使い、自由貿易が全ての当事国に利益をもたらすと主張した。表3-3において、ポルトガルは、英国に比べて、ぶどう酒、服地それぞれ1単位をより少ない労働量（人数）で生産できる（絶対優位）。その上で、ポルトガルは服地よりぶどう酒のほうをより少ない労働量で生産できる（ぶどう酒が比較優位）。英国はぶどう酒より服地のほうをより少ない労働量で生産できる（服地が比較優位）。この表3-3において、両国が貿易を閉ざし国内分業する結果は全体で4単位（ぶどう酒2単位、服地2単位）の生産にとどまる。しかし、表3-4のように、ポルトガルが比較優位のぶどう酒生産に全ての労働量を移し、英国も比較優位の服地生産に全ての労働量を移すと、結果は全体で4.325単位（ぶどう酒2.125単位、服地2.2単位）まで富が増える。これは、「比較優位に特化して貿易をする利益が双方に存在する」という、今日まで続く自由貿易論者

の信仰の原点でもある。

このようなリカード「比較生産費説」は、「自由貿易の利益」を証明するための意図的な数字の組み合わせであり、「自由貿易の利益」が生じる場合、生じない場合、他の様々な数字の組み合わせが可能である。[9]また一国の産業構造が比較優位産業に完全に特化する

表3-3　比較生産費説（2国2財モデル1）4単位生産

| | ぶどう酒 | 服地 |
|---|---|---|
| ポルトガル | 80人（1単位） | 90人（1単位） |
| イギリス | 120人（1単位） | 100人（1単位） |

表3-4　比較生産費説（2国2財モデル2）4.325単位生産

| | ぶどう酒 | 服地 |
|---|---|---|
| ポルトガル | 170人(2.125単位) | 0人（0単位） |
| イギリス | 0人（0単位） | 220人(2.2単位) |

という前提も世界の現実と異なる。しかしそれ以上に、「なぜ19世紀大英帝国は機械制綿製品大工業を育て東インドは綿花等原料生産を受け持つこととなったのか」、その帝国的資本循環、再生産構造の分析が決定的に欠けて（隠されて）いるのである。マルクス「世界市場論＝帝国支配の構造的連関の解明」という優位性は、21世紀の日米、米中関係を読み解く上でもなお一層重要であろう。

## 2　貿易における不等労働量交換の国際価値論による解決

リカード「比較生産費説」は、自由貿易を通じた生産量・富の増加を説明する過程で、「英国の100人の労働（服地1単位）がポルトガルの80人の労働（ぶどう酒1単位）」と「不等労働量」交換されることを意味している。マルクスは、『61-63年草稿』において、この不等労働量交換の難題を「貿易における労働価値説の崩壊」「不等価交換による収奪」ではなく、「労働価値説の修正」「国際価値に基づく等価交換による収奪」であることを解明した。[10]

マルクスは、リカードの理論でさえも「ある国の三労働日は他の国の一労働日と交換されうる」と指摘する。そして「この場合には」、「価値の法則は本質的な修正を受け」、「違った国々の労働日の相互の関係は、一国の内部で、熟練した複雑な労働が未熟練で簡単な労働にたいしてもつ関係と同じ」としている。

つまり「熟練した複雑な労働」は何倍かの「未熟練で簡単な労働」に還元、修正、尺度され、貿易取引を等価交換の価値法則どおり行わせるとするのである。そして「より富んでいる国（高生産性・少量労働で生産する国）が、より貧乏な国（低生産性・多量労働で生産する国）を搾取（不等労働量を等価に還元し交換）することになり、それは、たとえあとのほうの国が交換によって利益を得るにしても、そうである」とする（マルクス『資本論草稿集』⑦、大月書店、153頁、カッコ内は引用者）。

　またマルクスは、『資本論』第一部第六篇第20章「労賃の国民的相違」においてさらに説明する。世界市場において「労働強度は、……ある国ではより大きいが、他の国ではより小さい」。この労働強度の「国民的諸平均は階段状」であって、それを測る「度量単位は世界的労働の平均単位である」。「したがってより強度の高い国民的労働は、強度の低いそれに比べて、同じ時間内に、より多くの価値を生産し、その価値はより多くの貨幣で表現される」故に、貿易において「世界的労働」で測られた「国際価値」の等価交換を通じ、各国における不等労働量を支配・搾取できるとしている（『資本論』③973頁）。

　マルクス「世界市場論＝貿易における不等労働量交換の国際価値論による解決」は、これまでもいわゆる「南北問題」における先進資本主義国の途上国に対する、契約に則った非暴力的な支配と搾取を合理的に解明してきた。そしてマルクスの国際価値論と世界市場論は、21世紀においても、米中の技術覇権競争のような「熟練した複雑な労働」による「未熟練で簡単な労働」支配、搾取を読み解く鍵となるであろう。


## 3　信用による国内市場の「内在的な桎梏と制限」の突破

　マルクスは『資本論』第三部第五篇第27章「資本主義的生産における信用の役割」において、世界市場の創出、発展と世界市場恐慌の勃発が信用（債権債務の貸借関係）制度の発展、成熟と一体であることを解明している。この信用制度分析との一体性こそマルクス「世界市場論」のもつ最大の優位性といえよう。アベノミクス通商政策における輸入・輸出に依存する経済政策、貿易拡大という本質は、信用制度の発展と一体化した「架空の需要」膨張策であり、

それゆえ「成長戦略の要」となっているといえよう。

　マルクスは、最初に本国市場における「資本主義的生産の対立的性格にもとづく資本の価値増殖」が資本と貧困の同時蓄積ゆえに「ある一定の点までしか現実的な自由な発展を許さず」、「生産の内在的な桎梏と制限をなす」としている（『資本論』⑨779頁）。そして次に「この桎梏と制限は信用制度によってつねに突破され」、さらに「信用制度は、生産諸力の物質的発展および世界市場の創出を促進する」のであり、この信用制度による物質的生産力発展、世界市場創出を「資本主義的生産様式の歴史的任務」としている（『資本論』⑨779頁）。そして「同時に、信用は、この矛盾の強力的爆発、すなわち恐慌を、したがって古い生産様式の解体の諸要素を促進する」と述べている（『資本論』⑨779頁）。

　だからこそ、マルクスの信用、世界市場論は、アベノミクス「通商政策」における輸入・輸出依存の経済政策の本質的性格を読み解く上で、重要な手がかりとなるのである。


　注
◆1　この点について宮﨑礼二氏は「多国間の枠組みではもはやアメリカの優位性を維持できない状況が、新たな多国間ルールをつくって経済的な覇権を維持するという方向ではなく、『米国第一主義』と二国間主義へとアメリカを駆り立てているのです」（「トランプ大統領の通商政策をどうみるか」『経済』2018年7月号、23〜24頁）と指摘している。
◆2　コメ、小麦におけるTPP国別割当部分とは別に、乳製品（脱脂粉乳、バター）7万トンのTPP低関税輸入枠は、米国割当分を含めて算出されていたにもかかわらず、米国以外のTPP11参加国へ全て配分される。「しんぶん赤旗」2018年5月9日付は、「離脱したアメリカ分の輸入譲歩枠を安倍内閣が『凍結』要求をせず、その分を他の輸出国が占める。すでにカナダ政府は、安倍内閣の農林水産の減少額試算と同程度の対日輸出増を試算ずみ」と報じている。
◆3　「TPP牛肉低関税輸入枠60万トン」が「TPP11枠60万トン」と「日米FTA枠24万トン」とに引き継がれている問題について、日本政府は「米国と

TPP11 締約国からの輸入を合計して TPP 全体の発動基準数量を適用する方式に移行する方向で協議をする」（2019 年 9 月 25 日茂木外務大臣会見記録）としてきた。2019 年 10 月 27 日の内閣官房 TPP 等政府対策本部資料においても「2022 年度上半期までに米国と協議。それまでに TPP11 協定が修正されていれば TPP 全体の発動基準に移行する方向で米国と協議」と明記されている。しかし、2022 年 11 月 28 日付、財務省・税関「修正対象物品の令和 4 年度における輸入基準数量」によると牛肉低関税枠は「CPTPP（TPP11）637,200 トン」「アメリカ合衆国 251,680 トン」と明記されている。

◆4　この点につき鈴木宣弘氏は「国産チーズ向け生乳 50 万トンが行き場を失い、酪農生産に大きな打撃が生じる可能性がある。今でも、生乳生産の減少で『バターが足りない』現象が繰り返されているのに、今度は、『飲用乳が棚から消える』事態が頻発しかねない」（「TPP 闘争勝利と『TPP プラス』の日米・日欧 FTA 阻止に向けて」、農民運動全国連合会編『ストップ！日米 FTA と「安倍農政改革」――私たちの提案』所収、本の泉社、2017 年、11 頁）と指摘する。

◆5　この米国の対日圧力、日本の対米従属強化の歴史的背景について渡辺治氏は次のように指摘する。「当時（1990 年前後……引用者）日本経済は、先進資本主義国のなかで突出した成長を続け、アメリカ経済を脅かしていたから、世界秩序維持の負担の『ただ乗り』にたいする強い不満があったためであった。アメリカ人の血で日本企業のもうけを助け、その日本企業がアメリカ経済を衰退に追い込んでいる、という不満であった」（『戦後史のなかの安倍改憲』、新日本出版社、82 頁）。この不満解消策の現状が、米国の戦争への協力と日本市場の開放であろう。

◆6　表 3-2 において、日本の「農業予算額・対農業付加価値生産額」が 30％台にまで増加しているように見える。しかし、この増加の原因は「農業予算額」増加ではなく、「農業付加価値生産額減少」によるものである。過少な農家支援が農業の衰退を招いていることを示している。

◆7　マルクスは、相対的剰余価値生産の法則について次のように述べる。「商品を安くするために、そして商品を安くすることによって労働者そのものを安くするために、労働の生産力を増大させることは、資本の内在的な衝動であり、不断の傾向である」（『資本論』③ 565 頁）。そしてこの文章への注記として自由貿易を通じた食糧品価格引き下げについての次の文書を引用している。「産業の利益は、穀物およびすべての食糧品ができるだけ安いことを要求する。と

いうのは、それらを高くするものがなんであろうと、それは、労働も高くする
に違いないからである。……生活必需品がより安くなれば、労働の価格は、つ
ねに引き下げられるであろう（『穀物輸出奨励金の廃止にかんする諸考察』）」
（『資本論』③566頁）

◆8　渋谷将氏はマルクス「世界資本主義としての構造的連関の解明」について
次のように解説する。「国際的交換の諸法則がそれ自体として明らかにされた
ときに、その貫徹が工業国と農業国への分化とその固定化を生み出すものとし
て作用するといったことや、一国の産業の『比較優位構造』とその変化が、国
際的分業の編制にどのような影響を及ぼすかといった問題も、生産の国際的関
係を媒介にした国際的分業の把握と結びつけて、国際的交換の諸法則の貫徹形
態を明らかにすることによって、はじめて解明される問題であるといえよう」
（「生産の国際的関係、国際分業」『資本論体系⑧国家・国際商業・世界市場』
有斐閣、173頁）。

◆9　例えば、両国間に二財生産を巡る「絶対優位」関係が存在した上で、両国
の二財生産において相互補完的な比較優位が存在しない場合（ポルトガル：ぶ
どう酒80人・1単位、服地90人・1単位。英国：ぶどう酒100人・1単位、
服地120人・1単位。）、ポルトガルがぶどう酒に、英国が服地に生産を特化す
ると、全体の生産量は減少することになる。

◆10　中川信義氏はここのマルクス『資本論』の叙述を次のように解説してい
る。

　「すなわち、国際価値を国民的労働の交換比率や国民的価値相互間の国際価
値関係とみるのではなく、世界労働という社会的実体をもつものとして規定す
る」「リカードの外国貿易論におけるイギリスの服地とポルトガルのぶどう酒
の国際交換の場合のような国際交換価値を国際価値に、そして窮極的にはその
実体としての世界労働に還元し、そのうえでこれらの相対価格、交換価値を世
界労働の量、国際価値量によって規定しなければならない」（「国際的交換」
『資本論体系⑧国家・国際商業・世界市場』有斐閣、197～198頁）。

# 第4章　アベノミクス通商政策の三つの性格

## ——『資本論』の信用・世界市場論に立ち返り考える（下）

## 第3節　信用と世界市場による「架空の需要」形成
### ──『資本論』第三部第五篇第25章

　これまで第3章において、本稿はアベノミクス「通商政策」の輸入・輸出依存の経済政策、「輸入し過ぎ同時に輸出し過ぎる」性格を分析してきた。そして世界市場における貿易金融・信用の発達が「現実の需要」を超える「架空の需要」、過剰輸出、過剰輸入を形成する法則を発見したのはマルクスである。『資本論』第三部第五篇第25章がそのことを論じている。マルクスは、国際貿易において、「商業手形取引と銀行による手形割引の介入」が「流通過程の加速・短縮」を生み出すこと、さらに商業手形取引・割引が自己目的的に拡大し「商品取引の現実の需要」を超える「架空の需要」を形成することを解明している。マルクスの考察は、現代資本主義おける輸出・輸入の国際関係、世界市場形成のもとでの金融危機と恐慌の仕組みを研究する上で立ち返るべき本質である。

### 1　東インド取引における過剰な輸出形成

　マルクスは、英国の対東インド輸出において「商品取引・輸出のための商業手形取引」ではなく、「商業手形取引のための商品取引・輸出」がなされる転倒性を解明している。

　「東インド取引──そこではもはや、人々は、商品が買われたから手形を振り出したのではなく、割引されうる、貨幣に換えられうる、手形を振り出すことができるようにするために諸商品を買った──」（『資本論』⑨715頁）

　ここでマルクスは、輸出商A、卸売商B、製造業者C、外国の商会Dの関係を、「マンチェスターの製造業者C」が第一に「卸売商B」に、第二に「ロンドンの輸出商A」に、第三に「東インドのD」に販売・輸出する仕組みを分析する（図4-1）。

　「ロンドンのAは、Bを通じて、マンチェスターの製造業者Cから、東イン

ドのDあてに船積みするための諸商品を買わせる」（『資本論』⑨715〜716頁）。

　取引関係は次のように説明できる。

　第一に、製造業者Cは卸売商Bに商品W'を販売する。為替手形αは、振出人C（自己受取人）から振り出され、引受人Bが受取り署名後、BからCに引き渡される（為替手形αによる支払）。Cは為替手形αを銀行Aに割り引いてもらい現金G'を入手する。

　「Bは、CによってBあてに振り出された六ヵ月払〔為替〕手形で、Cに支払う」（『資本論』⑨716頁）

　第二に、卸売商Bは為替手形α決済のための現金G''を得るために、商品W'を輸出商Aに販売する。卸売商Bは為替手形βを輸出商Aに振り出し、引受人Aが受取り署名後、輸出商Aから卸売商Bに引き渡される（為替手形βによる支払）。卸売商Bはその為替手形βを銀行Bに割り引いてもらい現金G''を手に入れ、銀行Aに支払い為替手形αを決済する。

　「Bも同じく、Aあての六ヵ月払手形で、〔Aから〕支払いを受ける」（『資本論』⑨716頁）。

　第三に、輸出商Aは為替手形β決済のための現金G'''を得るために、商品W'を外国の商会Dに販売する。輸出商Aは為替手形γを外国の商会Dに振り出し、引受人Dが受取り署名後、外国の商会Dから輸出商Aに引き渡される（為替手形γによる支払）。輸出商Aはその為替手形γを銀行Cに割り引いてもらい現金G'''を手に入れ、銀行Bに支払い為替手形βを決済する。

　「商品が船積みされると、Aは……Dあての六ヵ月払手形を振り出す」（『資本論』⑨716頁）。

　第四に、外国の商会Dは為替手形γ決済のための現金G''''を得るために、最終消費者に商品W'を販売し現金G''''を手に入れ、銀行Cに支払い為替手形γを決済する。

　以上のような、現金決済を待つことなく輸出を促進（流通過程の加速・短縮）する商業手形取引は、簡単に資金を入手する商業手形取引のための輸出促進に転倒することになる。

　「買い手（B）も荷主（A）もともに、彼らが現実に諸商品の支払い（手形

## 図4-1 信用と世界市場による「流通過程の短縮」（輸出）

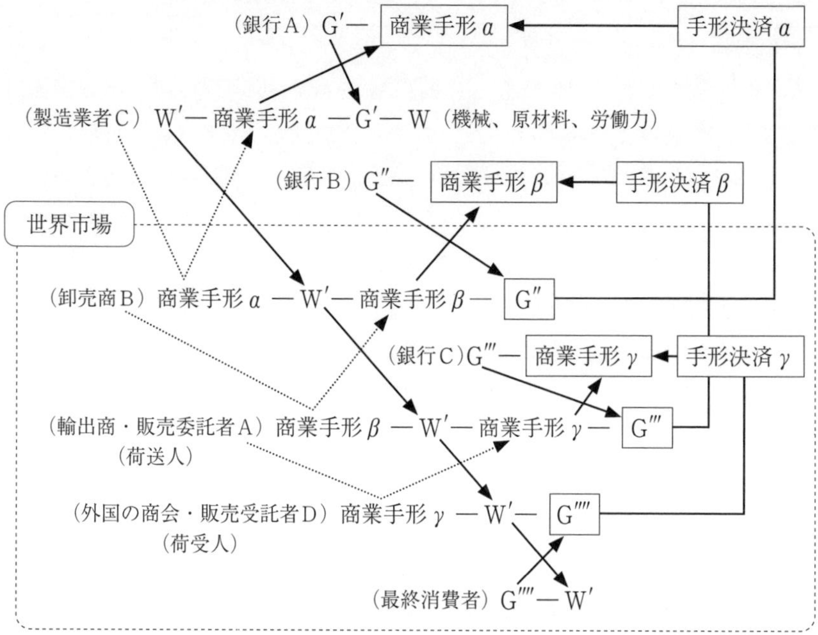

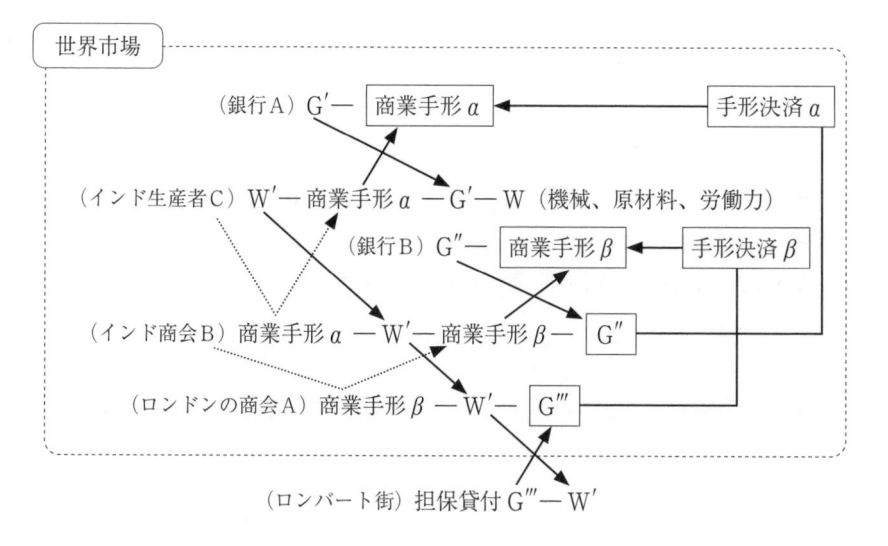

（銀行A）G′ ― 商業手形 $\alpha$ ◄ ─ 手形決済 $\alpha$

（製造業者C）W′ ― 商業手形 $\alpha$ ― G′ ― W（機械、原材料、労働力）

（銀行B）G″ ― 商業手形 $\beta$ ◄ ─ 手形決済 $\beta$

世界市場

（卸売商B）商業手形 $\alpha$ ― W′ ― 商業手形 $\beta$ ― G″

（銀行C）G‴ ― 商業手形 $\gamma$ ◄ 手形決済 $\gamma$

（輸出商・販売委託者A）商業手形 $\beta$ ― W′ ― 商業手形 $\gamma$ ― G‴
（荷送人）

（外国の商会・販売受託者D）商業手形 $\gamma$ ― W′ ― G⁗
（荷受人）

（最終消費者）G⁗ ― W′

## 図4-2 信用と世界市場による「流通過程の短縮」（輸入）

世界市場

（銀行A）G′ ― 商業手形 $\alpha$ ◄ ─ 手形決済 $\alpha$

（インド生産者C）W′ ― 商業手形 $\alpha$ ― G′ ― W（機械、原材料、労働力）

（銀行B）G″ ― 商業手形 $\beta$ ◄ ─ 手形決済 $\beta$

（インド商会B）商業手形 $\alpha$ ― W′ ― 商業手形 $\beta$ ― G″

（ロンドンの商会A）商業手形 $\beta$ ― W′ ― G‴

（ロンバート街）担保貸付 G‴ ― W′

決済）をする何か月も前に、（手形割引による）資金を手に入れている」（『資本論』⑨716頁、カッコ内は引用者）。

この手形取引による資金の先取りという「詐欺」的手法により、「こうした取引での損失は、この取引を縮小させることにはならず、かえってこれを拡大させる」（『資本論』⑨716頁）。

つまり「当事者たち」の資金繰りが悪化するほど、「買うこと——そうすることによって新たな前貸し（買った商品の販売に伴う為替手形の振り出し、引受人の為替手形による支払い、その為替手形の銀行割引）を受け、以前の諸投機で失われた資本をそれで埋め合わせるために買うこと——の必要が、それだけますます大きくなった」（『資本論』⑨716頁、カッコ内は引用者）。

結果的に「買い入れは、もはや需要供給によっては調整されなくなり……、苦境におちいった商会の金融操作のもっとも重要な部分」（『資本論』⑨716頁）となる。商品の需要供給関係にかかわらず、資金の先取り・為替手形の振出のために商品を買い入れ、販売するようになる。


## 2　東インド取引における過剰な輸入形成

マルクスは、英国の東インドからの輸入においても同様の「商品輸入のための商業手形取引」ではなく、「商業手形取引のための商品輸入」がなされる転倒性を分析している（図4-2）。

　「こちら（本国）で工業諸商品の輸出について起こったのと同じことが、あちらでは諸生産物の買い入れおよび船積みについて起こった」（『資本論』⑨716頁）。

取引関係は次のように説明できる。

最初に、インドの商会Bは為替手形$a$決済のための現金$G''$を得るために、購入した商品$W'$をロンドンの商会Aに販売する。インドの商会Bは為替手形$\beta$をロンドンの商会A宛てに振り出し、引受人・ロンドンの商会Aが受取り署名後、ロンドンの商会Aからインドの商会Bに引き渡される（為替手形$\beta$による支払）。インドの商会Bはその為替手形$\beta$を銀行Bに割引いてもらい現金$G''$を手に入れ、銀行Aに支払い為替手形$a$を決済する。

「自己の手形（β）を割引してもらえるだけの十分な信用のあるインドの商会（B）が、〔当地で〕砂糖、インディゴ〔藍染料〕、絹、または綿花を買ったのは、その買入価格が最近のロンドンの価格に比べて利潤を約束したからではなく、（インドの商会Bが振り出しロンドンの商会Aが受取り署名し支払いに使った）ロンドンの商会（A）あての以前の為替手形（β）がまもなく満期になり、（ロンドンの商会Aのインドの商会Bに対する）支払いがなされなければならなかったからである。（インドの商会Bが）船積みする砂糖一荷を買い、（インドの商会Bからそれを買ったロンドンの商会Aが）ロンドンの商会（A）あての10ヵ月払手形（β）でそれの支払いをし、（ロンドンの商会Aが）船荷証券を陸路郵便でロンドンに送るほど簡単なことがあったであろうか？」（『資本論』⑨716～717頁、カッコ内は引用者）。

　次に、ロンドンの商会Aは船荷証券で表されている商品 W′ をロンバート街で担保に入れ、為替手形β決済のための現金 G‴ を得る。

　「その後二ヵ月もたたないうちに、これらのやっと船積みしたばかりの諸商品の船荷証券が、したがって諸商品そのものが、ロンバート街〔ロンドンの金融市場の中心地〕で担保に入れられ、ロンドンの商会（A）は、これらの商品を引き当てに振り出された手形（β）の満期八ヵ月前に貨幣を手に入れた」（『資本論』⑨717頁、カッコ内は引用者）。

　以上のように、輸入においても、商品の需要供給関係にかかわらず、資金の先取り・為替手形の振出のために商品を買い入れ、販売する、過剰な輸入が促進されるのである。


## 第4節　信用主義から重金主義への転化と「架空の需要」崩壊
### ──『資本論』第三部第五篇第35章


　マルクスは、商業手形信用取引が「架空の需要」形成、過剰な輸出入拡大を経て（信用主義）、輸出の停滞とともに自国通貨価値下落による貨幣金決済・金流出（重金主義）に至り、金準備と通貨価値防衛のための金利上昇により「架空の需要」が崩壊すると論じた。

## 1　金本位制における金輸出入と「架空の需要」

　19世紀中葉の英国は、一方で「世界の工場」として最も多く輸出し最も多くの信用（債権債務関係）を供与する国であり、他方で食料を輸入に頼り多くの信用を受ける国でもあった。よって輸出債権の不履行や輸入債務の満期が累積し貿易不均衡が拡大すると、金融危機・恐慌の前兆として貨幣金による決済、金流出・輸出が起こった。

　マルクスは第一に、英独貿易を例に、英国の貿易赤字、支払超過が、英ポンド通貨の相場を下げ、独マルクの相場を上げることを論じている。一般に自国の貿易赤字は相手国商品の需要超過、相手国通貨の需要超過、相手国通貨価値上昇（自国通貨価値下落）を意味する。

　　「ドイツがイギリスに支払うよりもイギリスがドイツに多く支払わなければならないとすれば（英：貿易赤字、独：貿易黒字）、ロンドンでは、スターリング〔英国ポンドのこと〕で表示されたマルクの価格が騰貴し、ハンブルクおよびベルリンでは、マルクで表示されたスターリングの価格が下落する（マルク高、ポンド・スターリング安）」（『資本論』⑩1034頁、カッコ内引用者）。

　つづいて第二に、あまりに独マルクが上昇すれば、高いマルクを買わずに、金を購入してそれをドイツに送ったほうが安くつくから（その為替相場が金輸出点）、マルクを買う代わりに金を買って送ることになり、英国から金が流出する。

　　「ドイツにたいするイギリスの支払債務のこうした超過が、たとえばドイツのイギリスでの購入超過によって、ふたたび相殺されるのでなければ、ドイツあてのマルク建て為替のスターリング価格は、……為替の代わりに金属——金貨または地金——をイギリスからドイツに送って支払いをするほうが引き合うような点（金輸出点）まで、騰貴せざるを得ない（マルク価値＞金価格、「英国側は金で支払った方が安い」、金支払、金流出）」（『資本論』⑩1034頁、カッコ内は引用者）。

　そして第三に、大規模な金流出は英国の金準備、通貨の兌換性を損なうため、英国は金利引き上げによる通貨防衛策をとることになる。

「貴金属のこうした輸出がもっと大規模に、もっと長期になれば、イギリスの銀行準備はそこなわれ、イギリスの貨幣市場は、イングランド銀行を先頭として防衛策を講じなければならない。これはすでに見たように、主として利子率の引き上げである」（『資本論』⑩1034頁）。

　第四に、金流出に対抗する利上げが、金の流入と共に貨幣逼迫、金融危機・恐慌を招くと説いた。利上げにより英ポンドの相場が上がり、独マルクの相場が下落する。英ポンドの相場が上昇しすぎると、ドイツ側は、金を購入して英国に送ったほうが安くつくから（その為替相場が金輸入点）、英ポンドを買う代わりに金を買って送り、英国に金が流入する。

　「現実の恐慌はいつも、為替相場が反転（ポンド安・マルク高→英国利上げ→ポンド高・マルク安）したのちにはじめて、すなわち貴金属の輸入が再び輸出より優勢に（利上げ→ポンド高・マルク安→ポンド価値＞金価格、「ドイツ側は金で支払った方が安い」、英国に金流入）なってすぐに勃発した」（『資本論』⑩1023頁、カッコ内は引用者）。

　金利引き上げによる貨幣逼迫、金融危機・恐慌はドイツに波及（今度はドイツ側がマルク安、金流出を止めるために利上げ）することになる。

## 2　過剰輸出入と金の輸出入による信用主義から重金主義への転化、恐慌

　マルクスが『資本論』で明らかにした、過剰輸出→輸出停滞と過剰輸入→金流出と利上げ→金流入と恐慌（過剰生産の調整）という循環運動は、信用の増大による「架空の需要」形成（信用主義）と金貨幣決済による「架空の需要」崩壊（重金主義）という転化を表している。

　１）恐慌からの回復期および活況期に、利子率は低く信用拡大、輸出増加、金流入が起こる。

　「貴金属の輸入は、主として二つの時期に生じる。一方では、恐慌に続き、生産の制限の表現である、利子率の低い第一の局面においてである。そして次には、利子率は上がるが、まだその中位の高さには達していない第二の局面においてである。この局面では、還流は容易に行なわれ、商業信用は大きく、したがってまた、貸付資本にたいする需要は、生産の拡張に比例しては

増大しない。貸付資本が比較的豊富なこの二つの局面では、金銀の形態で、すなわちさしあたり貸付資本としてしか機能できない形態で存在している資本の過剰な流入は、利子率に、したがって事業全体の状況にも、大きく影響せざるをえない。（輸出拡大、貿易黒字、ポンド高・外貨安、ポンド価値＞金価格、「外国側は金で支払った方が安い」、金輸入、貨幣準備増、利子率低下）」（『資本論』⑩1027頁、カッコ内は引用者）

2）繁栄期に世界市場が供給過剰で、見せかけの繁栄（架空の需要）が信用によって維持されている時期には、利子率は中位の高さに達する。

「他方では――入金がもはや円滑でなく、諸市場が供給過剰で、見せかけの繁栄が信用によってのみようやく維持されるようにな」る（『資本論』⑩1027頁）。

3）徐々に輸出が停滞し、過剰輸入による支払超過となると、英ポンド安が金輸出点を超え、英国からの金流出がはじまる。

「見せかけの繁栄が信用によってのみようやく維持されるようになれば、したがって、すでに貸付資本にたいする非常に強い需要が存在し、したがってまた利子率が少なくともすでにその中位の高さに達してしまえば、貴金属の流出（輸出停滞、過剰輸入、貿易赤字、ポンド安・外貨高、外貨価値＞金価格、「（英国側は）金で支払った方が安い」、金支払、金流出）、その連続的な激しい輸出が起こる」（『資本論』⑩1027頁、カッコ内は引用者）。

4）大規模な金輸出は、英国側の利上げによる通貨・金準備防衛と同時に貨幣逼迫を呼ぶ。

「まさに貴金属の流出に反映するこうした諸事情のもとでは、直接に貸付可能な貨幣資本として存在する形態にある資本の連続的引きあげの影響は、いちじるしく強くなる。それは直接に利子率に影響せざるをえない」（『資本論』⑩1027頁）。

5）利上げによる為替相場反転、ポンド高の金輸入点を超える進行は、英国への金流入と信用決済のための現金不足、商品の投げ売りと価格崩落、金融危機・恐慌へ至る。◆1

「現実の恐慌はいつも、為替相場が反転（利上げ→ポンド高・外貨安）したのちにはじめて、すなわち、貴金属の輸入が再び輸出より優勢に（ポンド価

値＞金価格、「〔外国側は〕金で支払った方が安い」、金流入）なってすぐに勃発した」（『資本論』⑩1023頁、カッコ内は引用者）。

以上から、一方的な、金輸出点、輸入点を超過するような「貿易不均衡」がおこると、「金の輸出入」が必要となり、「信用主義は重金主義」に、「架空の需要（信用・債権債務関係で調達した貨幣による支払）は現実の需要（現物の金貨による支払）」に「転化」する法則性が明らかとなった。この法則は、金本位制において金準備の防衛のために、恐慌という暴力的調整が働き、膨大な富が犠牲（金貨幣を調達するための投売り、価格崩落）となることを示した。◆2

「信用主義から重金主義への転化は必然的である。危急の瞬間に金属製の基礎を維持するために、現実の富の最大の犠牲が必要である」（『資本論』⑩1030頁）。

アベノミクス通商政策、量的金融緩和政策は、ゼロ金利・円安による貿易赤字の拡大を止めることが困難になっている。貿易収支均衡のための円高修正は金利の引き上げを必要とするが、金利引き上げは政府、企業、家計の債務危機、恐慌、現実の富の最大の犠牲を生むであろう。

## 第3、4章のまとめに代えて
### ――「量的金融緩和策と自由貿易協定」同時推進と破綻

前章と本章ではこれまで、最初に、アベノミクス通商政策のもつ基本的性質、「戦略的対米従属性」と、それを隠蔽するため、あたかも米国と対等に駆け引きしているかのように偽装する「戦術的欺瞞性」を日豪EPA、TPP（11）、日欧EPA、日米FTAの交渉過程から解明した。つづいて、「帝国支配の構造的連関」という枠組みの中で、アベノミクスにおける輸入・輸出依存の経済政策の本質を分析する基本視角を、マルクス『資本論』の信用論、世界市場論に求め、そこから問題の本質、法則性、「流通過程の短縮」に基づく「架空の需要」の創造と崩壊、を摘出しうることを明らかにした。

19世紀のマルクスが『資本論』で分析した世界と21世紀の現代資本主義は同じではない。しかし、世界の変化する性質と形を変えても継続する性質とを注意深く分析する必要がある。

マルクスの時代、金本位制における金流出は、信用貨幣と金との交換可能性

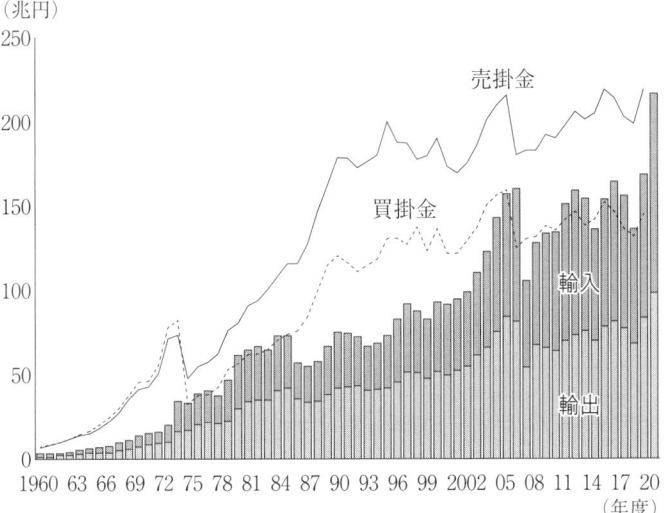

図 4-3　日本の全規模全産業における輸出入総額と商業信用（売掛金、買掛金）総額の推移（1960 ～ 2022 年）

（出所：財務省「法人企業統計」「貿易統計」より筆者作成）

を危うくした。よってその交換性を守るための利上げ、金融引き締め策が必要とされ、過剰な輸出入・「架空の需要」形成は「重金主義への転化」による強力な制約を受けた。マルクスによる「見せかけの繁栄（架空の需要）」という概念は、アベノミクス通商政策を検討する上で重要な視点である。

　現代の管理通貨・変動相場制度は、一方で金準備、通貨の金兌換性の制約を受けない。図 4-3 は、日本の「全規模全産業」における長期的な輸出入総額と商業信用総額（「売掛金」「買掛金」）の趨勢を示している。70 年代前半のニクソン・ショックによる金・ドル兌換停止、ドル価値減価、世界的なインフレ、オイル・ショック、2008 年リーマン・ショックという金融危機・恐慌を経ながら、輸出入総額と商業信用総額は相互促進的膨張を遂げてきた。

　しかし、他方で管理通貨・変動相場制度は、その制度固有の自動調整を受ける。そこでは、貿易黒字の拡大は自国通貨高・外貨安、輸出抑制・輸入促進、貿易黒字解消・赤字発生となる。

　また、貿易赤字の拡大は、自国通貨安・外貨高、輸出促進・輸入抑制、貿易

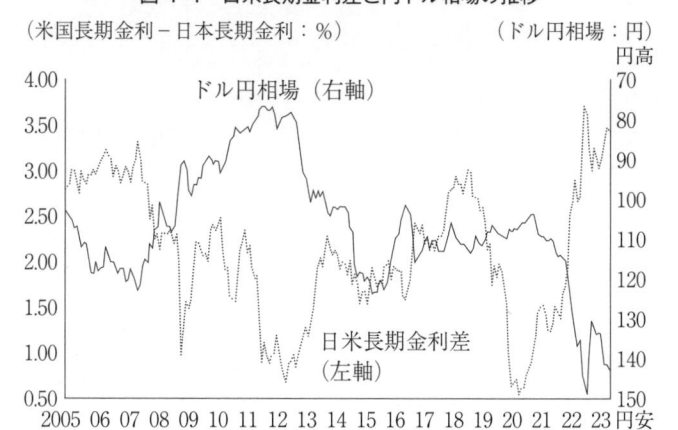

図4-4　日米長期金利差と円ドル相場の推移

（米国長期金利−日本長期金利：％）　　　　　（ドル円相場：円）

（出所：Federal Reserve Bank of St. Louis Federal Reserve Economic Data,
財務省「国債金利情報」、日本銀行資料より筆者作成）

赤字解消・黒字発生となる。これが管理通貨・変動相場制固有の自動調整であ
り、信用主義に基づく過剰輸出、過剰輸入、「架空の需要」は「現実の需要」
に向け収束する一定程度の制約が存在する。

　この自動調整、制約から逃れ自国優先の過剰輸出・「架空の需要」形成を図
ったのがアベノミクス「量的金融緩和」政策とも言える。アベノミクス「量的
金融緩和」は、図4-4の日米長期金利差とドル円相場の推移からわかるように、
利回り曲線抑制（イールドカーブ・コントロール）・ゼロ金利政策により円安、
輸出促進を図った。そして輸出促進が円高圧力を招く前に、さらなる「量的金
融緩和」により一層の円安、輸出促進、「架空の需要」形成を図ったのである。
このアベノミクス「量的金融緩和」による円安誘導・輸出促進こそが、同時に
「成長戦略」としてのTPPや日欧EPAなど自由貿易交渉推進を必要としたの
である。円安誘導と市場開放による、過剰な輸出・「架空の需要」形成こそが、
輸出・輸入に過度に依存する経済通商政策をすすめるアベノミクス「成長戦
略」の本質である。

　そしてこのような為替操作と農業切り捨ての「成長戦略」は、短期的な輸出
大企業の利潤を生みだすことはあっても、長期的な国民経済の豊かさを生み出

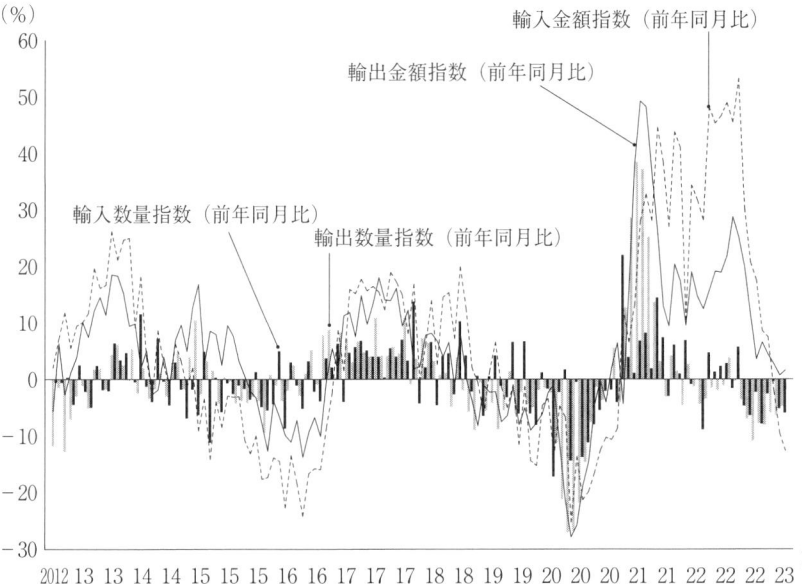

図4-5　アベノミクス下での日本の輸出入金額と数量指数推移

輸入金額指数（前年同月比）

輸出金額指数（前年同月比）

輸入数量指数（前年同月比）

輸出数量指数（前年同月比）

＊指数はいずれも前年同月比

（出所：財務省「貿易統計」より筆者作成）

しはしない。図4-5 は、アベノミクス円安誘導の下で、輸出金額指数が増加す
る時期に輸出数量指数が伸び悩むこと、むしろ輸入金額指数がそれ以上に増加
してしまうことを示している。海外現地生産化が進む大企業製造業は、円安時
に利潤を増やすことはできても輸出向け国内製造能力を増やすことはできない。
輸出数量の停滞は下請け中小企業の業績の停滞であり、円安による輸入原材料
コストの上昇は中小企業や家計を苦しめる。図4-6 は、2000 年以降、日本の
大企業製造業の「海外生産比率」「海外売上比率」が 35％超まで上昇し、自動
車、電機産業では 40％を超えることを示す。またこのような多国籍企業化・
海外直接投資の増大は日本国内への富の還流とも言い切れない。図4-7 は、日
本の所得収支（対外金融債権・債務から生じる利子・配当収支）における海外直
接投資収益の増加を示している。しかし、第二次安倍政権・アベノミクスを契
機として、国内に富が還流する「直接投資収益・国内配当（22 年末 2.5 兆円）」

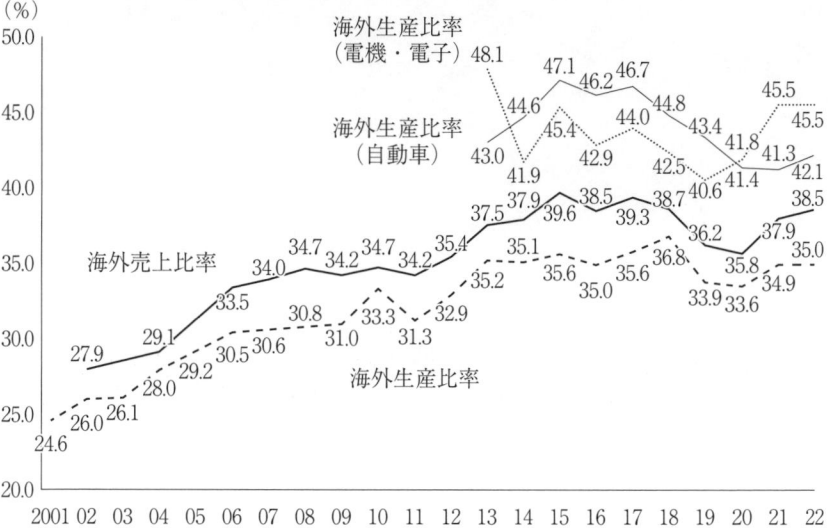

図4-6　日系多国籍製造企業531社の海外経営比率（2022年）

- 海外生産比率＝海外生産高／（国内生産高＋海外生産高）
- 海外売上高比率＝海外売上高／（国内売上高＋海外売上高）

（出所：国際協力銀行「わが国製造業企業の海外事業展開に関する調査報告-2022年度海外直接投資アンケート」より筆者作成）

を上回る規模で、「直接投資収益・海外内部留保・再投資収益（22年末2.8兆円）」が増加していることを示す。

　アベノミクスによる過剰輸出入と「架空の需要」形成は既に崩壊過程に入っている。図4-8の示すように、リーマン・ショック以降の日米欧・中央銀行による量的金融緩和政策は40年ぶりの高インフレーションを引き起こしている。アベノミクス「量的金融緩和」による円安誘導は、「輸入物価、原材料コストの上昇」→「貿易赤字拡大」→円安進行→「輸入物価、原材料コストの上昇」のループに陥り、「インフレによる『現実の需要』減少」を招いている。さらにインフレ対策としての金利引き上げは政府、企業、家計の利払い負担急増、「インフレ対策による『架空の需要』消滅」を招く。アベノミクス「量的金融緩和政策」の破綻はアベノミクス「通商政策」の破綻と表裏一体なのである。

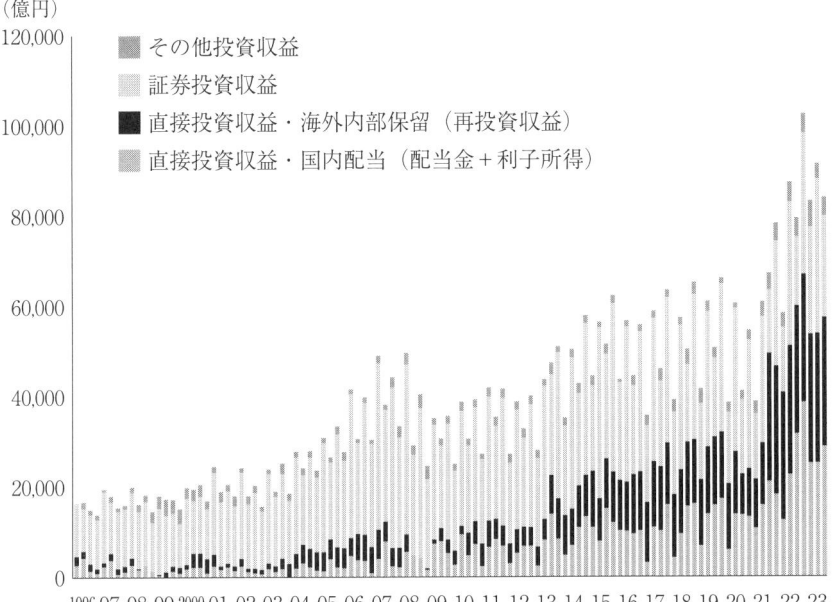

**図 4-7　日本の所得収支**（対外金融債権・債務から生じる利子・配当収支）**推移**

（億円）

■ その他投資収益
▨ 証券投資収益
■ 直接投資収益・海外内部保留（再投資収益）
▨ 直接投資収益・国内配当（配当金＋利子所得）

（年・四半期）

（出所：財務省「国際収支状況」6s-3-3 国際収支総括表より筆者作成）

注

◆1　輸出停滞、輸入急増、貿易赤字、自国通貨安と金流出、利上げ、恐慌とい
う理論的経路は、1847年恐慌において、凶作・食糧輸入急増をきっかけに現
実化した。異常に低い食料自給率、過剰な通貨発行、大企業・富裕層減税によ
る財政赤字というアベ政治にとっても教訓的である。「この崩落は、1846年の
凶作の結果、勃発した。イングランドおよびことにアイルランドは、食糧とく
に穀物およびジャガイモの膨大な供給を必要とした。しかし、これらのものを
供給した諸国への支払いのうち、イギリスの工業生産物で支払われることがで
きたのはほんのごくわずかな部分にすぎなかった。その支払いは貴金属でなさ
れなければならなかった」（『資本論』⑨712頁）。

◆2　マルクスは1847年恐慌後の過剰な輸出の結果（輸出債権放棄）について
「イングランド銀行の元総裁で1838年以来同行の理事であるJ. G. ハッバード」

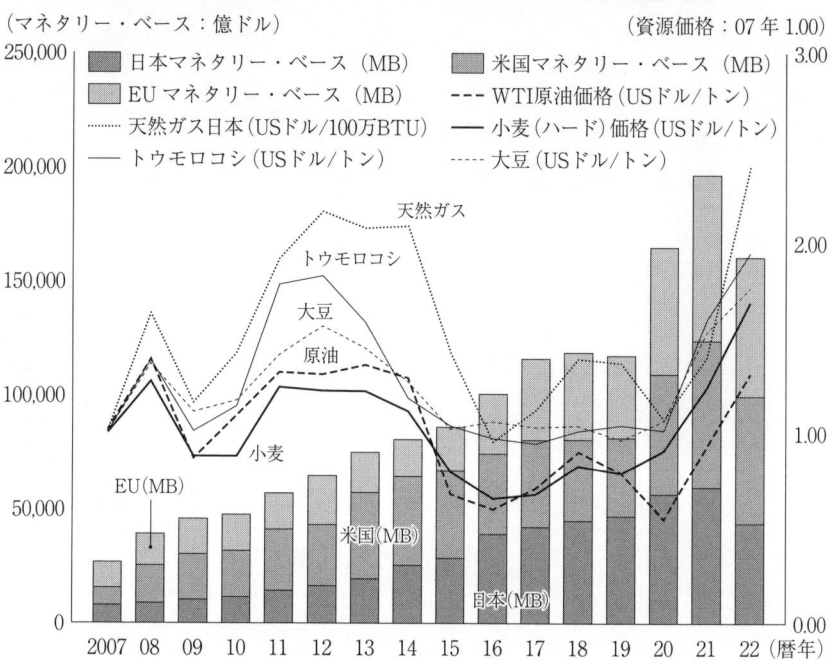

**図4-8 日米欧マネタリー・ベース**（US ドル換算）**と資源価格の推移**

（マネタリー・ベース：億ドル）　　　　　　　　　　　　　　　（資源価格：07 年 1.00）

凡例：
- 日本マネタリー・ベース（MB）
- 米国マネタリー・ベース（MB）
- EU マネタリー・ベース（MB）
- WTI原油価格（USドル/トン）
- 天然ガス日本（USドル/100万BTU）
- 小麦（ハード）価格（USドル/トン）
- トウモロコシ（USドル/トン）
- 大豆（USドル/トン）

（出所：日銀、FRB、ECB、世界銀行資料、OECD.stat、より筆者作成）

の議会証言を紹介した。「1847 年には、わが国の状態（過剰輸出による輸出債権の不良債権化）の回復は、結局のところ、アメリカとロシアとがそれ以前にイギリスに負っていた何百万かの債務をわれわれが切り捨てることによって、達成されました」。そして、過剰輸入の結果（輸入債務不履行）についても論評した。「同時にイギリスは、まさに右の国々に対して『何百万か』の穀物代金の負債があったが、イギリス人債務者たちの破産によってその大部分をまちがいなく『切り捨て』たのである」（『資本論』⑩ 1036 頁、カッコ内は引用者）。

# 第5章　アベノミクス「インフレ不況」と『資本論』
## ——中央銀行信用バブルとインフレ調整

岸田文雄政権の第一の特徴は「諸課題への無為無策」である。感染症対策の医療支援、アジア諸国との平和外交など国民の命を守る具体策の欠如である。しかし疾病対策も外交も無為無策では追い詰められる。岸田政権の第二の特徴は「追い詰められての自滅的暴走」である。コロナ感染の多大な犠牲の中での「インフルエンザ並み対応」移行決定や安保三文書改定、米軍指揮下での先制攻撃準備などは、旧軍の悪弊「玉砕覚悟のバンザイ突撃」を想起させる。

　同様に岸田政権はアベノミクスの破綻、インフレと不況の同時進行にも無為無策である。だからこそ労働者・市民の犠牲を顧みない「追い詰められての自滅的暴走」、「インフレ対策と称する自滅的な利上げ」「不況対策（デフレ脱却を確実にする）と称する自滅的な金融緩和継続」が懸念される。

　以下に本稿は、第一に現状分析としてインフレと不況の狭間で量的金融緩和が行き詰まり、「単純な利上げ」も「インフレの放置」も共に経済危機に至る現状を解明する。

　第二に理論分析として、マルクス『資本論』第三部第四篇、五篇の「バブルの論理」に立ち返り、「中央銀行信用」バブルは「万能性」とも錯覚する「架空の需要」拡大を生むが、インフレによる利子率上昇、またはインフレ放置による「現実の需要」減退を契機に崩壊する、中央銀行信用バブルはインフレにより調整される、という景気循環過程を解明する。

　そして第三に歴史分析として、第一次石油危機の教訓に立ち返り、賃金所得を大幅に引き上げて労働者・家計が利上げに耐えられる対案、賃金主導型経済の必要性を示す。

# 第1節　アベノミクス「インフレ不況」の現実と行き詰まり

## 1　アベノミクス「インフレ不況」の現実

　アベノミクス量的金融緩和政策は「デフレ不況脱却」から「インフレ不況（スタグフレーション）突入」へとステージの転換を迎えている。図5-1は、21～23年に発生した急激な物価上昇を示している。アベノミクス以前の12年と比べ23年6月に、鶏卵の価格は7割、小麦粉や食用油は5割高となり、電気代、食料全般も2割高、総合指数で1割高となっている。しかし、実質賃金

図 5-1　アベノミクス下での消費者物価指数と実質賃金指数の推移 (2012年値 = 1.00)

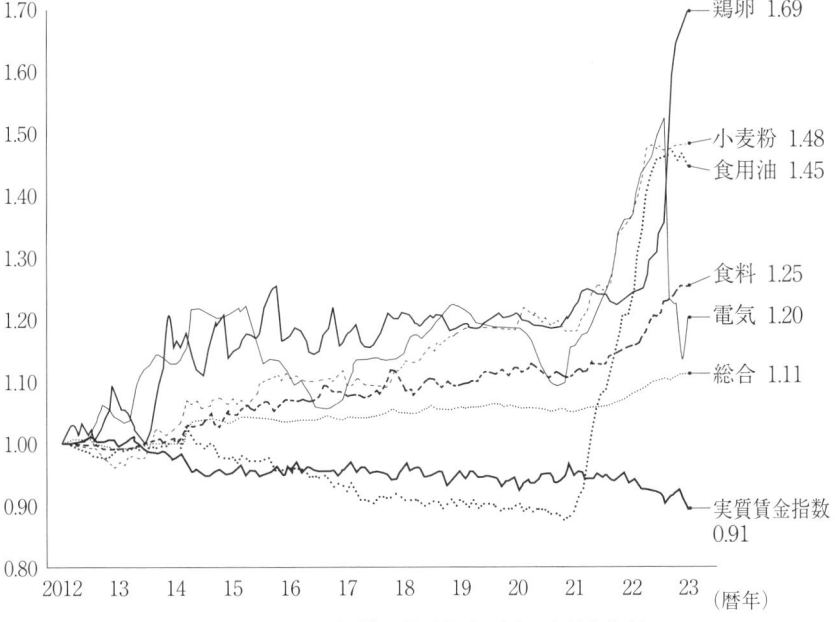

（出所：総務省「消費者物価指数」、厚労省「毎月勤労統計調査」より筆者作成）

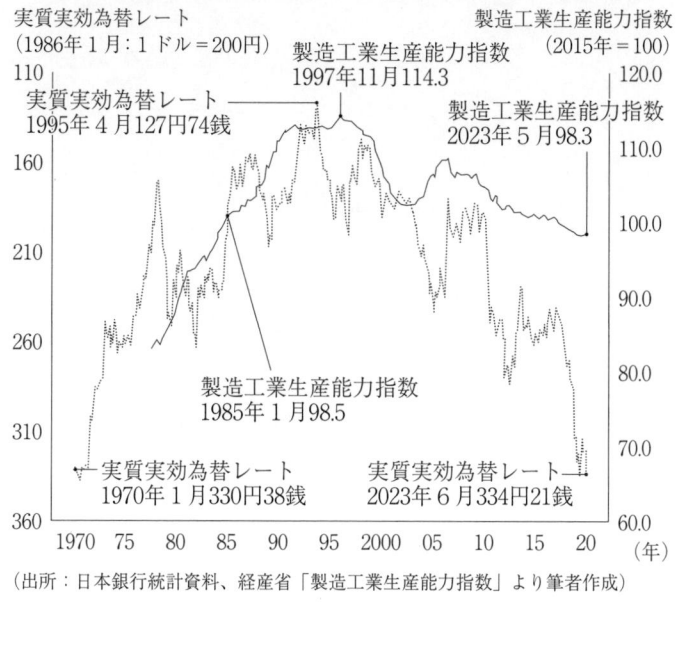

図 5-2 円通貨の実質実効為替レートと製造工業生産能力指数の推移

実質実効為替レート
（1986年1月：1ドル＝200円）

製造工業生産能力指数
（2015年＝100）

製造工業生産能力指数
1997年11月114.3

実質実効為替レート
1995年4月127円74銭

製造工業生産能力指数
2023年5月98.3

製造工業生産能力指数
1985年1月98.5

実質実効為替レート
1970年1月330円38銭

実質実効為替レート
2023年6月334円21銭

（出所：日本銀行統計資料、経産省「製造工業生産能力指数」より筆者作成）

（きまって支給する給与）は同じ期間において9％も低下している。

　急激な物価高騰をもたらした原因の一つは歴史的な円安である。特に名目為替レートの低下にとどまらない実質実効為替レートの低下は深刻である。実質実効為替レートは「物価変動も考慮した円の購買力の水準」を示す[1]。図5-2は、日本銀行「実質実効為替レート指数の変化」を「1986年1月：1ドル＝200円」を基準として「円ドル相場の変化」として表示し直したものである[2]。

　1986年1月に日本は「米国で1ドルで買える商品」を買うために200円を払ったが、23年6月には334円払う。これは1970年1月水準の円安に相当する。米国で全般的な物価上昇（円の実質実効為替レート低下）が起こった結果であるが、理論上、日本は割高な輸入を減少、割安な輸出を増大させて、貿易黒字の増大による円高が実質実効為替レートを上昇・調整できたはずである。

　しかし、同じく図5-2は、日本の「ものづくりの力」を示す製造工業生産能力指数が23年5月に98.3まで低下し、1985年1月水準にまで衰退していることを示す。製造業の能力が衰退すれば、割高な輸入を減らすことも割安な輸出

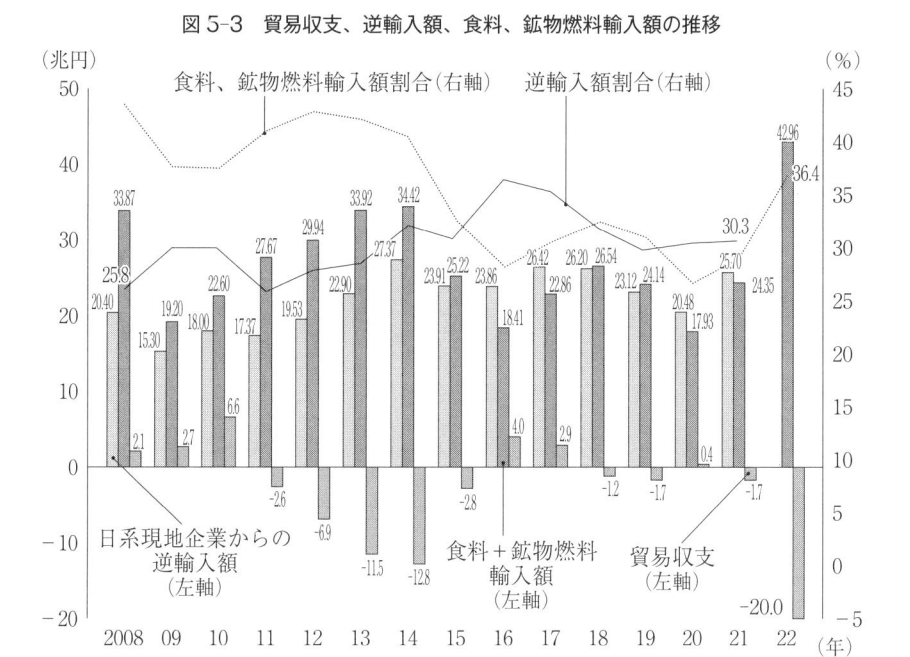

図 5-3 貿易収支、逆輸入額、食料、鉱物燃料輸入額の推移

＊2022年の逆輸入額と輸出総額に占める割合は未発表

（出所：経産省「海外事業活動基本調査」、財務省「貿易統計」より筆者作成）

を増やすこともできず、実質実効為替レートの円安を止められない。そうすると日本経済は円安→輸入インフレ→貿易赤字→ドル支払のための円売り→円安の無限ループにはまる。[3]

図 5-3 は、円安と食料、鉱物燃料価格高騰により 22 年の貿易赤字が 20 兆円に達したことを示す。円安進行と貿易赤字増加はアベノミクス「成長戦略」が進めた産業空洞化の結果でもある。同じく図5-3は、13年以降に、海外現地日本企業から国内に向けての「逆輸入額」が年平均24.4兆円、「輸入総額に占める逆輸入額割合」は年平均31.5％に及ぶことを示す。これは同時期の「輸入総額に占める食料、鉱物燃料輸入額割合」年平均32.6％に匹敵する。

円安と物価高騰の影響は、実質賃金の低下から実質家計消費の低迷へと広がりつつある。図5-4は、10年の値を基準値とした場合、実質賃金指数（現金給与総額）が6.6％、実質家計消費支出が8.9％、それぞれ低下したことを示す。

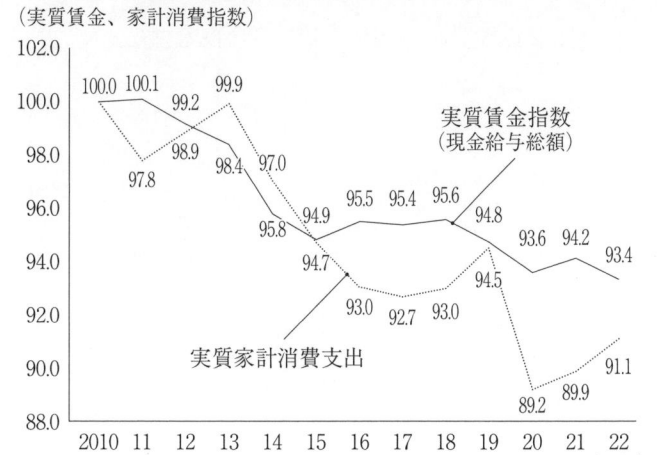

図5-4　実質賃金指数、実質家計消費支出の推移（2010年を100）

（実質賃金、家計消費指数）

（出所：厚労省「毎月勤労統計調査」、総務省「家計調査」より筆者作成）

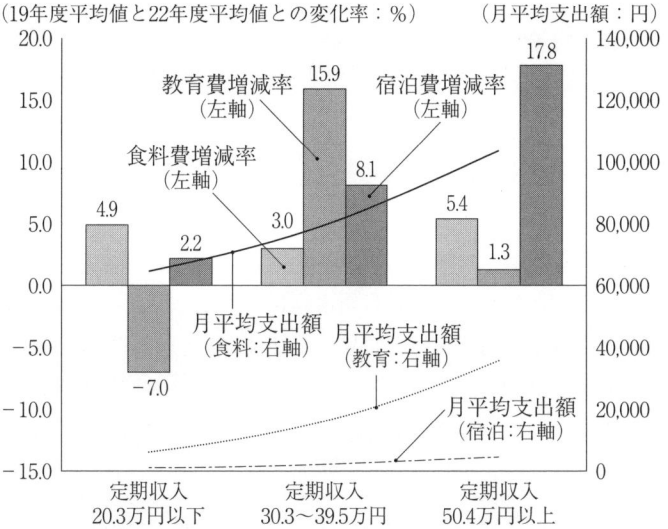

図5-5　所得階層別インフレ耐性（食料、教育、宿泊の費用増減率）比較

（19年度平均値と22年度平均値との変化率：％）　　（月平均支出額：円）

※二人以上の勤労者世帯

（出所：総務省「家計調査」より筆者作成）

図5-6　日本銀行総資産残高および当座預金残高と日経平均株価の推移

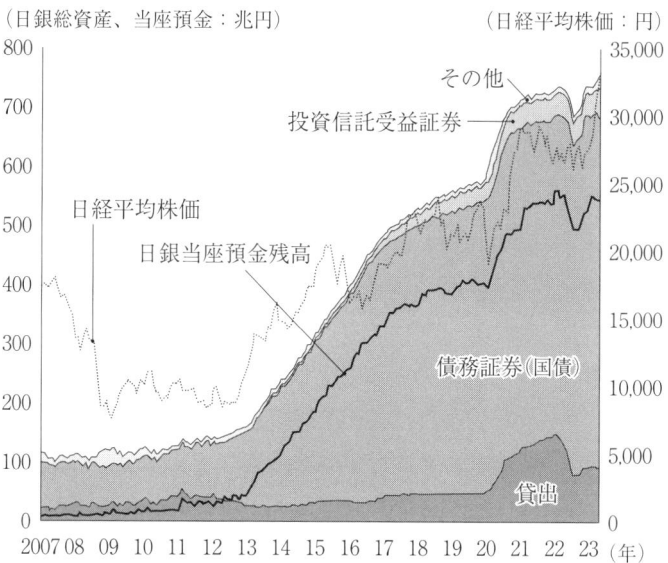

（日銀総資産、当座預金：兆円）　　　　　　　　　　　（日経平均株価：円）

（出所：日本銀行勘定月次データ、日経平均プロフィルより筆者作成）

また図5-5は、物価高騰前（19年度）、後（22年度）における月収階層別消費支出の変化を示す。物価高騰の影響により月収20.3万円以下世帯は「食料費」支出を維持するために「教育費」支出を大きく減らし、「宿泊（レジャー）費」も抑制している。所得階層によりインフレ耐性が異なることがわかる。

　インフレ不況の原因は量的金融緩和政策そのものにある。図5-6は、13年以降、日本銀行が大量の政府国債を購入し日銀当座預金を含む過剰なマネタリー・ベースを供給したこと、ゼロ金利での大量の資金供給が3倍もの株価上昇を実現したことを示す。各国中央銀行の量的金融緩和政策は、「基本条件として安全資産の実質金利低下＝名目金利ゼロ－プラスのインフレ率」「きっかけとしてコロナ、ウクライナ危機による供給制限」により、リスク資産・一次産品価格を上昇させ、二次産品、サービス価格上昇にまで波及しつつある[4]。特に日銀は「イールドカーブ・コントロール（YCC）」と称し短期国債金利をマイナスに、長期国債金利を0％近傍に抑制、日米金利差拡大による円安が輸入物価高騰の原因となった。

## 2　行き詰まる「経済対策」①
### ——インフレ対策＝金利引き上げ（利上げ）による経済危機

　原則的なインフレ対策は金融政策の正常化、「利上げ」である。米連邦準備制度理事会（FRB）は2022年3月以降、欧州中央銀行（ECB）も同年7月以降、急速な利上げに転じている。

　しかし、日本が利上げに踏み切れない理由は、過剰債務が利上げにより財政危機、金融危機を引き起こすからである。図5-7は、22年に日本の政府債務が中央政府の普通国債1000兆円を含めて1437兆円に達したことを示す。財務省「後年度影響試算」は、1％の利上げで国債利払費が3.7兆円増加する財政危機を見込む。98〜99年の旧大蔵省資金運用部による国債買入停止、いわゆる「運用部ショック」は長期金利を0.7％から2.4％にはね上げた。

　またコロナ危機と原材料価格高騰により民間企業債務も20年以降急増している。図5-8は、「金融機関の要注意先債権」が再び60兆円台を超えたことを示す。この状況下で単純な利上げに動けば、中小企業の経営危機、家計のローン返済危機、銀行の不良債権危機を招く。

　利上げは民間銀行の財務悪化を招く。再び図5-8は、21年以降の国債金利

**図5-7　政府、企業、家計における債務残高の推移**

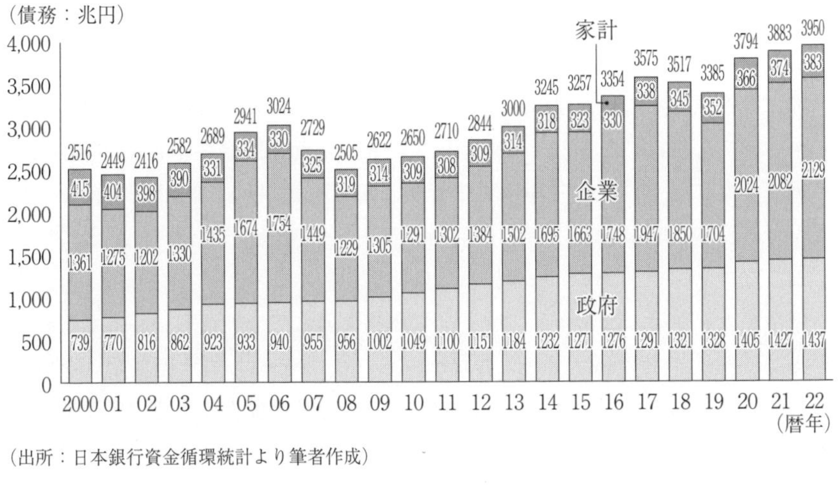

（債務：兆円）

| 暦年 | 政府 | 企業 | 家計 | 合計 |
|---|---|---|---|---|
| 2000 | 739 | 1361 | 415 | 2516 |
| 01 | 770 | 1275 | 404 | 2449 |
| 02 | 816 | 1202 | 398 | 2416 |
| 03 | 862 | 1330 | 390 | 2582 |
| 04 | 923 | 1435 | 331 | 2689 |
| 05 | 933 | 1674 | 334 | 2941 |
| 06 | 940 | 1754 | 330 | 3024 |
| 07 | 955 | 1449 | 325 | 2729 |
| 08 | 956 | 1229 | 319 | 2505 |
| 09 | 1002 | 1305 | 314 | 2622 |
| 10 | 1049 | 1291 | 309 | 2650 |
| 11 | 1100 | 1302 | 308 | 2710 |
| 12 | 1151 | 1384 | 309 | 2844 |
| 13 | 1184 | 1502 | 314 | 3000 |
| 14 | 1232 | 1695 | 318 | 3245 |
| 15 | 1271 | 1663 | 323 | 3257 |
| 16 | 1276 | 1748 | 330 | 3354 |
| 17 | 1291 | 1947 | 338 | 3575 |
| 18 | 1321 | 1850 | 345 | 3517 |
| 19 | 1328 | 1704 | 352 | 3385 |
| 20 | 1405 | 2024 | 366 | 3794 |
| 21 | 1427 | 2082 | 374 | 3883 |
| 22 | 1437 | 2129 | 383 | 3950 |

（出所：日本銀行資金循環統計より筆者作成）

上昇による民間銀行保有国債価格の低下、「含み損：時価＜簿価＝負の国債等債券関係損益」拡大を示す。

　ここで図5-9を用いて「金利・利子率と債券・国債価格との関係」を整理する。１年物で0.1％の利付国債１万円を想定する。１年後に１万円で政府が償還するこの利付国債は、「表面利子率0.1％」に加え、価格変動が生む「変動利子」をもたらす。今この利付国債１万円が市場で9985円の価格で取引されると、１年後に政府が１万円で償還するため差額の「変動利子15円」「変動利子率0.15％＝変動利子15円÷購入価格9985円」が得られる。この利付国債の金利は合計0.25％になる。次にこの利付国債が売り越し超過となり、国債価格が9960円に下落すると、１年後に政府が１万円で償還するため差額の「変動利子40円」「変動利子率0.4％＝変動利子40円÷購入価格9960円」が得られる。この利付国債の金利は合計0.5％に上昇する。要するに債券利子率（利回り）と債券価格は反比例関係にある。

　この「保有国債含み損」問題は最大の国債保有者・日本銀行にも及ぶ。23

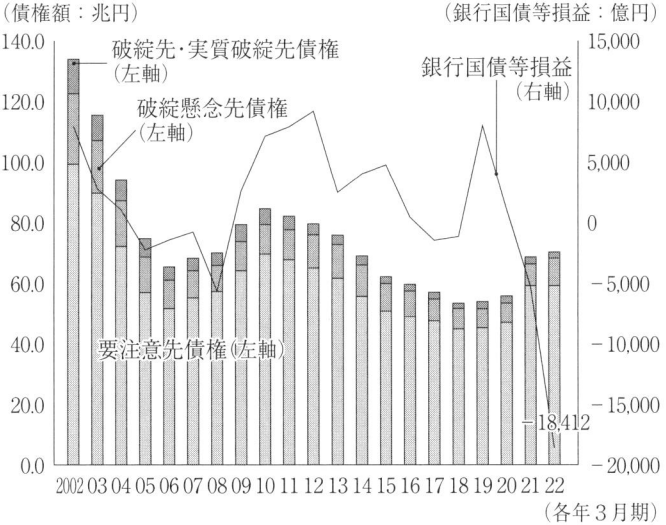

図5-8　民間金融機関「要注意先、破綻懸念先、破綻先・実質破綻先債権」と全国銀行「国債等債券損益」の推移

（債権額：兆円）　　　　　　　　　　　　　　　　　（銀行国債等損益：億円）

（各年３月期）

（出所：金融庁「金融再生法開示債権の状況」、全国銀行協会「決算発表」より筆者作成）

図5-9　利付国債の金利・利子率と国債価格、利子の関係

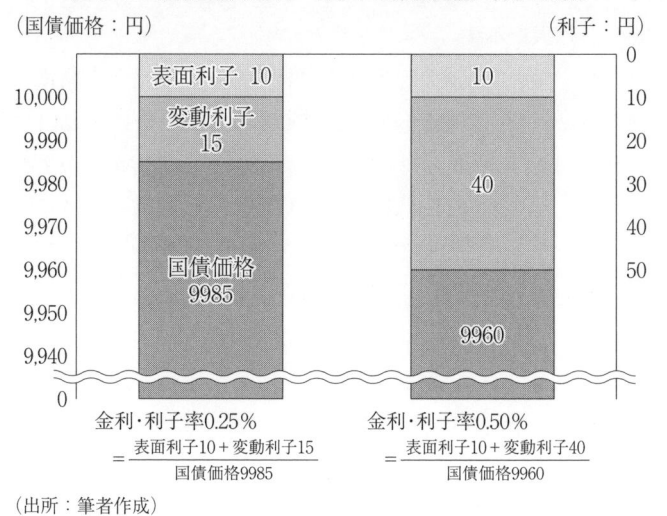

（出所：筆者作成）

年2月3日衆議院予算委員会で黒田東彦総裁は日銀の国債含み損が8.8兆円に達したことを表明した。

　日本銀行が国債を満期保有し簿価での政府償還を迎えれば、損失は生じない。問題はその先にある。日銀保有国債の「逆ざや」問題である。図5-6のように23年6月末時点で日本銀行は保有資産としての国債を580兆円保有する。同時に日本銀行は負債として市中銀行から預かる「日銀当座預金」を540兆円抱える。保有国債の平均利回りは0.25％（「日本銀行決算報告」）なので、1.5兆円の受取利子収入がある。負債である「日銀当座預金」の内、＋0.1％の付利が支払われる「基礎残高」は206兆円なので約0.2兆円の支払い利子の支出がある。つまりゼロ金利政策の下では、日銀は毎年1.3兆円の黒字・利ざやを得る。しかし、利上げに伴い「日銀当座預金」540兆円に1％の付利（5.4兆円）が支払われると、日銀は4兆円の赤字・逆ざやとなる。日本銀行の自己資本額は11.9兆円であるから、3年後には債務超過に陥る。FRBやECBが利上げに加え、保有資産の売却、マネタリー・ベース、当座預金の回収を開始した理由は「インフレ鎮圧」と同時に「逆ざや脅威の解消」である。[5]

　また利上げは、株価の下落に直結する。「株式期待収益率」に対して「国

債・元本保証のある債券利子率」が上昇すると株式は売られ、株価は下落する。また利上げ・利払いコスト上昇が投資需要、消費需要全般を押し下げることも株価を押し下げる。

以上からアベノミクス量的金融緩和・ゼロ金利政策が「政府の過剰な国債発行」「日銀の無制限な国債買入、過剰な資金供給」「株式市場への資金流入」を膨張させた。よって利上げは「増税・歳出削減」「日銀の国債買入停止、資産売却」「株式市場からの資金流出」という資金の大逆流を生む。この大逆流は中央銀行信用、銀行信用、商業信用を収縮し、信用（債権債務関係）に基づく需要・「架空の需要」を消滅させる。同時に増税、歳出削減、倒産、賃金・雇用削減で所得に基づく需要・「現実の需要」も減退させる。金融危機と恐慌に至る。

## 3　行き詰まる「経済対策」②
### ——利上げ見送り、インフレ放置による経済危機

政権と日本銀行が量的金融緩和政策の維持に固執する理由は、利上げのリスクに怯（おび）えていること、インフレのリスクを軽視していること、加えて「インフレ税」問題がある。

「インフレ税」とは、インフレで貨幣価値が下がることで政府債務の返済負担が実質的に軽くなることである。一般に「実質債務残高＝名目債務残高÷（１＋インフレ率）」と定義される。例えばインフレ率10％、政府債務1000兆円だと、「実質債務残高909兆円＝名目債務残高1000兆円÷（１＋0.1）」なので「インフレ税91兆円＝名目債務残高1000兆円－実質債務残高909兆円」となる。この実質政府債務残高の圧縮効果が「インフレ税」と呼称される理由は借手・政府の負債減が貸手・家計の資産減により強制されるからである。このような「インフレ税」は労働者・家計を苦しめ所得に基づく「現実の需要」を減退させる。◆6

利上げの見送り、インフレ放置は、政府を含めた債務危機の先送りと引き換えに、すでに現実化しつつある実質賃金の低下、原材料価格上昇による中小企業経営危機を増幅し、債務不履行による銀行の不良債権問題の発生、金融危機と恐慌に至る可能性がある。またFRBやECBが利上げ・インフレ対策を継

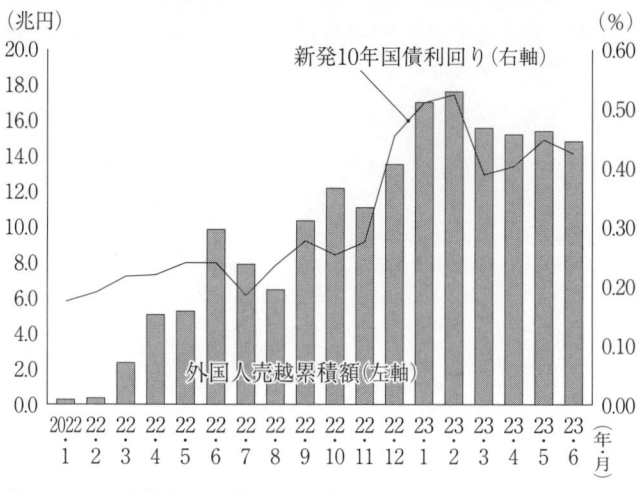

図 5-10　外国人による長期国債売り越し累積額の推移

（出所：日本証券業協会「公社債店頭売買高」より筆者作成）

続する中で日銀だけがゼロ金利・YCC に拘泥することは、内外金利差の拡大
による円安と貿易赤字拡大のループ・相互促進を引き起こす。

　先進国最大の政府債務／GDP 比率（22 年 262.5％）でありながら先進国最低
のゼロ金利という YCC の矛盾は、投機の的になっている。図 5-10 は、長期
金利＝新発 10 年物国債金利を ＋0.25％に抑え込む YCC が外国人投資ファンド
の「長期国債売り越し・空売り」に敗北し、22 年 12 月 20 日に長期金利を ＋
0.5％に利上げせざるを得なくなったことを示す。図 5-9 の例を用いれば、外
国人投資ファンドが証券会社に手数料を払い 1 兆円分（1 億単位）の「1 万円
の利付国債」を借り入れる。そして国債価格が 9985 円の時点で 1 億単位全て
売却する。この売却により国債価格が 9960 円に売り崩されると外国人投資フ
ァンドは「1 万円の利付国債」1 億単位をすべて買い戻し、証券会社に返却す
る。結果的に外国人投資ファンドは「9985 円で売った国債を 9960 円で買い戻
した差額 25 円」×1 億単位＝25 億円を利得する。日本銀行は 22 年 12 月だけ
で 16 兆円の長期国債を「金利＋0.25％（図 5-9 の価格 9985 円）」で無制限に買
い入れる「指し値オペ」で売り崩しに対抗したが、「＋0.25％（図 5-9 の価格
9985 円）」を守ることができず ＋0.5％（図 5-9 の価格 9960 円）に撤退を余儀な

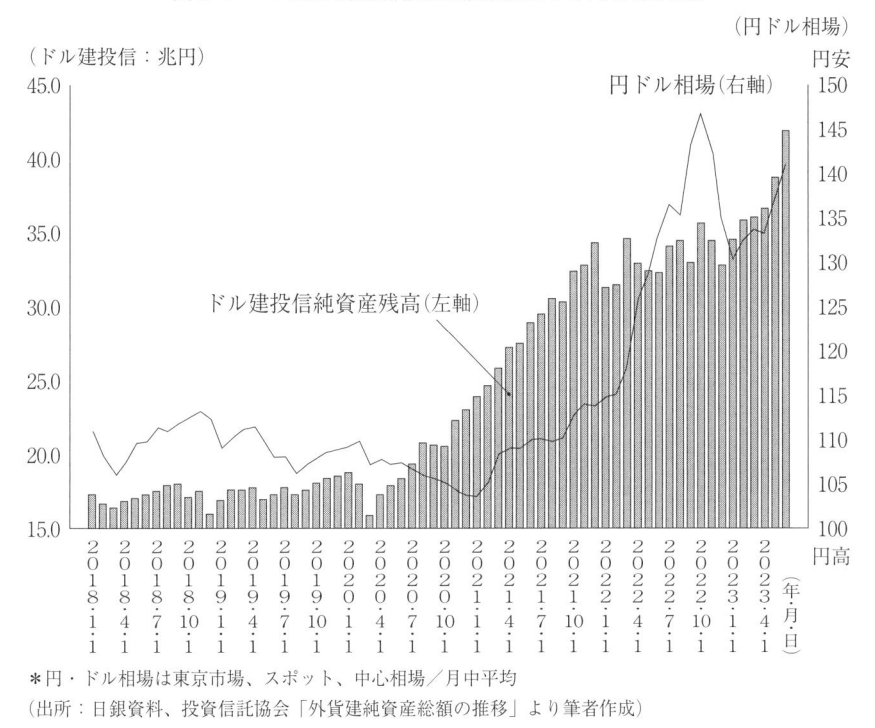

図 5-11　ドル建て投資信託純資産残高とドル円相場の推移

（ドル建投信：兆円）　　　　　　　　　　　　　　　　　　（円ドル相場）

円ドル相場（右軸）

ドル建投信純資産残高（左軸）

＊円・ドル相場は東京市場、スポット、中心相場／月中平均
（出所：日銀資料、投資信託協会「外貨建純資産総額の推移」より筆者作成）

くされた。日本銀行が市場価格を無視した YCC を継続することは、日本銀行の国債買入、保有資産の膨張、マネタリー・ベース、当座預金の膨張を通じ、インフレ圧力を高める。図 5-11 は、インフレと円安が進む 21 年以降、家計金融資産がドル建資産にシフトし始めたことを示す。

　政府・日銀のインフレ放置の危険性はどのくらい累積しているのか。図 5-12 は、ゼロ金利政策導入前年の 1998 年を基準に 22 年までのマネタリー・ベース（MB）、マネー・ストック（MS）、名目 GDP の変化とインフレの危険性を示している。日本銀行が市中銀行に MB を供給し、市中銀行は企業、家計に MS を貸付・供給し、企業や家計の投資需要、消費需要（GDP）が生まれる。MB が MS を生む比率は「貨幣乗数（MS/MB）」、MS と GDP の比率は「マーシャルの k（MS/GDP）」と呼ばれる。1998 年は「MB＝60 兆円、MS＝611 兆円、GDP＝537 兆円」であり貨幣乗数は 10.17、マーシャルの k は 1.14

図5-12　マネタリー・ベース（MB）、マネー・ストック（MS）、名目GDPに基づく貨幣乗数（MS/MB）、マーシャルのk（MS/GDP）および過剰流動性の推移

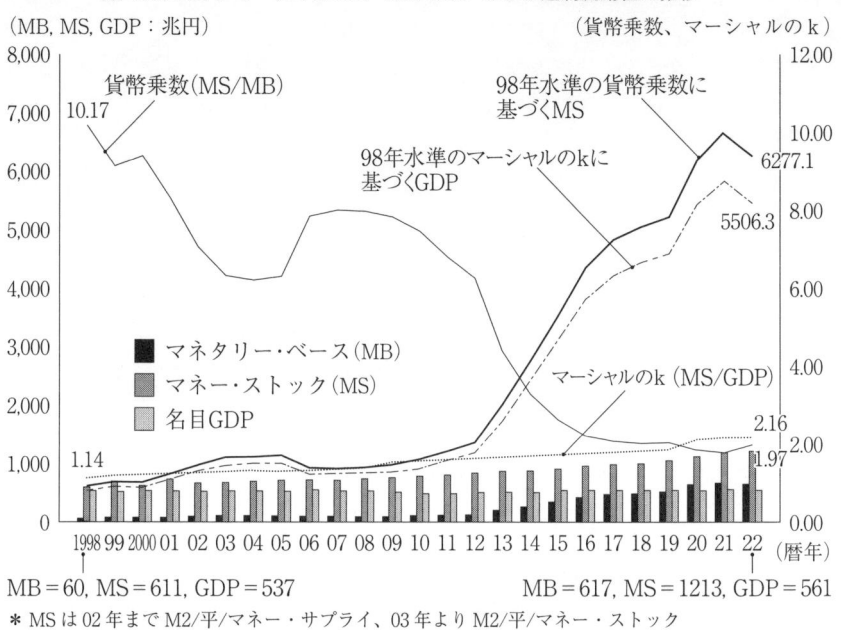

（MB, MS, GDP：兆円）　　　　　　　　　　　　　　　　（貨幣乗数、マーシャルのk）

MB＝60, MS＝611, GDP＝537　　　　　　　MB＝617, MS＝1213, GDP＝561

＊ MSは02年までM2/平/マネー・サプライ、03年よりM2/平/マネー・ストック

（出所：日本銀行「時系列統計」、内閣府「国民経済計算」より筆者作成）

であった。22年は「MB＝617兆円、MS＝1213兆円、GDP＝561兆円」であり貨幣乗数は1.97、マーシャルのkは2.16である。もし今、ゼロ金利の日銀当座預金（≒MB）が外の利上げに反応して引き出され、98年水準の貨幣乗数で貸し出されたら、それは6277兆円のMSになり、このMSは98年水準のマーシャルのkで算出すると5506兆円のGDPを取引するに値する「過剰流動性」である。量的金融緩和政策が生んだMB617兆円（うち日銀当座預金500兆円、22年末）とは、98年基準で急激な、長期にわたるインフレ可能性を準備した「過剰流動性」にほかならない。◆7

## 第2節　マルクスの「バブルの論理」と中央銀行信用、インフレーション

　これまで現状分析したように、アベノミクス・バブルは中央銀行による国債や株式、貸出債権の無制限な買入政策により「架空の需要」を膨張させた。発券銀行である中央銀行信用による「架空の需要」の膨張は政府、企業、家計の債務返済・「現実の需要」の制限に縛られぬ「万能性」をよそおい膨張した。しかし、中央銀行による過剰信用がインフレーションを引き起こすと「利上げによる『架空の需要』消滅」か「インフレ放置による『現実の需要』減退」を契機に金融危機と恐慌に至る。

　以下に本章は、『資本論』第三部の「商業資本」「利子生み資本」「株式資本」という重層的な信用論の展開に立ち返り、マルクスの「バブルの論理」を解明する。そこから発生論的弁証法的方法に則り中央銀行「バブルの論理」を解明し、それが「万能」ではなく必ずインフレにより崩壊・調整されることを理論的に解明する。

### 1　商業信用による「流通過程の短縮」と「架空の需要」の発生──バブルの萌芽

　マルクスは、産業資本家が商品 W′ を最終消費者でなく卸売「商人に……売ってしまえば」、商品 W′ は「まだ使用価値として消費に……はいり込んではいない」にもかかわらず、「変態の過程が短縮され」、産業資本の生産過程は「続行される」とした（資本論⑨ 471 ～ 472 頁）。

　本来、産業資本家は商品 W′ を生産し「それが最後の買い手……の手に移ってしまうまで」次の「生産手段 Pm と労働力 A」W の購入を「待たなければならない」（『資本論』⑨ 472 頁、本書図 5-13）。しかし、先に商人が産業資本家に商業手形を振り出し商品 W′ を買い取れば（「架空の需要」の発生）、産業資本家は商業手形決済①・現金化を予定し、最終消費者の「現実の需要」による購買・消費を待たず、「生産手段と労働力」W の購入（「流通過程の短縮」）を行う

図5-13　マルクス『資本論』におけるバブルの論理①

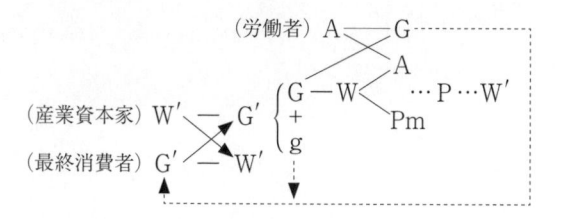

…生産物 W′が最終消費者に売れた後に次の投資へ

図5-14　マルクス『資本論』におけるバブルの論理②

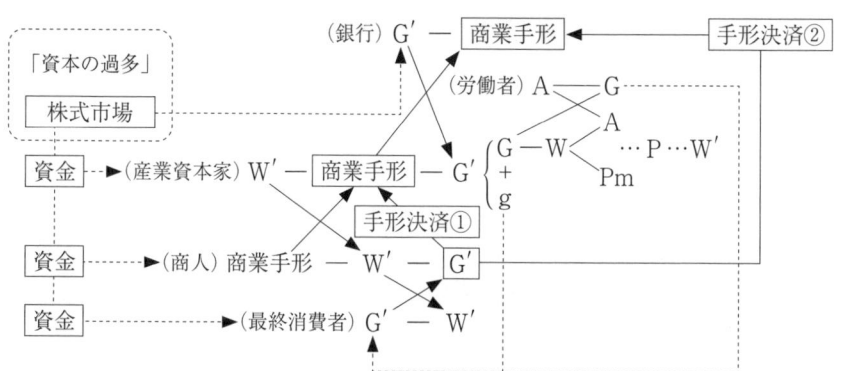

…生産物 W′が最終消費者に売れる前に商業信用、銀行信用膨張、株式市場への「資本の過多」流入・膨張の範囲で次の投資へ

のである（図5-14）。ここで「架空の需要」は、商業手形決済①の約定期日までに「商品 W′が最終消費されるだろうとの商人の思惑」だけ一段階、「現実の需要」から乖離<ruby>かいり</ruby>することになる。

## 2　近代的信用制度（銀行信用）の下での「流通過程の短縮」と「架空の需要」の膨張

「近代的信用制度のもと」（『資本論』⑨518頁）、商人が産業資本家から W′を購入し商業手形で支払うと、産業資本家は銀行に商業手形決済②の約定期日前の商業手形を「割引」（買い取り）してもらい現金 G′を得て次の生産のための「生産手段＋労働力」W を購入する。商人は「すでに買ったものを最終的に売

ってしまうまえに」「再生産過程の巨大な弾力性」により、産業資本家から次のW′購入と商業手形支払いを「繰り返すことができる」（『資本論』⑨518～519頁、本書図5-14）。銀行は商業手形決済②で得られる利子収入を期待し、産業資本家が商人から受け取った商業手形の割引を繰り返す。結果として商人は「社会の総貨幣資本の一大部分を自由に使うことができるので」「架空の需要がつくり出され」膨張する（『資本論』⑨518～519頁、本書図5-14）。この「架空の需要」は「商品W′が最終消費されるだろうとの商人の思惑」「商業手形割引で利子が得られるだろうとの銀行の思惑」の二段階、「現実の需要」から乖離し、その軌道に沿った過剰生産が恐慌を準備する。

## 3　膨張した「架空の需要」の「現実の需要」への暴力的均衡化

マルクスは、「架空の需要」の膨張が「現実の需要」にまで恐慌により暴力的に均衡化させられる過程を説明する。「在庫の山をかかえてしまっている」商人は貨幣の「還流が緩慢になって、まばらになり、その結果、銀行に支払いを迫られ」「諸商品購入のさいに振り出した手形が諸商品の転売が行なわれないうちに満期に……なれば」、投げ売り、価格崩落で「外見的な繁栄に一挙に結末をつける」（『資本論』⑨520～521頁）。

## 4　銀行信用を通じた貨幣資本の集積による「資本の過多」と　過剰生産との相互促進

マルクスは、銀行信用を通じて「利潤のうち……蓄積に予定される部分」（『資本論』⑩896頁）、「利潤のうち収入として支出される部分」（『資本論』⑩897頁）に様々な階級の「すべての収入」（『資本論』⑩897頁）が合わさった「貨幣資本の蓄積（『資本論』⑩895頁）」が現れると指摘する（図5-14）。ここで重要なことは、将来消費に向かうような所得、「産業資本の現実の蓄積とは本質的に異なる一契機がはいってくる」ことで（『資本論』⑩899頁）、現実の蓄積と乖離した「資本の過多」が発生することである（『資本論』⑩903頁）。

そして「資本の過多」は、銀行を通じて再生産過程を「資本主義的諸制限を超えて駆り立て」、「過剰取引、過剰生産、過剰信用が発展」する（『資本論』⑩

904 頁）。ここで「架空の需要」は「商品 W′が最終消費されるだろうとの商人の思惑」「商業手形割引で利子が得られるだろうとの銀行の思惑」「銀行に貸し付けることで利子が得られるだろうとの『資本の過多』の所有者の思惑」の三段階、「現実の需要」から乖離し、その軌道に沿った過剰生産が恐慌を準備する（図5-14）。つまり資本主義的再生産過程自体が「近代的信用制度」を用いて現実の資本蓄積以上の「資本の過多」を生みだし、それが商業信用と銀行信用の拡大による「架空の需要」を膨張させ「過剰取引」「過剰生産」を生みだす。その結果、さらなる「資本の過多」が形成される。この「資本の過多」と「過剰生産」との相互促進が、マルクスの構想するバブルの形成と崩壊、金融危機と結合した過剰生産恐慌のメカニズムである。

## 5　商業信用、銀行信用、株式資本の結合による「流通過程の短縮」

「資本の過多」が「株式資本」によって担われると、「バブルの論理」は「株式バブルの論理」に転化し、「架空の需要の膨張」「流通過程の短縮」「過剰生産」はさらに拡大する。

「株式バブルの論理」とは、「架空の需要」が「商品が最終消費されるだろうとの商人の思惑」「商業手形割引で利子が得られるだろうとの銀行の思惑」に、産業資本、商人、銀行、富裕層「最終消費者」の全てを覆う「株式購入で配当が得られ、株価が上昇するだろうとの株主の思惑」を加え、「現実の需要」から三段階「決定的に」乖離することである（図5-14）。

「株式資本」を含む「架空資本」とは、「確定した規則的な貨幣収入はいずれも……資本の利子として現われる」ことで、確定した貨幣収入（利子・配当）を生み出す資産が「元本」価格を与えられ取引されることである（『資本論』⑩ 821 頁）。つまり「元本×市場利子率＝利子・配当」の関係は、「利子・配当」収入が存在すると、「元本＝利子・配当÷市場利子率」として元本価格、利子・配当を生む「架空の」資本価格を逆算、「資本還元」される（『資本論』⑩ 824 頁）。

マルクスは、この「架空資本の成立」が株主に「現実の価値増殖過程とのいっさいの連関は最後の痕跡にいたるまで消えうせて、資本とは自己自身で自己

を増殖する自動装置であるという観念」を植え付ける（『資本論』⑩825頁）と結論する。「資本の物神性」の成立である。

　この「株式資本」における「資本の物神性」は、一方で、高配当、高株価の「思惑」をかきたて、株式市場を経由して「資本の過多」を再生産過程に注ぎ込み、資産所得増大を通じた「架空の需要」増大とその軌道に沿った過剰生産を推進する。しかし他方で、株主の高配当、高株価の「思惑」は再生産過程にリストラ、賃下げ等の「現実の需要」減少をもたらす。

　そして商人の債務不履行・手形不渡りを契機に「信用が突然停止し、現金払いしか通用しなくなれば、明らかに恐慌が、支払手段を求める猛烈な殺到が起こらざるをえない」、「実際に問題になるのは、手形の貨幣への転換可能性だけ」となり「これらの手形のきわめて大量のものは単なるいかさま取り引きを、さらに、他人の資本で行なわれたが失敗に終わった投機を、……全然売れなくなっている商品資本、または、もはや決してはいってくるはずのない還流を表わしており、それらがいまや明るみに出て破裂する」（『資本論』⑩870頁）。

　株価も下落、株主の損失も増大し、資産所得減少を通じた「架空の需要」消滅を招く。[8]

## 6　中央銀行信用による「流通過程の短縮」
### ——アベノミクス・バブルの論理

　『資本論』におけるバブルの論理は、商業信用、銀行信用による「（再生産）過程の規模が必要とする」「架空の需要」の創造であった（『資本論』⑦862頁、カッコ内は引用者）。その上で、「アベノミクス・バブルの論理」は、商業信用、銀行信用に加え、株式市場を通じた「資本の過多」の動員、さらに中央銀行信用による「政権が必要とする」「架空の需要」の創造である。

　アベノミクス・量的金融緩和政策による第一の「架空の需要」創造の経路は、「ポートフォリオ・リバランス効果」による企業、家計への資金貸付拡大である。[9]「政府」が国債を発行、市中「銀行」が買い入れる（図5-15　政府←資金←銀行）。「日銀」は市中「銀行」の持つ国債を買い入れ、市中「銀行」が「日銀」に開設した日銀当座勘定に資金供給する（マネタリー・ベース供給、図5-15　日本銀行→マネタリー・ベース→銀行）。この日銀当座預金はゼロ近傍の低利の

ため、市中「銀行」は相対的に高金利の「住宅・消費者貸付」「設備投資貸付」への資産移し替え（ポートフォリオ・リバランス）、貸付拡大（マネー・ストック供給）を進める（図5-15銀行→マネー・ストック→産業資本家、商人、最終消費者）。結果、市中「銀行」の貸付拡大は、住宅・設備投資等「民間需要」を拡大するという仕組みである。

　アベノミクス・量的金融緩和政策による第二の「架空の需要」創造の経路は、日銀のETF購入による株価吊り上げである（図5-6の投資信託受益証券）。ETFは、証券会社が株式で運用する投資信託に、投資家が出資（ETF受益証券購入）して配当を受け取る証券である。日銀のETF購入は、同時に多数銘柄の株式一括購入を意味し（図5-15　日本銀行→資金→株式市場）、株価上昇を通じた大企業の営業外利益拡大、富裕層の資産効果による「架空の需要」を拡大する◆10（図5-15　株式市場→資金→産業資本家、商人、最終消費者）。

　この中央銀行信用による「架空の需要」創造の最大の特徴はその「万能性」にある。日本銀行が国債を無制限に購入し続けることは、長期金利をゼロに抑え込み、財政ファイナンス・政府の財政拡張を可能にする。またコロナ・ショ

図5-15　アベノミクス・バブルの論理③

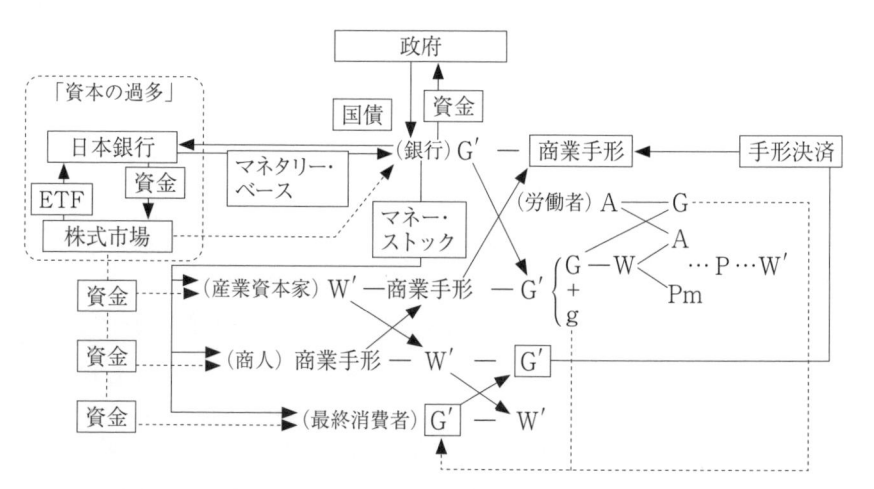

…生産物W′が最終消費者に売れる前に商業信用、銀行信用、株式市場への「資本の過多」流入、中央銀行信用の範囲で次の投資へ

ックによる「現実の需要」収縮・景況悪化の下でも産業資本家、商人、最終消費者にゼロ金利での貸付を拡大し、借入返済の先延ばし、「架空の需要」の維持を可能にする。日銀による ETF 購入により株価も維持される。

## 7　インフレーションによる中央銀行信用バブルの崩壊

しかし、インフレーションが発生すると、中央銀行が「インフレ対策の利上げを実施」しても「インフレを放置」しても、中央銀行信用バブルは崩壊する。

中央銀行が「インフレ対策の利上げを実施」した場合、政府は国債利払い負担の急増により、増税と緊縮財政に追い込まれる（図 5-16 政府→資金→銀行）。日本銀行は、「資産・国債利回り」より「負債・当座預金付利」が上回る「逆ざや」により債務超過の危険に陥る。よって日銀も国債・リスク資産買入を停止し、FRB や ECB と同様に中央銀行資産の圧縮・売却によるマネタリー・ベースの回収を迫られる（図 5-16　日本銀行←マネタリー・ベース←銀行）。中央銀行の政策金利（日銀当座預金付利）引き上げ、国債金利上昇は、市中銀行の貸

図 5-16　アベノミクス・バブル崩壊、資金大逆流の論理④

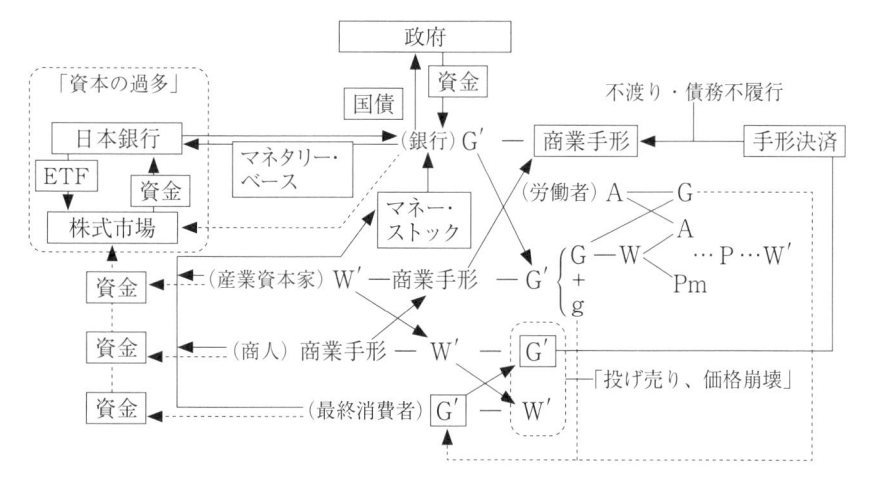

…中央銀行信用が収縮、株式市場から資金流出、商業信用、銀行信用も収縮し、生産物 W′ への「架空の需要」消滅

出金利の引き上げにつながり、中小企業や家計のローン利払い増加、貸出条件の厳格化、資金回収に行き着く（図5-16　銀行←マネー・ストック←産業資本家、商人、最終消費者）。日本銀行のETF買入政策も中止に追い込まれ（図5-16　日本銀行←資金←ETF株式市場）、株式期待収益率に対して国債・元本保証のある債券利子率が上昇すると株式は売られ、株価は下落、株主は利益を失う（図5-16　株式市場←資金←産業資本家、商人、最終消費者）。まさにアベノミクス・バブル崩壊の資金大逆流が発生し、「架空の需要」は消滅する。

　中央銀行が「インフレを放置」した場合、別の経路からアベノミクス・バブルは崩壊する。日本銀行が「政策金利（日銀当座預金付利）引き上げと国債金利上昇」を抑制する国債買入政策を無制限に継続すると、物価上昇と実質賃金低下が止まらなくなる。日米の金利差は再び拡大し円安と貿易赤字も相互促進する。内需、外需ともに「現実の需要」が落ち込み、中小企業や家計の危機が銀行の不良債権問題に転化、金融危機から恐慌に至る。異常な低利回りの国債は日本銀行以外の買い手を失う。量的金融緩和政策により空前の規模に積みあがった日銀当座預金が、「実質金利＝名目金利－インフレ率」の関係から、ゼロ％近傍の付利（マイナスの実質金利）を嫌いリスク資産・一次産品市場に流出しインフレを加速させる。

## 8　「中央銀行信用」による「流通過程の短縮」、景気循環の特徴

　これまで解明したように、「商業信用＋銀行信用」による「流通過程の短縮」は「架空の需要」が「現実の需要」から乖離し、商人の商業手形不渡りによる金融危機、利子率上昇を契機にバブルが崩壊し恐慌に至るという景気循環過程であった。それに対し、「中央銀行信用」による「流通過程の短縮」は「万能性」とも錯覚する「架空の需要」の拡大・維持により支えられるが、その後インフレによる利子率上昇を契機に、またはインフレ放置による「現実の需要」減退を契機に、バブルが崩壊し恐慌に至るという景気循環過程である。

# 第3節 アベノミクス「インフレ不況」からの脱却

## 1 第一次石油危機とアベノミクス「インフレ不況」との比較から

「インフレ対策・利上げ」は不況を激化させ、「景気対策・インフレ放置」はインフレを激化させる。そしてどちらも金融危機と恐慌に至る。しかし、この行き詰まりは過去に学ぶことで克服できる。それは「石油危機時の大幅賃上げによる利上げ・不況の克服」である。[11]

図5-17は、「第一次石油危機時」（1972～76年）の経済状況を示す。ここでの特徴は次の4点である。①企業物価指数、消費者物価指数「食料＋エネルギー平均」は最大35％近く上昇。②実質賃金はおおむねプラス改定され最大15

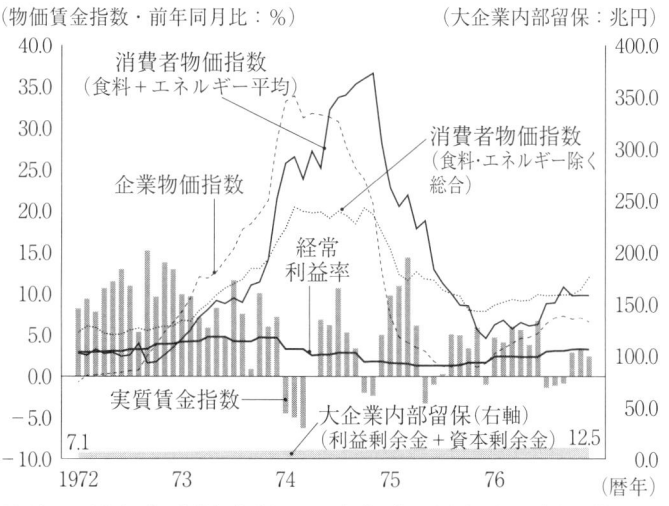

図5-17 企業物価指数、消費者物価指数、実質賃金、大企業経常利益率、大企業内部留保の推移（第一次石油危機 1972-76年）

（出所：日本銀行「企業物価指数」、総務省「消費者物価指数」、厚労省「毎月勤労統計調査」、財務省「法人企業統計」より筆者作成）

％上昇。③大企業の総資本経常利益率はおおむね２～５％で推移。④大企業の内部留保（利益剰余金＋資本剰余金）は12.5兆円。ちなみに1974年の消費者物価指数（2020年基準：100）は47.5である。

図5-18は、「アベノミクス・インフレ不況」期（2019～23年）の経済状況を示す。ここでの特徴は次の４点である。①企業物価指数、消費者物価指数「食料＋エネルギー平均」は最大12％程度上昇。②実質賃金はおおむねマイナス改定。③大企業の総資本経常利益率はおおむね５～７％で推移。④大企業の内部留保（利益剰余金＋資本剰余金）は397.6兆円。

ここから得られる教訓は、「第一次石油危機時」において日本経済がより低い大企業利潤率、少ない内部留保にもかかわらず、積極的に賃上げを実施し危機の克服に努めたという事実である。逆に現在の「アベノミクス・インフレ不況」期に、大企業はより高い利潤率、空前の内部留保にもかかわらず、賃上げを怠り、危機を拡大している。

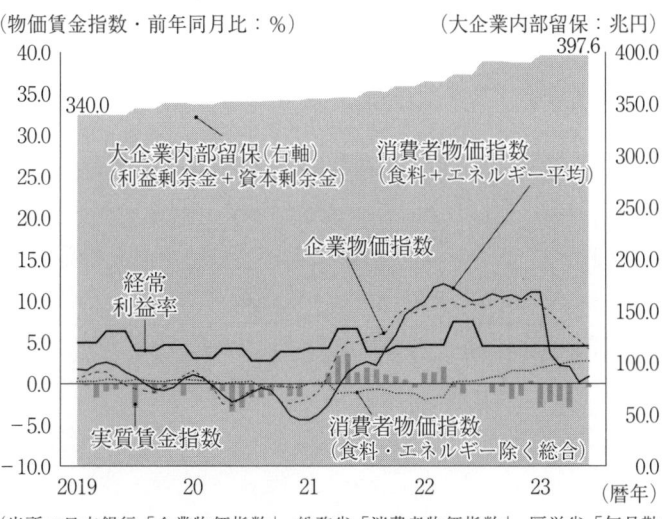

図5-18　企業物価指数、消費者物価指数、実質賃金、大企業経常利益率、大企業内部留保の推移（アベノミクス・インフレ不況　2019-23年）

（出所：日本銀行「企業物価指数」、総務省「消費者物価指数」、厚労省「毎月勤労統計調査」、財務省「法人企業統計」より筆者作成）

## 2 大幅賃上げの必要性と正当性

　物価上昇率を大幅に上回る賃金の引き上げこそが、第一次石油危機に学ぶ「アベノミクス・インフレ不況」打開策である。賃上げとそれを可能にする中小企業支援（社会保険料減免）が労働者・家計所得を増やし、利上げに耐えられる経済へ向かう「出口戦略」である。

　その上で、大幅賃上げに係る二つの問題を考察する。第一の問題は、「賃上げのために労働生産性向上が必要か」である。図 5-19 は日米欧の「労働生産性と実質雇用者報酬の推移」を示す。1995 年を基準として 22 年までに、米国は労働生産性を 40.3％、実質雇用者報酬も 26.8％上昇させた。欧州も労働生産性を 25.6％、実質雇用者報酬を 5.1％上昇させている。しかし日本は労働生産性を 32.1％向上させる一方、実質雇用者報酬を 10.1％低下させた。日本に必要なことは分配そのものである。

図 5-19　日米欧の労働生産性と実質雇用者報酬の推移

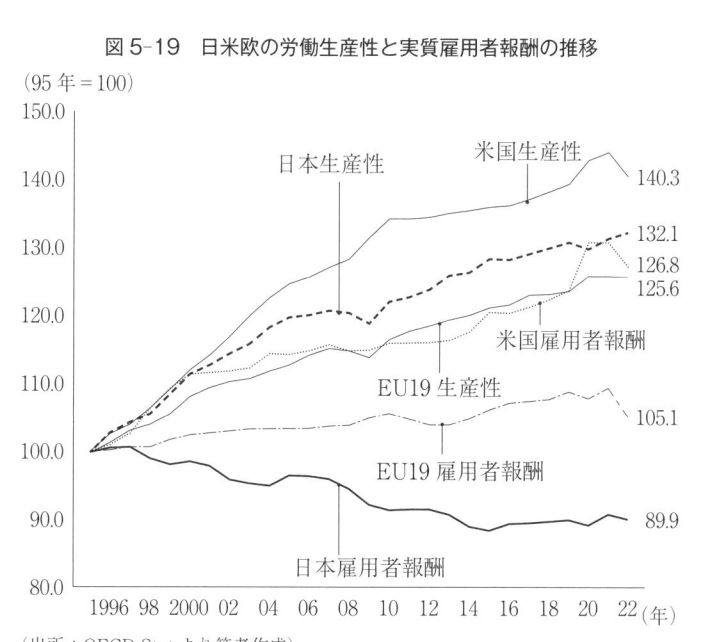

（出所：OECD Stat より筆者作成）

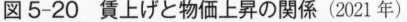

図 5-20　賃上げと物価上昇の関係（2021 年）

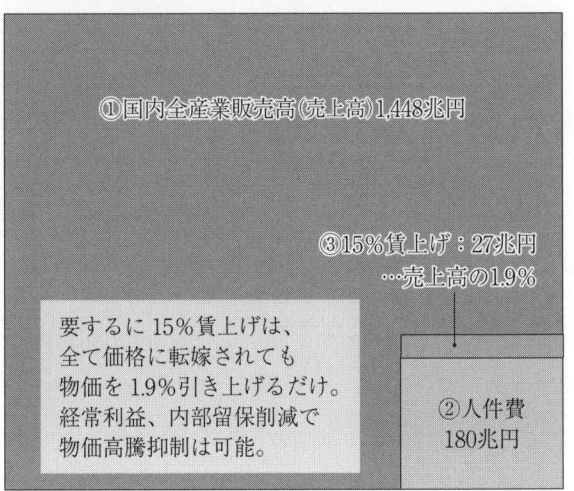

（出所）財務省「法人企業統計」より筆者作成

　第二の問題は、「大幅賃上げは狂乱物価を生むか」、である。図 5-20 は、21年において国内全産業の売上高が 1448 兆円、総人件費が 180 兆円であることを示す。全労働者に 15％の賃上げを実施すると人件費は 27 兆円増加し、これを全て価格に上乗せすると、売上高は 27 兆円分 1.9％増える。要するに 15％の賃上げは 1.9％の物価高騰しかもたらさない。◆12

## 第 5 章のまとめに代えて

　これまで本章は、第一に現状分析として量的金融緩和政策が行き詰まり、「インフレ対策の利上げが不況を加速」し、「不況対策の金融緩和がインフレを加速」する現状を解明した。このままでは「単純な利上げ」も「インフレの放置」も共に金融危機と恐慌に至る。

　第二に理論分析として、マルクス『資本論』第三部第四篇、五篇の「バブルの論理」「流通過程の短縮論」「資本の過多と過剰生産論」「株式資本論」に立ち返った。そして「中央銀行信用」による「流通過程の短縮」は「万能性」とも錯覚する「架空の需要」拡大を生み出すが、その後インフレによる利子率上

昇を契機に、またはインフレ放置による「現実の需要」減退を契機にバブルが崩壊し恐慌に至るという景気循環過程を解明した。この理論分析から得られた教訓は、過剰信用・「架空の需要」を維持することは不可能だが「現実の需要」減退を回復すること、労働者賃金に主導された景気回復は可能だということである。

　そして第三に歴史分析として、第一次石油危機の教訓に立ち返り、賃金所得を大幅に引き上げて労働者・家計が利上げに耐えられる経済にする対案を提示した。大幅賃上げと中小企業支援という工夫をした上で、先進諸国と歩調を合わせた利上げを実施し、円安・実質実効為替レート低下、物価上昇を止めなければならない。さらにものづくりの力、高付加価値生産を取り戻すためにも、商品が高価格で売れる必要、高賃金と安定雇用の必要がある。

　政権の無為無策と訣別し、大幅賃上げで「インフレ不況」からの脱却を進めなければならない。労働者、労働組合、労働者政党が役割を果たす歴史的な時期にさしかかっている。

　注
◆1　名目為替レートが1ドル150円の時、米国で物価上昇が発生し、1ドルの商品が2ドルになったとする。1ドル150円なので、商品の購入に実質300円を払うことになる。よって「物価変動も考慮した円の購買力の水準」＝実質実効為替レートは1ドル300円になる。

◆2　ここでの日本銀行「実質実効為替レート指数の変化」を「1986年1月：1ドル＝200円」を基準として「円ドル相場の変化」として表示し直す分析方法は、齊藤誠「実質で見る破格の円安　日本経済『体力』低下著しく」日本経済新聞2022年9月20日付を参照。

◆3　河野龍太郎氏は、日銀の国債買入が金利上昇を回避しても「問題は円安とインフレのスパイラルが起きること」だとし、「ゼロ金利でも円預金を持つのは円が国際通貨だからだ。国際通貨でなくなれば……ドルやユーロを持とうとする」と述べる。「異次元緩和を問う⑦独立性が逆説的に支える財政拡張」『週刊エコノミスト』22年7月26日付を参照。

◆4　松本朗氏は、80年代以降20年までの米国で、中央銀行による過剰流動性

供給にもかかわらず物価が安定した理由として「資産市場が……流動性の受け皿になったこと」「供給のボトルネックが起こらなかったこと」を挙げる。しかし、コロナ危機による「供給制限の中で過剰流動性が購買力として放出され」インフレが発生した旨を指摘される。正しい分析と考える（松本朗「非伝統的金融政策とバブル、インフレ」『経済』2022年12月号、136～140頁）。

◆5　アベノミクス量的金融緩和政策が「デフレ脱却」に成功したと高く評価する伊藤隆敏氏はこの「日銀『逆ざや』問題」についても日銀財務赤字化は回避可能としている。伊藤氏の第一の結論は「日銀は、保有国債を高利の長期国債へ買い替えることで、赤字化しない」という旨である。しかし、日本政府は高利の長期国債を発行し続けることができるだろうか。ここで一つの矛盾に突き当たる。これまでアベノミクス推進論者は「政府財務問題は日銀の財政ファイナンス・国債買入で持続可能」としてきた。しかしここからは「日銀財務問題は政府の国債発行で持続可能」となる。政府は日銀を万能とし、日銀は政府を万能とする。これで本当に日本経済は万能だろうか。伊藤氏の第二の結論は「日銀は、短期政策金利＝当座預金付利を低く抑えることで、赤字化しない」旨である。しかし、日銀当座預金付利の抑制（ゼロ金利の預金準備率引き上げ）は、より高い金利を求めた資金流出（マネー・ストック増大）によるインフレ率上昇を招く（伊藤隆敏「日銀の財務を問う　赤字回避優先は本末転倒」日本経済新聞2022年8月24日付）。

◆6　この「インフレ税」の定義は日本経済新聞22年8月21日付による。ここで小黒一正氏は「インフレ税だけで財政を改善するのは難しい」とする。その理由は、「過度なインフレ進行が止められなくなった場合」家計負担が増大、景気と財政が悪化するからとされる。

◆7　「貨幣乗数」「マーシャルのk」を用いたインフレの危険性分析は、鳥畑与一「アベノミクス『異次元の金融緩和』の検証」『経済』2013年12月号No.219、133頁を参照。ちなみに「狂乱物価」と言われた1974年のMBが13.2兆円、MS（M2＋CD）が107.5兆円、GDPが133.7兆円なので、貨幣乗数は8.1、マーシャルのkは0.8である。よって2022年は1974年と比べ対MS比率で4.1倍のMBを供給、対GDP比率で2.7倍のMSを供給しており、1974年を基準に考えても「過剰流動性」が供給されインフレが発生していると考えられる。

◆8　この『資本論』第三部「バブルの論理」の解説は、関野秀明『金融危機と恐慌』第6章での分析を参考により本質的な展開にまとめ直し、新たな図

5-13、14 に対応するよう加筆・修正したものである（関野秀明『金融危機と恐慌』新日本出版社、2018 年、126 ～ 130 頁）。

◆9　2014 年に日銀審議委員だった白井さゆり氏は、ポートフォリオ・リバランス効果が「金融機関等は相対的に利回りが高い他の金融資産への投資を増やそうとする」、「様々な経済主体のリスクテイクを促すことを目指しているため、極めて重要」だと強調された。ゼロ金利政策が低利潤のビジネスを温存した旨の見解（例えば小林慶一郎「財政と金融の連携新たに」日本経済新聞 2023 年 2 月 15 日付）が広がる現状とは隔世の感がある（白井さゆり「量的・質的金融緩和政策とポートフォリオ・リバランス」『月刊資本市場』2014 年 10 月 No.350）。

◆10　この「アベノミクス・バブルの論理」の解説は、関野秀明「ポスト新自由主義社会の展望と『資本論』」『経済』2021 年 5 月号での分析を参考により本質的な展開にまとめ直し、新たな図 5-15 に対応するよう加筆・修正したものである（関野秀明「ポスト新自由主義社会の展望と『資本論』」『経済』2021 年 5 月号 31 ～ 34 頁）。

◆11　村上研一氏は、70 年代後半、労賃・下請単価抑制の「減量経営」が輸出依存的成長を実現しスタグフレーションを脱却させた旨を指摘する。正しい認識と考える。その上で本稿は 70 年代前半の賃金主導型経済成長に向けた別のスタグフレーション克服策の可能性について考察する（村上研一「円安・物価上昇と日本経済の課題」『経済』2023 年 2 月号、54 頁）。

◆12　「賃上げ 15％＝物価上昇 1.9％」論に対し、「コスト・プッシュ（費用上乗せ）要因」だけを見て「デマンド・プル（需要牽引）要因」を見ない旨の反論もありうる。しかし、食料、エネルギー価格高騰の原因・供給制約は「労働者家計の賃金・需要抑制」ではなく、「国内農業、自然エネルギー事業の育成・供給拡大」により解決されるべきである。

# 第6章　最低賃金全国一律 1500 円と賃金主導型経済成長

## ——三部門三価値再生産表式の所得分配分析（上）

前章において、大幅賃上げこそがアベノミクス・インフレ不況からの「出口戦略」であることを第一次石油危機の教訓にも立ち返り解明した。それでは停滞する日本の賃金を法則的に上昇させる政策、その政策を安定的に持続させることで労働者・市民の生活に豊かさを取り戻す経済社会モデルは何であろうか。それはトリクル・ダウンではないボトム・アップ、「最低賃金全国一律1500円」政策と「賃金主導型経済成長」モデルである。

　以下に本章と次章では、第一に日本の低賃金・長期停滞の現状を分析し最賃全国一律1500円の必要性、有効性について解明する。第二に、「最低賃金全国一律1500円」を可能にする中小企業支援策とその規模、財源を解明する（以上本章）。第三に、賃金上昇が資本蓄積と国民経済におよぼす影響を理論的に解明するため、その基礎理論としてマルクス『資本論』第二部第三篇の二部門三価値再生産表式論を解説した上で、第四に、有効需要原理の開拓者、ミハウ・カレツキに学び、賃金上昇・所得分配が総利潤や総生産にポジティブな影響を与える賃金主導型経済成長モデルの仕組みを、三部門三価値再生産表式を用いて証明する（次章）。

## 第1節　低賃金・長期停滞の現状と最賃全国一律1500円の意義

### 1　日本経済の低賃金・長期停滞の現状

　過去30年にわたる日本経済の低賃金・長期停滞傾向は否定することが難しい。図6-1は、「1年・12か月勤務した給与所得者」の名目平均給与を、消費者物価指数（2010年基準）を用いて実質化した実質賃金の推移を示す。日本の実質月額賃金は1963年・15.2万円から上昇し1992年・37.6万円に至る。しかしその後、下降と停滞の傾向に陥り、2009年に33.5万円へ落ち込み、2021年35.1万円に留まる。これは1988年と同水準である。

図6-1　1年勤続者の実質平均給与（月額）の推移

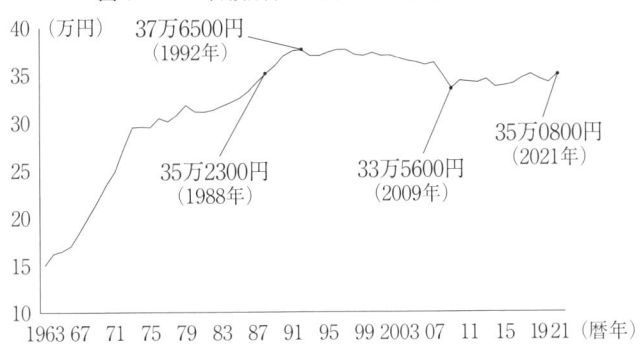

＊実質平均給与（月額）とは、名目平均給与（年額）を月割にし消費者物価
　指数（2010年基準）で実質化したもの
（出所：国税庁「民間給与実態調査」「消費者物価指数」より筆者作成）

図6-2　パートタイム労働者比率と実質平均賃金上昇率の相関図（2022年
　　　　の1995年比）

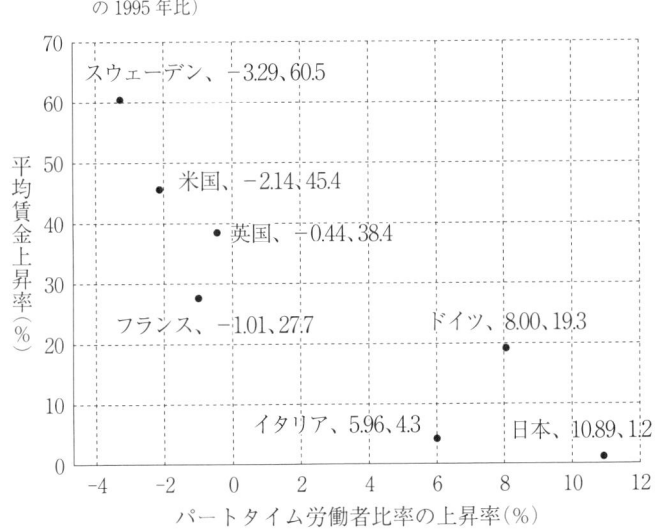

＊図中の表記は国名、PT比率上昇率、平均賃金上昇率
（出所：OECD. stat より筆者作成）

　このような低賃金・長期停滞傾向の最大の原因は、90年代以降、断続的に
行われた労働規制緩和による低賃金・不安定雇用の増大である。1997年に労
働者派遣法が改正され対象業務が16から26に拡大し、1999年に対象業務は

原則自由化され、2003年からは製造業現場への人材派遣も解禁された。2015年には最大3年の期間規制も事実上撤廃された。[1] また2013年の有期労働契約法改正も有期雇用を一時的・臨時的業務に限定する「入口規制」を否定し、契約期間が5年を超過した者の無期雇用転換を認める「期間規制」としたため、雇止めの横行や低処遇の無期雇用増大を招いた。図6-2は、1995年から2022年にかけて先進各国の「パートタイム労働者比率の上昇率、平均賃金の上昇率」を示した相関図である。この期間において、一方でスウェーデン、米国、英国、フランスはパートタイム労働者比率を低下させて相対的に高い平均賃金上昇率を達成している。他方でイタリア、ドイツ、日本はパートタイム労働者比率を上昇させて低い平均賃金上昇率にとどまっている。中でも日本は二桁のパートタイム労働者比率の上昇により最も低い平均賃金上昇率に陥っている。

　図6-3は、1997年に先進国中位であった日本の実質年間平均賃金が2014年

**図6-3　実質年間平均賃金**（2022年購買力平価・ドル建て）**の推移**

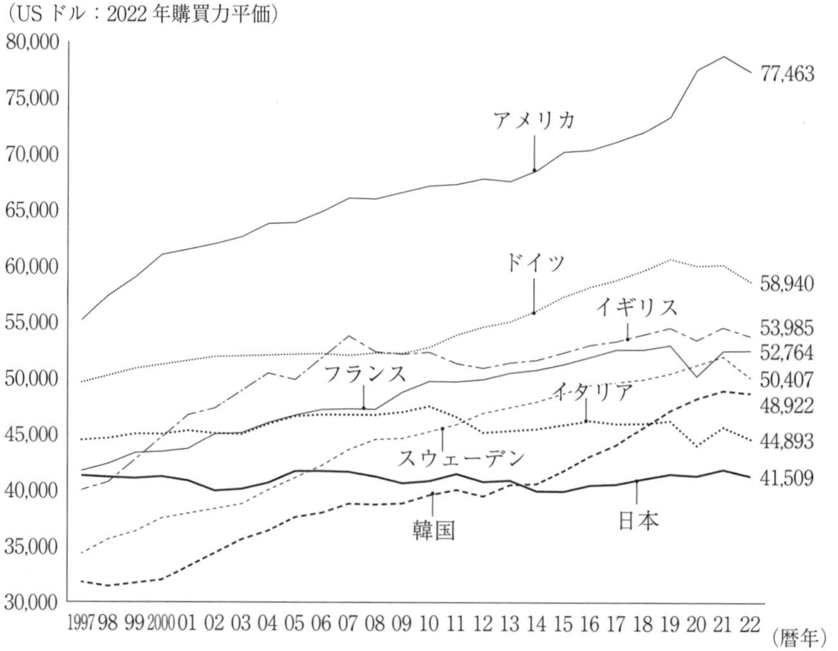

（US ドル：2022年購買力平価）

（出所：OECD. stat より筆者作成）

に韓国に追い越され2022年に先進国最下位水準にあることを示す。日本経済の国内総生産（GDP）は支出・需要側から分析すると5割以上が「家計消費」であり、賃金の長期停滞は経済の長期停滞を意味する。図6-4は、1997年に先進国2位だった日本の一人当たり実質GDPが2018年に韓国に追い越され2022年に先進国最下位水準にあることを示す。

　この傾向は「長期停滞ゆえの低賃金」ではなく「低賃金ゆえの長期停滞」である。なぜなら同じ時期に、99％の労働者・勤労市民は低賃金低所得であっても1％の大企業は過去最高水準の業績を収めているからである。「100％全員の停滞が低賃金の原因」なのではなく「1％の勝者総取りが99％の停滞の原因」なのである。図6-5は、企業社会の上位0.2％にあたる資本金10億円以上の大企業（金融・保険業以外）がアベノミクス以降、毎年過去最高水準の単年度経常利益を更新し続け2021年度に49.5兆円に到達したことを示す。その結果、

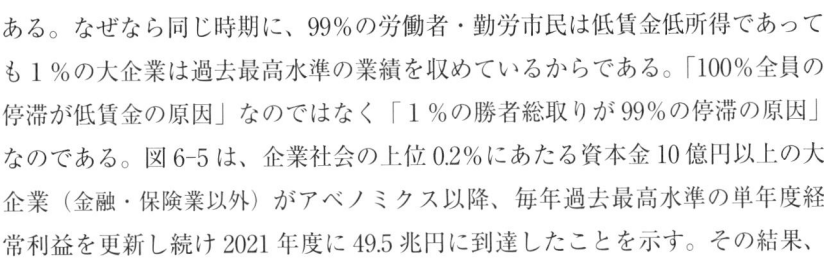

図6-4　一人当たり実質GDP（2022年購買力平価・2015年物価調整）の推移
（US ドル：2022年購買力平価）

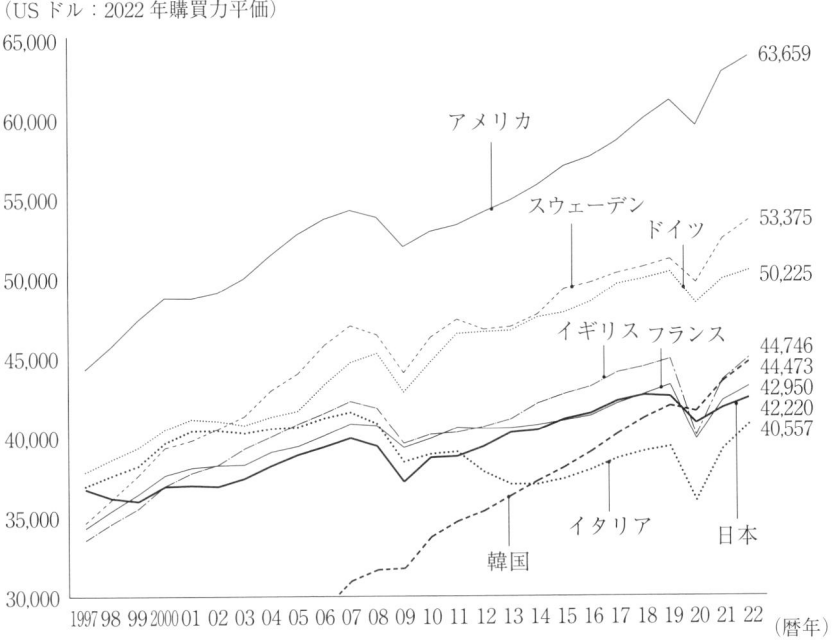

（出所：OECD. stat より筆者作成）

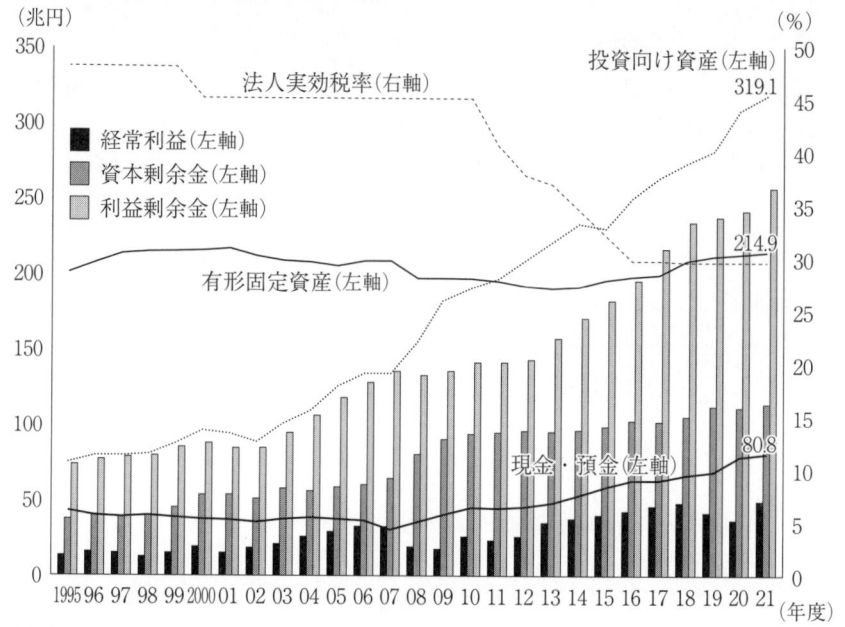

図6-5　資本金10億円以上大企業の経常利益、剰余金、現金預金、投資向け資産、有形固
　　　　定資産および法人実効税率の推移

（出所：財務省資料および「法人企業統計」より筆者作成）

資本剰余金（21年度114兆円）、利益剰余金（21年度256兆円）等の内部留保も
増大し続け、2021年度には80.8兆円の「現金・預金」、319兆円の「投資向け
（株式、債券）資産」を保有するに至っている。また2011年以降、企業利益に
課される法人実効税率は約15％も引き下げられたにもかかわらず、設備投資
のストック値を表す有形固定資産は横ばい、賃金は下がっていることも重要で
ある。もはや、日本経済の長期停滞打開のために、大企業優遇政策を選択する
余地は全くない。

## 2　「最低賃金全国一律1500円」が選択されるべき理由

　本稿は以下に、長期停滞の打開策として「最低賃金全国一律1500円」につ
いて考察する。多様な賃上げ手段の中で、特に「最低賃金全国一律1500円」

を選ぶ理由は次の3点である。

①賃金階層の変化が最低賃金引き上げ効果を増幅していること

　図6-6は、短時間労働者における「時間当たり賃金分布」と地域別最低賃金全国加重平均値との関係を示す。2005年、地賃全国加重平均は668円で時間当たり賃金額の分布はやや濃いグレーの帯グラフである。賃金分布は最賃との関係性が弱い。しかし2022年、地賃全国加重平均は961円で時間当たり賃金額の分布はやや薄いグレーの帯グラフである（グラフ上で重なる部分は中間的な濃さになっている）。賃金分布は最賃近辺に集中し関係性が極めて強くなっている。このような変化は、最賃行政においては「影響率が高すぎる」として「最賃を上げられない理由」とされてきた。しかし、中小企業支援を適切に講じたならば、家計、地域、国民経済の長期停滞を破る突破口になりうるということ

図6-6　時間当たり賃金分布と最賃の関係（2005年と2022年の比較）

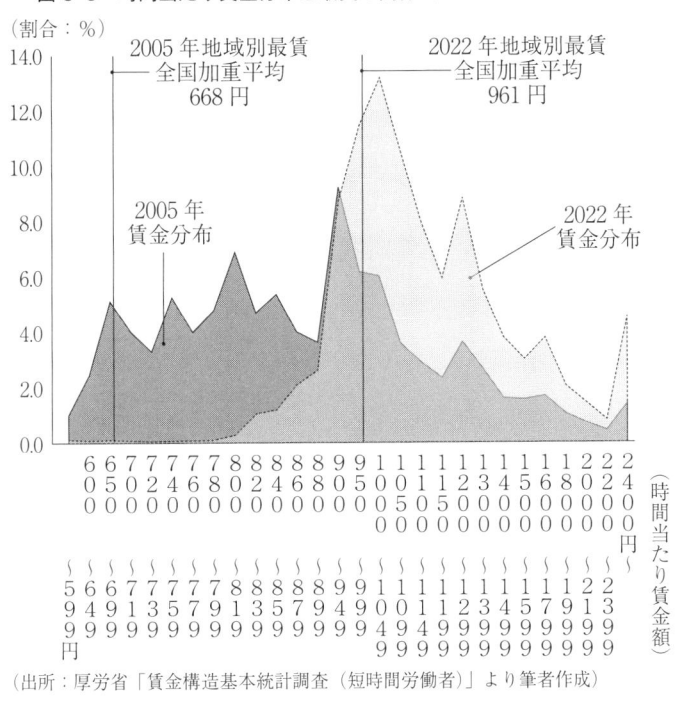

（出所：厚労省「賃金構造基本統計調査（短時間労働者）」より筆者作成）

である。

②最低生計費が全国一律時給換算で 1500 円以上であること

　表 6-1 は、全国労働組合総連合（以下、全労連）「最低生計費試算調査 PT による統括表」の一部である。地賃 A ランク名古屋市（最賃 955 円）、C ランク山口市（最賃 857 円）、福岡市（最賃 870 円）、D ランク鹿児島市（最賃 821 円）において、最低生計費（月額）は名古屋 22.7 万円、山口 24.2 万円、150 時間換算の時給ベースで名古屋 1513 円、山口 1612 円である。最低生活費に地賃ランクに準拠した階層性はなく、時給 1500 円以下で普通に暮らせない事情も同様である。最低生計費が全国一律化している原因は「都市部は高家賃、低交通費（自家用車不要）」「地方は低家賃、高交通費（自家用車必要）」だからである。したがって賃金の生計費原則から考えれば、「最低賃金全国一律 1500 円」は妥当

表 6-1　最低生計費と地域別最低賃金の比較（2016 年〜 19 年調査）

| 25 歳男 1K 25m$^2$ 賃貸 | 名古屋市 | 山口市 | 福岡市 | 鹿児島市 |
|---|---|---|---|---|
| 消費支出 | 163,083 | 174,873 | 161,660 | 176,843 |
| 　食費 | 38,457 | 36,886 | 43,686 | 39,941 |
| 　住居費 | 45,000 | 33,000 | 32,000 | 34,000 |
| 　光熱・水道 | 7,510 | 7,245 | 7,722 | 8,101 |
| 　家具・家事用品 | 3,480 | 4,168 | 3,697 | 3,401 |
| 　被服・履物 | 8,426 | 6,654 | 7,108 | 5,680 |
| 　保健医療 | 2,186 | 1,091 | 1,168 | 1,181 |
| 　交通通信 | 19,062 | 40,417 | 15,613 | 39,469 |
| 　教養娯楽 | 17,745 | 25,749 | 24,739 | 21,257 |
| 　その他 | 21,217 | 19,663 | 25,927 | 23,813 |
| 非消費支出 | 47,562 | 49,467 | 49,776 | 43,115 |
| 予備費 | 16,300 | 17,400 | 16,100 | 17,600 |
| 最低生計費(税込) | 226,945 | 241,740 | 227,536 | 237,558 |
| 150 時間換算 | 1,513 | 1,612 | 1,517 | 1,584 |
| 地域別最賃額(22年) | A：955 | C：857 | C：870 | D：821 |

（出所：全労連「最低生計費試算調査・統括表」2022 年より筆者作成）

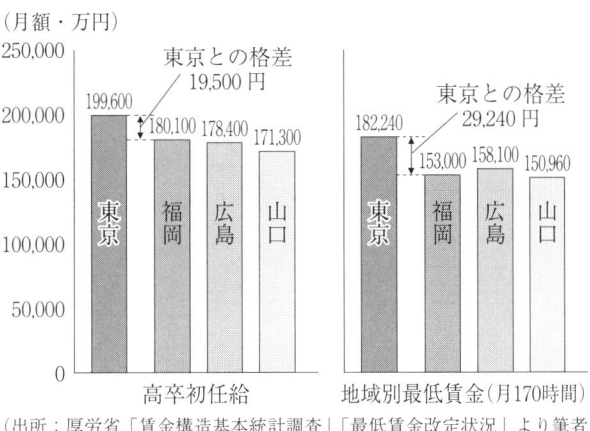

図6-7　高卒初任給格差と地域別最低賃金格差との比較（2022年）

（月額・万円）

（出所：厚労省「賃金構造基本統計調査」「最低賃金改定状況」より筆者作成）

な政策である。

③地域別最低賃金の地域間格差が大きすぎること

　労働者が多様な地域に分布している以上、一般に賃金には地域間において格差が存在する。しかし、地域別最低賃金の地域間格差は大きすぎる。図6-7は、東京都、福岡県、広島県、山口県における「高卒初任給の地域間格差」と「地域別最低賃金の地域間格差」の比較である。高卒初任給（月額）において、東京都と福岡県の格差は19,500円である。地域別最低賃金（月170時間換算）において、東京都と福岡県の格差は29,240円である。この「高卒初任給格差」と「地賃格差」の差額9740円を合理的に説明することは不可能と思われる。拡大一途の「地賃の地域間格差」は「最低賃金全国一律1500円」で完全に解決できる。

## 3　「最低賃金全国一律1500円」の効果と具体的な中小企業支援の必要性

　表6-2は、労働運動総合研究所が公表している「賃上げ、雇用条件改善による経済効果」一覧表の一部である。「働くルールの確立（不払い残業根絶等）」

表6-2　賃上げ、雇用条件改善による経済効果

| | 必要な財源<br>(兆円) | 対内部留保割合<br>(%) | GDP誘発額<br>(兆円) | 税収増加<br>(兆円) | 雇用増<br>(万人) |
|---|---|---|---|---|---|
| 1 働くルールの確立 | 15.06 | 2.14 | 12.41 | 2.26 | 465.9(直接) |
| ①不払い残業の根絶 | 10.26 | 1.46 | 8.46 | 1.54 | 311.5(直接) |
| ②年休完全取得 | 4.61 | 0.65 | 3.80 | 0.69 | 187.7(直接) |
| ③週休2日完全実施 | 0.19 | 0.03 | 0.16 | 0.03 | 5.5(直接) |
| 2 非正規雇用の正規化 | 9.60 | 1.36 | 10.28 | 1.87 | 104.5(間接) |
| 3 最低賃金時給1500円(※) | 16.07 | 3.30 | 10.49 | 2.03 | 106.6(間接) |
| 4 ベースアップ2.5万円実現 | 19.74 | 2.80 | 16.27 | 2.97 | 166.3(間接) |

＊（※）は労働運動総合研究所「最低賃金が一律1500円になったら」2023年2月
（出所：労働運動総合研究所「2022年春闘提言」）「非正規の正規化」は正規化を望む557万人に月18.2万円の賃金格差を解消する金額で試算

「非正規雇用の正規化」「ベースアップ2.5万円」と並んで「最低賃金全国一律1500円」も大企業内部留保の3％程度を原資に実施可能であり、GDP2％程度の成長、2兆円の税収増、100万人の正社員雇用増加に結び付くと考えられる。◆2

　最低賃金の大幅引き上げについては、失業の増加を招くという批判がある。この疑問への回答は次の3点になる。第一に理論的には、失業水準を決定するのはマクロ経済における有効需要の大きさであり、ミクロ経済における個々の企業の賃金水準ではない。顧客の注文が増えている企業が賃金コスト上昇を理由に人を減らし注文を断ることは考えにくい。逆に賃金が下がっていても顧客の注文が減っていけば企業は人減らしを考えざるを得なくなる。第二に図6-8は、最低賃金の改定率がおおむね3％程度に引き上げられた2016年以降において、失業率は極めて低いことを示している。その上で第三に、「最低賃金全国一律1500円」は過去に例のない大幅な最賃引き上げであり、徹底した、中小零細企業主も賛成できる抜本的な中小企業直接支援策を必要とする。次節以降、詳述する。

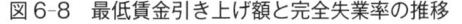

図6-8　最低賃金引き上げ額と完全失業率の推移

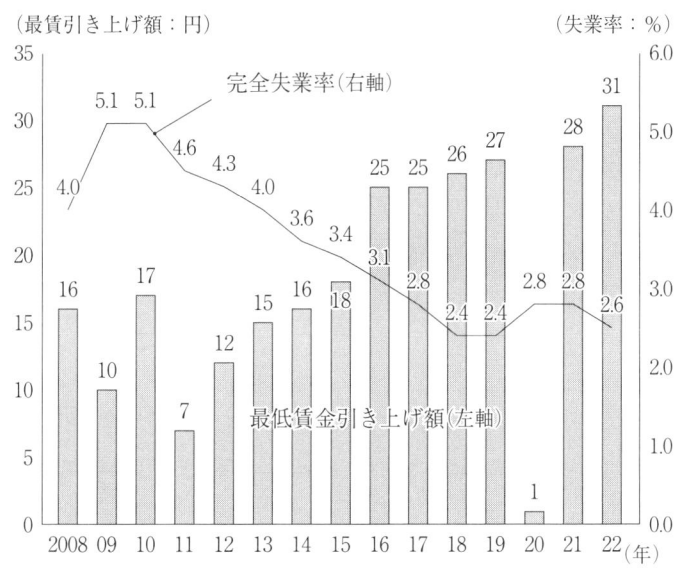

（出所：厚労省資料、総務省「労働力調査」より筆者作成）

## 第2節　最低賃金全国一律1500円実現の方法
### ——必要な中小企業支援策と財源


### 1　全労連「全国一律最低賃金アクションプラン2024」における
###  　必要額と中小企業支援策

① 全労連「全国一律最低賃金アクションプラン2024」の概略と特徴

　2020年に全労連は「全国一律最低賃金アクションプラン2024（以下、アクションプラン）」を策定した。この「アクションプラン」は2022年度を目途に最低賃金法を改定、全国一律制を法制化したのち2023年から5年間かけて実施するとしている。全労連「アクションプラン」の優れた点は、具体的な法改正と実施の工程表を明示していること、加えて全国一律時給1500円実現に必要

不可欠な中小企業支援策とその規模を算出していることである。「アクションプラン」は中小企業支援として「助成金の支給」（4兆5000億円）「社会保険料の減免」（3兆3000億円）、計7.8兆円を必要としている（「アクションプラン」4頁）。

② 「助成金の支給」（4兆5000億円）の算出根拠

　「アクションプラン」は、「対象労働者一人当たりの助成金支給額」を次のように概算している。第一に、2019年改定の地域別最低賃金全国加重平均901円と目標額1500円との差額は599円である。第二に、2018年の厚生労働省「賃金構造基本統計調査」の「短時間労働者時間賃金（男女計）」は1128円である。よって「1時間あたりの助成額は500円として、月150時間労働で1人あたり75,000円、年額は90万円を助成額として計上する」としている（同上、5頁）。

　次に「アクションプラン」は、対象労働者数について、「賃金別の労働者数を示す統計資料は存在しないことから推計するほかない」とした上で、「従業員規模5～9人の零細企業」「同10～99人の中小企業」の「500万人」と推計している（同上、5～6頁）。

　よって「アクションプラン」の「助成金の支給」総額は、一人当たり年額90万円×500万人で4兆5000億円となる。この算出方法を2022年度地域別最低賃金に適用すると、「時給1500円－地賃全国加重平均960円＝差額540円」×月150時間×12か月×500万人＝4兆8600億円が中小零細企業支援の必要額となる。

③ 「社会保険料の減免・軽減措置」（3兆3000億円）の算出根拠

　「アクションプラン」は、賃金引き上げにより社会保険料事業主負担が増えるため、その25～50％を国が負担することで、中小企業を支援するとしている（同上、6頁）。

a）健康保険料の負担軽減

　「アクションプラン」は、2020年度の健康保険「共通料率10.0％」（都道府県ごとに9.58～10.73％の範囲内）、中小企業の労働者1人あたり「標準報酬月額」

は、28万円（5〜9人規模）、30万円（10〜99人）であること、以上から健康保険料事業主負担額は「年額で19.62万円（5〜9人規模）と21.38万円（10〜99人規模）」と試算している。また当該企業で働く社会保険適用労働者数は「260.1万人（5〜9人規模）と1087.1万人（10〜99人規模）と試算されている（合計1347.2万人）」としている。結論として、「事業主負担年額×適用労働者数＝事業主負担総額」の25％である7000億円が負担軽減額になるとしている。

　以上の「アクションプラン」健康保険料事業主負担軽減額の算出について分析してみる。

　◎従業員「5〜9人規模・零細企業」の場合。標準報酬月額280,000円、保険料率（事業主負担分）が約5.1％だと「負担月額」は約1万4220円となる。社会保険料は賞与にも課されるため、標準賞与が年間1.8か月分とすると、「負担年額」（13.8か月）は19.62万円、社会保険適用労働者260.1万人の「健康保険料事業主負担総額」は5103.2億円となる[3]。

　◎従業員「10〜99人規模・小企業」の場合。標準報酬月額300,000円、保険料率（事業主負担分）が約5.1％だと「負担月額」は約1万5490円となる。標準賞与額が年間1.8か月とすると、「負担年額」（13.8か月）は21.38万円、社会保険適用労働者1087.1万人の「健康保険料事業主負担総額」は2兆3242.2億円となる。

　◎「零細＋小企業」健康保険料事業主負担の合計は2兆8345.4億円である。よって事業主負担の25％減免額は7086.3億円となる。ちなみに60％減免額は1兆7007.2億円である。

ｂ）年金保険料の負担軽減

　「アクションプラン」は、厚生年金保険料18.3％の使用者負担分（9.15％）について、「一律50％国が負担する」「健康保険料と同様に国の負担額を試算すると、2兆5,000億円超となる」としている（同上、6頁）。

　この「アクションプラン」年金保険料事業主負担軽減額の算出についても分析してみる。

　◎従業員「5〜9人規模・零細企業」の場合。標準報酬月額280,000円、保険料率（事業主負担分）9.15％なので、「負担月額」は約2万5620円となる。標準賞与額が年間1.8か月分とすると、「負担年額」（13.8か月）は35.36万円、

社会保険適用労働者 260.1 万人の「年金保険料事業主負担総額」は 9196 億円
となる。

　◎従業員「10 ～ 99 人規模・小企業」の場合。標準報酬月額 300,000 円、保
険料率（事業主負担分）9.15％なので、「負担月額」は約 2 万 7450 円となる。
標準賞与額が年間 1.8 か月分とすると、「負担年額」（13.8 か月）は 37.88 万円、
社会保険適用労働者 1087.1 万人の「年金保険料事業主負担総額」は 4 兆
1180.4 億円となる。

　◎「零細＋小企業」年金保険料事業主負担の合計は 5 兆 376.4 億円である。
よって事業主負担の 50％減免額は 2 兆 5188.2 億円となる。ちなみに 60％減免
額は 3 兆 226 億円である。

c）介護保険料の負担軽減

　「アクションプラン」は、40 歳以上の労働者に課せられる「協会けんぽ」の
介護保険料率 1.79％の使用者負担分（0.895％）について「25％を国が負担す
る」としている。さらに「40 才以上の労働者数は 138.3 万人（5 ～ 9 人規模）
と 585.9 万人（10 ～ 99 人規模）」との試算に基づき、国の負担額を「580 億円
程度」と見積もっている。

　この「アクションプラン」介護保険料事業主負担軽減額の算出についても分
析してみる。

　◎従業員「5 ～ 9 人規模・零細企業」の場合。標準報酬月額 280,000 円、保
険料率（事業主負担分）0.895％なので、「負担月額」は 2506 円となる。標準賞
与額が年間 1.8 か月分とすると、「負担年額」（13.8 か月）は 3 万 4583 円、40 歳
以上社会保険適用労働者 138.3 万人の「介護保険料事業主負担総額」は 478.3
億円となる。

　◎従業員「10 ～ 99 人規模・小企業」の場合。標準報酬月額 300,000 円、保
険料率（事業主負担分）0.895％なので、「負担月額」は 2685 円となる。標準賞
与額が年間 1.8 か月分とすると、「負担年額」（13.8 か月）は 3 万 7053 円、40 歳
以上社会保険適用労働者 585.9 万人の「介護保険料事業主負担総額」は 2170.9
億円となる。

　◎「零細＋小企業」介護保険料事業主負担の合計は 2649.2 億円である。よ
って事業主負担の 25％減免額は 662.3 億円となる。ちなみに 60％減免額は

1589.5億円である。

ｄ）健康保険料、年金保険料、介護保険料の減免額合計

　以上から健康保険料25％減免、年金保険料50％減免、介護保険料25％減免の総額は、 3兆2936.8億円となる。ちなみにすべて60％減免すると減免総額4兆8822.7億円である。[◆4]

④　「アクションプラン」における社会保険料事業主負担減免を60％とした場合

　「アクションプラン」における全国一律最低賃金時給1500円に必要な中小企業支援額は、2022年度地域別最低賃金を用いて算出し直すと、「時給1500円－地賃全国加重平均960円＝差額540円」×月150時間×12か月×500万人＝4兆8600億円となる。この支援額を、「助成金の支給」でなく、社会保険料事業主負担減免措置で一元的に行うとすると、健康保険料、年金保険料、介護保険料の事業主負担一律60％減免4兆8822.7億円が必要となる。

## 2　最低賃金全国一律1500円の「必要金額」および「中小企業支援・社会保険料減免」案

①全労連「アクションプラン」の意義と本稿提案の独自性

　全労連「アクションプラン」は、全国一律最低賃金1500円に向けた具体的な計画として貴重な成果である。特に労働組合のナショナル・センターが包括的な中小企業支援策を策定したことは、最賃1500円を市民運動として発展させるうえで特筆すべき価値を有する。

　その上で本稿は「アクションプラン」の意義を継承しつつ、より詳細に最賃全国一律1500円の「必要金額規模」「中小企業支援策」「合理的な財源」の提示を目指す。特に本稿は中小企業支援策を「社会保険料70％減免」に一本化して考察する。その理由は、中小企業支援として簡素かつ実効性があること、労働者支援として常用代替禁止原則の下、「有期雇用は一時的・臨時的職務に限る」「正社員で働くのが当たり前」「8時間働き普通に自立して暮らせる」社会を目標とするからである。

②全国一律最賃 1500 円実現のための賃上げ「必要金額規模」

◎使用する統計調査と対象労働者数

　本書も「アクションプラン」を踏襲し、全国一律 1500 円の支援対象は企業規模「5 〜 9 人：零細企業」「10 〜 99 人：小企業」とする。可能な限り正確な「必要金額規模」の試算に必要な賃金階層分布は、厚生労働省「令和 4 年（2022 年）賃金構造基本統計調査」による。

　ただし、「賃金構造基本統計調査」は「5 〜 9 人の事業所」について 1 企業 1 事業所のみを調査しているため、対象労働者が「一般労働者」167.5 万人、「短時間労働者」81.2 万人と過少となっている。よってデータの補正が必要である。「令和 4 年（2022 年）厚生年金保険　業態別規模別適用状況調」は、「5 〜 9 人の事業所」の被保険者数を約 260.2 万人としている。「賃金構造基本調査・一般労働者 167.5 万人」と「厚生年金保険　業態別規模別適用状況調・被保険者 260.2 万人」との差、1.553 倍を根拠に「企業規模 5 〜 9 人」の「賃金構造基本調査・賃金分布特性」を補正（1.553 倍化）する。

◎「一般労働者」の「必要金額」について（表 6-3）

　「一般労働者」の「最低賃金 1500 円必要金額」は、第一に「時給 1500 円 ×月 150 時間（年 1800 時間 ÷ 12 か月）＝ 225,000 円」と「各所得（月給）階級の中央値」との「差額」×「各所得（月給）階級の人数」を求める（各所得階級の月必要金額）。第二に「所得階級 20 万円〜 21 万 9900 円」以下の各所得階級における「最低賃金 1500 円必要金額」を合計する（対象全所得階級の月必要金額）。第三に 12 か月分の必要金額総計を求める（年必要金額）。

　対象は「企業規模 5 〜 9 人」事業所 79.1 万人と「企業規模 10 〜 99 人」事業所 261 万人であり年間「必要金額」は 1 兆 6884 億円となる。

◎「短時間労働者」の「必要金額」について（表 6-4）

　「短時間労働者」の「最低賃金 1500 円必要金額」は、第一に「時給 1500 円」と「各所得（時給）階級の中央値」との「差額」×「各所得（時給）階級の人数」を求める（各所得階級の 1 時間当たり必要金額）。第二に「所得階級 1400 円〜 1499 円」以下の各所得階級における「最低賃金 1500 円」必要金額を合計する（対象全所得階級の 1 時間当たり必要金額）。第三に 1 か月 150 時間分、1 年

表 6-3 一般労働者総括表

| 所得階層<br>（月給） | 人数<br>（5〜9人） | 人数<br>（10〜99人） | 人数<br>（合計） | 所得階級<br>中央値 | 225,000円と<br>中央値差額 | 必要財源＝<br>人数×差額 |
|---|---|---|---|---|---|---|
| 〜99.9千円 | 9,179 | 12,250 | 21,429 | 90,000 | 135,000 | 2,892,968,987 |
| 100.0〜119.9 | 15,703 | 46,330 | 62,033 | 110,000 | 115,000 | 7,133,775,601 |
| 120.0〜139.9 | 38,255 | 91,560 | 129,815 | 130,000 | 95,000 | 12,332,450,232 |
| 140.0〜159.9 | 92,508 | 284,450 | 376,958 | 150,000 | 75,000 | 28,271,885,260 |
| 160.0〜179.9 | 170,339 | 555,920 | 726,259 | 170,000 | 55,000 | 39,944,257,078 |
| 180.0〜199.9 | 206,187 | 735,920 | 942,107 | 190,000 | 35,000 | 32,973,745,993 |
| 200.0〜219.9 | 259,260 | 884,300 | 1,143,560 | 210,000 | 15,000 | 17,153,397,037 |
| 合計人数 | 791,432 | 2,610,730 | 3,402,162 | | 月必要財源 | 140,702,480,187 |
| | | | | | 12か月分 | 1,688,429,762,246 |
| | | | | | 必要金額合計 | 1兆6884億円 |

＊人数（5〜9人）は厚生年金保険「業態別規模別適用状況調」に基づき修正済

＊時給 1500 円×月間所定内労働時間 150 時間＝225,000 円…以下が試算対象

（出所：厚生労働省「賃金構造基本統計調査（令和 4 年）」より筆者作成）

12 か月分の必要金額総計を求める。

　対象は「企業規模 5 〜 9 人」事業所 98.4 万人と「企業規模 10 〜 99 人」事業所 317.6 万人であり年間「必要金額」は 3 兆 2800 億円となる。

　◎「最低賃金 1500 円」必要金額の総計

　総計は、「一般労働者」において対象 340.2 万人、1 兆 6884 億円、「短時間労働者」において対象 416 万人、3 兆 2800 億円、総計 756 万人に 4 兆 9684 億円となる。

③　「中小企業支援・社会保険料減免」規模

　◎使用する統計調査と対象労働者数

　「最低賃金全国一律 1500 円」実現のために必要な「社会保険料減免」額を厚生労働省「令和 4 年（2022 年）賃金構造基本統計調査」の賃金分布特性表を用いて算出する。

　ここで社会保険料減免対象労働者は、

　A：「企業規模 5 〜 9 人」の「一般労働者」260.2 万人（先述の「賃金構造基本統計調査」人数を厚生年金保険「業態別規模別適用状況調」人数で補正した人数）

　B：「企業規模 10 〜 99 人」の「一般労働者」852.2 万人（「賃金構造基本統計

## 表6-4　短時間労働者総括表

| 所得階層<br>（時給） | 人数<br>（5〜9人） | 人数<br>（10〜99人） | 人数<br>（合計） | 所得階級<br>中央値 | 1,500円と<br>中央値差額 | 必要財源＝<br>人数×差額 |
|---|---|---|---|---|---|---|
| 〜599円 | 2,407 | 8,580 | 10,987 | 575 | 925 | 10,163,398 |
| 600〜649 | 2,174 | 2,730 | 4,904 | 625 | 875 | 4,291,417 |
| 650〜699 | 1,600 | 7,040 | 8,640 | 675 | 825 | 7,127,830 |
| 700〜719 | 1,786 | 3,350 | 5,136 | 710 | 790 | 4,057,580 |
| 720〜739 | 1,025 | 2,950 | 3,975 | 730 | 770 | 3,060,835 |
| 740〜759 | 1,973 | 3,450 | 5,423 | 750 | 750 | 4,066,921 |
| 760〜779 | 4,116 | 4,520 | 8,636 | 770 | 730 | 6,304,261 |
| 780〜799 | 2,407 | 5,770 | 8,177 | 790 | 710 | 5,805,994 |
| 800〜819 | 5,980 | 14,200 | 20,180 | 810 | 690 | 13,924,070 |
| 820〜839 | 20,487 | 62,720 | 83,207 | 830 | 670 | 55,748,476 |
| 840〜859 | 28,408 | 69,380 | 97,788 | 850 | 650 | 63,562,194 |
| 860〜879 | 33,005 | 119,540 | 152,545 | 870 | 630 | 96,103,638 |
| 880〜899 | 46,736 | 127,220 | 173,956 | 890 | 610 | 106,112,993 |
| 900〜949 | 128,682 | 373,630 | 502,312 | 925 | 575 | 288,829,659 |
| 950〜999 | 121,227 | 450,630 | 571,857 | 975 | 525 | 300,224,978 |
| 1,000〜1,049 | 161,533 | 496,960 | 658,493 | 1,025 | 475 | 312,783,979 |
| 1,050〜1,099 | 105,555 | 350,280 | 455,835 | 1,075 | 425 | 193,730,016 |
| 1,100〜1,149 | 67,626 | 266,620 | 334,246 | 1,125 | 375 | 125,342,340 |
| 1,150〜1,199 | 49,143 | 183,250 | 232,393 | 1,175 | 325 | 75,527,785 |
| 1,200〜1,299 | 93,984 | 301,080 | 395,064 | 1,250 | 250 | 98,766,002 |
| 1,300〜1,399 | 58,493 | 194,720 | 253,213 | 1,350 | 150 | 37,982,015 |
| 1,400〜1,499 | 45,788 | 128,020 | 173,808 | 1,450 | 50 | 8,690,414 |
| 合計人数 | 984,137 | 3,176,640 | 4,160,777 | | 1時間当たり<br>必要財源 | 1,822,206,796 |
| | | | | | 150時間当たり | 273,331,019,394 |
| | | | | | 12か月当たり | 3,279,972,232,723 |
| | | | | | 必要金額合計 | 3兆2800億円 |

＊人数（5〜9人）は厚生年金保険「業態別規模別適用状況調」に基づき修正済
（出所：厚生労働省「賃金構造基本統計調査（令和4年）」より筆者作成）

調査」人数）

　Ｃ：社会保険（協会けんぽや厚生年金）加入と推測される、「企業規模10～99人」の「短時間労働者（時給1100円以上の者）」169.6万人。以上Ａ、Ｂ、Ｃ総計1282万人とする。

　「令和3年協会けんぽ事業年報」は企業規模「5～99人」の被保険者を1215万人としている。「令和4年厚生年金保険　業態別規模別適用状況調」は、企業規模「5～9人」企業260.2万人、「10～99人」企業1128万人、計1388.5万人を被保険者としている。

　◎社会保険料が課される「標準賞与額」について

　先の全労連「アクションプラン」は社会保険料が課される「標準賞与額」について、「年間1.8か月」と概算しているようである。この年間「標準賞与額」は厚生労働省「毎月勤労統計調査（2022年データ）」を用いることで、次のようにより正確に得ることができる。

　企業規模「5～9人」企業「一般労働者」1.39か月。企業規模「10～99人」企業「一般労働者」2.15か月。企業規模「10～99人」企業「短時間労働者」0.37か月。

　◎「協会けんぽ」の社会保険料減免額について

　Ａ企業規模「5～9人」企業「一般労働者」260.2万人について。「社会保険料事業主負担額」＝「各所得階級の所得の中央値」×社会保険料事業主負担分5.1％×13.39（12か月分＋標準賞与額1.39か月分）を求め、全所得階級の値を総計する。5018億円になる。

　Ｂ企業規模「10～99人」企業「一般労働者」852.2万人について。「社会保険料事業主負担額」＝「各所得階級の所得の中央値」×社会保険料事業主負担分5.1％×14.15（12か月分＋標準賞与額2.15か月分）を求め、全所得階級の値を総計する。1兆7535億円になる。

　Ｃ企業規模「10～99人」企業「短時間労働者（時給1100円以上の者）」169.6万人について。「社会保険料事業主負担額」＝「各所得階級の所得の中央値」×月150時間×社会保険料事業主負担分5.1％×12.37（12か月分＋標準賞与額0.37か月分）を求め、全所得階級の値を総計する。2519億円になる。

　以上から、Ａ＋Ｂ＋Ｃ＝「協会けんぽ事業主負担総計」は2兆5072億円であ

る。

◎「厚生年金保険」の社会保険料減免額について

A 企業規模「5〜9人」企業「一般労働者」260.2万人について。「社会保険料事業主負担額」＝「各所得階級の所得の中央値（標準報酬月額65万円が上限）」×社会保険料事業主負担分9.15％×〔12か月分＋標準賞与額1.39か月分〕を求め、全所得階級の値を総計する。8927億円になる。

B 企業規模「10〜99人」企業「一般労働者」852.2万人について。「社会保険料事業主負担額」＝「各所得階級の所得の中央値（標準報酬月額65万円が上限）」×社会保険料事業主負担分9.15％×14.15（12か月分＋標準賞与額2.15か月分）を求め、全所得階級の値を総計する。3兆1196億円になる。

C 企業規模「10〜99人」企業「短時間労働者（時給1100円以上の者)」169.6万人について。「社会保険料事業主負担額」＝「各所得階級の所得の中央値」×月150時間×社会保険料事業主負担分9.15％×12.37（12か月分＋標準賞与額0.37か月分）を求め、全所得階級の値を総計する。4519億円になる。

A＋B＋C＝「厚生年金保険事業主負担総計」は4兆4642億円である。

◎「介護保険」の社会保険料減免額について

介護保険は40歳以上が被保険者となる。40歳以上の被保険者のうち「一般労働者」の人数は「賃金構造基本統計調査」（「5〜9人」企業の人数は「厚生年金保険　業態別規模別適用状況調」によるデータ補正）で求められる。40歳以上の被保険者のうち「短時間労働者（10〜99人）企業」の人数は「賃金構造基本統計調査」においてデータがない。よって「一般労働者（10〜99人）企業」の40歳以上労働者数の比率（70.29％）を用いて推計する。

A 企業規模「5〜9人」企業「一般労働者」182.9万人について。「社会保険料事業主負担額」＝「各所得階級の所得の中央値」×社会保険料事業主負担分0.895％×13.39（12か月分＋標準賞与額1.39か月分）を求め、全所得階級の値を総計する。645億円になる。

B 企業規模「10〜99人」企業「一般労働者」549.3万人について。「社会保険料事業主負担額」＝「各所得階級の所得の中央値」×社会保険料事業主負担分0.895％×14.15（12か月分＋標準賞与額2.15か月分）を求め、全所得階級の値を総計する。2103億円になる。

C 企業規模「10〜99人」企業「短時間労働者（時給1100円以上の者）」109.3万人について。「社会保険料事業主負担額」＝「各所得階級の所得の中央値」×月150時間×社会保険料事業主負担分0.895％×12.37（12か月分＋標準賞与額0.37か月分）を求め、全所得階級の値を総計する。285億円になる。

A＋B＋Cの「介護保険事業主負担総計」は3033億円である。

④　中小企業支援・社会保険料減免額の総計

以上から「5〜9人」「10〜99人」規模企業における、協会けんぽ＋厚生年金保険＋介護保険の事業主負担総計は、7.27兆円となる。この事業主負担総計を70％減免すると、減免総額は5.092兆円になる。「社会保険料事業主負担70％・5.09兆円減免」は「5〜9人」「10〜99人」規模企業において全国一律最低賃金1500円を実現するための「必要金額」、総計756万人への4兆9684億円を充分に補塡することができる[5]。

## 3　大企業「租税特別措置」等5.1兆円廃止による　中小企業社会保険料減免財源プラン

全国一律最低賃金1500円実現（必要額5兆円）のための中小企業社会保険料負担70％減免（5.09兆円）は、アベノミクスで恩恵を受け続けた大企業富裕層優遇税制の見直し、「租税特別措置」に代表される大企業のみが活用する減税措置の廃止（5.1兆円）を財源に行われるべきである。以下の大企業・富裕層特別減税を廃止し原則通り課税し中小企業支援の財源とすれば最低賃金全国一律1500円は実現できる。

①研究開発減税の廃止（財源調達0.65兆円）

研究開発減税（試験研究費税額控除）は、「租税特別措置」の一つであり、租税特別措置法に規定された政策減税である。研究開発減税は、企業が研究開発を行う場合に、法人税額から、試験研究費の2％〜14％を控除（控除上限は法人税額の25％）できる制度である（経済産業省）。図6-9は、2021年度において研究開発減税額が0.65兆円におよぶことを示す。

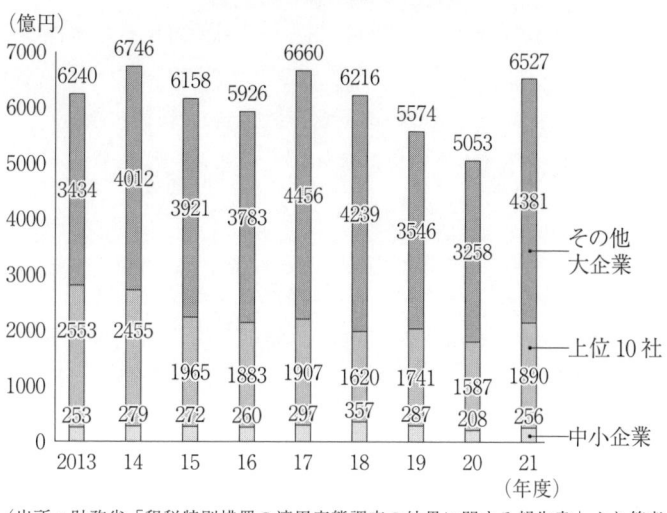

図6-9　研究開発減税の推移

（億円）

（出所：財務省「租税特別措置の適用実態調査の結果に関する報告書」より筆者作成）

②特定目的会社、投資法人、特定株式信託配当課税等の特例廃止（財源調達0.5兆円）

　◎特定目的会社に係る課税の特例は、不動産証券化市場活性化のため、特定目的会社が支払う利益の配当の額については損金の額に算入することが認められる措置である（国税庁）。

　要するに不動産投資特定目的会社は運用利益のほぼ全てを出資者に配当し、この配当に金融所得税が課税されるため、二重課税回避の目的で特定目的会社の利益に課税しない。

　◎投資法人の課税の特例は、不動産投資信託の投資法人において、法人税を事実上ほぼ免除する税法上の特例である。投資法人の支払う分配金が利益の90％以上出資者に支払われる場合、所得の金額の計算上、損金の額に算入される（国税庁）。要するに不動産投資法人は運用利益のほぼ全てを出資者に配当し、この配当に金融所得税が課税されるため、二重課税回避の目的で不動産投資法人の利益に課税しない。

　◎特定株式信託配当課税等の特例は、特定株式投資信託の運用利益の分配の

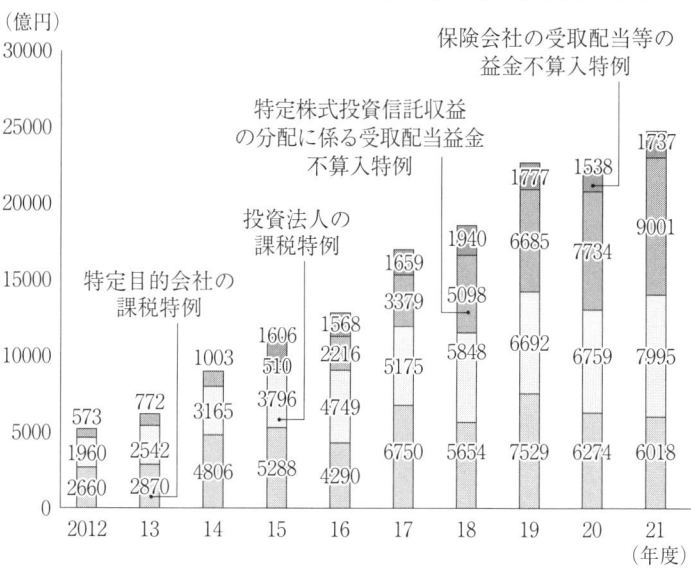

図6-10 特定目的会社、投資法人、株式信託に係る課税特例の推移

（億円）

保険会社の受取配当等の
益金不算入特例

特定株式投資信託収益
の分配に係る受取配当益金
不算入特例

投資法人の
課税特例

特定目的会社の
課税特例

| | 2012 | 13 | 14 | 15 | 16 | 17 | 18 | 19 | 20 | 21 |
|---|---|---|---|---|---|---|---|---|---|---|
| | 573 | 772 | 1003 | 1606 | 1568 | 1659 | 1940 | 1777 | 1538 | 1737 |
| | | | | 510 | | 3379 | 5098 | 6685 | 7734 | 9001 |
| | 1960 | 2542 | 3165 | 3796 | 2216 | 5175 | 5848 | 6692 | 6759 | 7995 |
| | | | | | 4749 | | | | | |
| | 2660 | 2870 | 4806 | 5288 | 4290 | 6750 | 5654 | 7529 | 6274 | 6018 |

（年度）

（出所：財務省「租税特別措置の適用実態調査の結果に関する報告書」より筆者作成）

額について、受取配当等の益金不算入制度の対象とされ、非支配目的株式の配当等の額として、その収益の分配額の20％を益金の額に算入しない制度である（国税庁）。

◎保険会社の受取配当等の益金不算入の特例は、保険会社がその保有する非支配目的株式等につき支払を受ける配当等の額がある場合には、その配当等の40％を益金の額に算入しない制度である（国税庁）。

図6-10は以上の配当課税特例適用額が2.5兆円、減税額が0.5兆円におよぶことを示す。

③給与等の支給額が増加した場合の法人税額の特別控除の廃止（財源調達0.25兆円）

いわゆる「賃上げ減税」のことであり、「租税特別措置」の一つである。その事業年度の控除対象雇用者給与等支給増加額の15〜30％相当額の法人税額の特別控除ができる制度である（国税庁）。2021年度における減税額は0.25兆円である。

④受取配当益金不算入制度と外国子会社配当益金不算入制度の廃止（財源調達
1.7兆円）

　◎受取配当益金不算入制度は、法人が配当を受ける場合に、法人が保有する
株式等に係る配当等の区分に応じ、その20〜100％の金額を益金の額に算入
しない制度である（国税庁）。

　2021年度における受取配当益金不算入額は12.3兆円で、この3割に30％課
税されると考えても減税額は1.11兆円である。

　◎外国子会社配当益金不算入制度は、内国法人が外国子会社（内国法人の外
国法人に対する株式保有割合が25％以上）から受ける剰余金の配当等の額を益金
の額に算入しない制度である（国税庁）。2021年度における受取配当益金不算
入額は6.8兆円で、この3割に30％課税されると考えても減税額は0.61兆円
である。

　図6-11は二つの配当益金不算入額が19.1兆円、減税額が1.72兆円にのぼる
ことを示す。

図6-11　受取配当益金＋外国子会社配当益金不参入額の推移

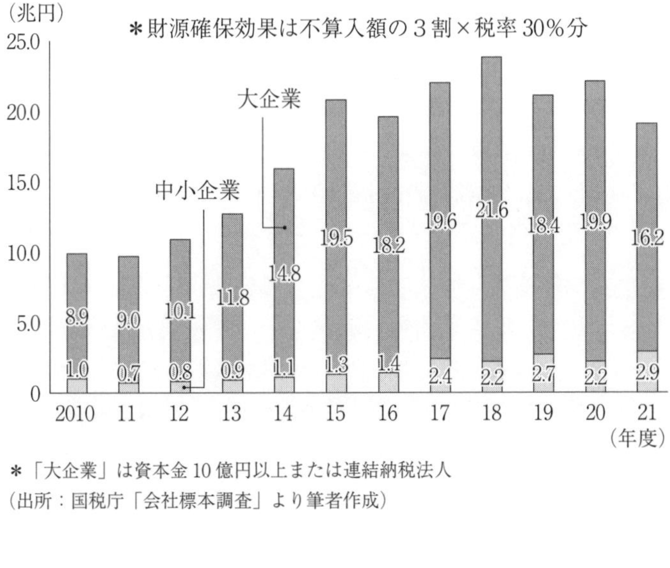

＊財源確保効果は不算入額の3割×税率30％分

＊「大企業」は資本金10億円以上または連結納税法人
（出所：国税庁「会社標本調査」より筆者作成）

表 6-5　連結納税の推移

（単位：億円）

| 年度 | 適用グループ数 | 連結納税企業所得 | | 相殺分①－② | 減税効果 |
|---|---|---|---|---|---|
| | | ①個別 | ②連結 | | |
| 2016 | 1681 | 131023 | 109602 | 21421 | 6426 |
| 2017 | 1760 | 170061 | 141789 | 28272 | 8482 |
| 2018 | 1783 | 162503 | 138413 | 24090 | 7227 |
| 2019 | 1737 | 141326 | 113815 | 27511 | 8253 |
| 2020 | 1920 | 164683 | 138278 | 26405 | 7922 |
| 2021 | 1946 | 226634 | 187208 | 39426 | 11828 |

（出所：国税庁「法人税等の申告（課税）事績の概要」より筆者作成）

⑤連結納税制度の廃止（財源調達 1.2 兆円）

　連結納税制度は、グループ企業において親会社と子会社の所得を合算して法人税を計算する制度である。本来、大企業グループの企業であっても、黒字企業は法人税が課税され、赤字企業は課税されない。しかし、連結納税決算が適用されると、同じ大企業グループの、黒字企業の利益から赤字企業の損失を差し引いた残差に課税されるため、課税利益を圧縮できる。表 6-5 は、2021 年度の連結納税による減税効果が 1.2 兆円にのぼることを示す。

⑥タックスヘイブン投資への課税（財源調達 0.8 兆円）

　日本の大企業・富裕層は課税逃れを目的に租税回避地（タックスヘイブン）へ巨額の投資を行っている。特にケイマン諸島、香港、シンガポール、オランダ、スイスは代表的な租税回避地と言われている。図 6-12 は、この「ケイマン諸島＋4 か国・地域」における日本の大企業・富裕層の投資残高が全体の 20％超、176 兆円余におよぶことを示す。この租税回避地投資の利回りを 1.5％／年として 30％課税されるならば、税逃れは 0.8 兆円に達する。

## 4　小括

　以上、前節 3 の①〜⑥までの大企業・富裕層優遇税制を廃止し原則通り課税

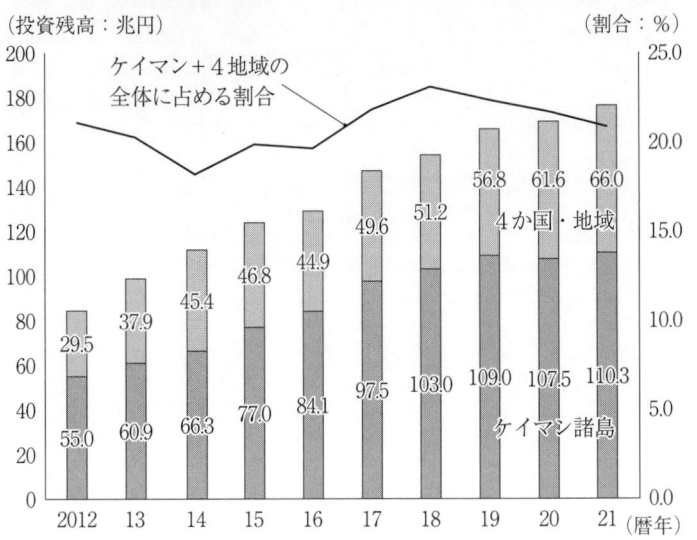

図6-12　日本の租税回避地（ケイマン諸島＋4か国・地域）への投資残高

（投資残高：兆円）　　　　　　　　　　　　　　　　　　　　（割合：％）

＊4か国・地域は香港、シンガポール、オランダ、スイス
（出所：財務省「財政金融統計月報」各年版「国際収支」より筆者作成）

することで得られる財源は5.1兆円である。この財源を「大企業・富裕層優遇」から「中小零細企業支援」に切り替えることは、中小企業社会保険料負担70％減免（5.09兆円）を実現し、全国一律最低賃金1500円（必要額5兆円）を円滑に実現可能とする。

注

◆1　総務省「労働力調査」によると、全労働者に占める「派遣労働者等のフルタイム正規労働者」の比率は2002年の5.5％から2022年の9.6％に増加している。

◆2　内閣府「国民経済計算」によると、2013年から2022年の「アベノミクスの10年間」における平均実質GDP成長率は0.54％である。

◆3　「アクションプラン」は社会保険料減免試算において「標準賞与額」を明示していない。しかし、「標準報酬月額」が28万円（5〜9人）、30万円（10〜99人）、健康保険料事業主負担年額が「19.62万円（5〜9人）と21.38万

円（10 〜 99 人）」であること等から「標準賞与額 1.8 か月」が類推される。「標準賞与額 1.8 か月」を前提とすると、「アクションプラン」の「健康保険料」「年金保険料」「介護保険料」事業主負担の試算を正確に確認できる。

◆4 「標準賞与額・年間 1.8 か月」は「令和 4 年厚生年金保険 業態別規模別適用状況調」の「一般労働者・企業規模 50 〜 99 人」データから得られる。「賞与支給延人数 5,864,471 人（よって年 2 回受け取る賞与支給人数 2,932,236 人）」と「被保険者総数 3,687,283 人」から「賞与支給割合① 79.5％」を求める。次に「1 回あたり賞与支給額 348,225 円」× 2 回分 ＝「賞与支給総額 696,450 円」を求め、「標準報酬月額 304,171 円」と比較で「標準賞与額② 2.29 か月」を求める。①×②から、被保険者全体の「標準賞与額 1.82 か月」が得られる。

◆5 「従業員規模 5 人未満」企業における「最賃 1500 円必要金額」および「社会保険料減免額」は、「賃金構造基本統計調査」の対象外であるため算出が困難である。ただし、「厚生年金 業態別規模別適用状況調（2022 年）」は「従業員規模 5 人未満」事業所における被保険者数を 273.8 万人とする。よって「従業員規模 5 〜 9 人」事業所 260.2 万人とほぼ同じ規模と類推すると社会保険料事業主負担が 1.46 兆円、70％減免額は 1 兆円となり、新たに 1 兆円の財源を探すことになる。例えばアベノミクス 10 年間で積み増しされた大企業内部留保 150 兆円から設備投資分、賃上げ分として 50 兆円を控除した 100 兆円に 2 ％課税し 2 兆円を得る内部留保課税等が財源の候補になる。

# 第 7 章　最低賃金全国一律 1500 円と賃金主導型経済成長

## ——三部門三価値再生産表式の所得分配分析（下）

有効需要原理の最初の発見者として名高いミハウ・カレツキは1968年の論文において、マルクスの再生産表式論を参考に、三部門（投資財生産部門、資本家消費財生産部門、労働者消費財生産部門）二価値（賃金・可変資本、利潤）構成からなる再生産表式を用いて賃金上昇・所得分配が経済全体に及ぼす影響、特に総生産、総利潤の動向を簡潔に分析している[1]（同上、p.461）。カレツキの結論は、資本家の投資決意[2]が、投資財生産部門、資本家消費財生産部門の賃金上昇による需要増加を媒介に労働者消費財生産部門の利潤増大をもたらし、総利潤を維持、国民所得を増大するという衝撃的なものであった。[3]

　カレツキの再生産表式論は所得分配と経済成長との本質的関係を最大限簡潔に表現したものであるが、マクロ経済における付加価値（賃金と利潤）の分配問題に集中するため、設備機械、原材料にあたる「c：不変資本」価値を取り込んでいない。

　よって本稿は、第一に、理論的基礎として『資本論』第二部第三篇における二部門三価値再生産表式の均衡条件と貨幣還流の法則を概観する。第二に、所得分配分析を取り込むため『資本論』の再生産表式をカレツキ的な三部門構成に拡張し、三部門三価値構成の拡大再生産表式を展開、所得分配と経済成長との本質的関係を解明する。結論として、「最低賃金全国一律1500円」のような可変資本投資・賃金引き上げが労働者消費手段生産部門の利潤を拡大し総利潤を減らすことなく拡大再生産を均衡的に継続可能とすることを証明する。


## 第3節　マルクス『資本論』第二部第三篇の再生産表式論


### 1　二部門三価値再生産表式とは

　1）資本主義経済は、社会的には無計画な無数の独立した個別資本の運動からなり、絶えざる不均衡の絶えざる均衡化を特徴とする。よって再生産表式論

の目的は、社会的総資本の運動、再生産過程における資本の流通と所得（賃金、剰余価値・利潤）の流通との交錯、連携を通じた生産と消費の構造的連関、均衡諸条件の考察である。

　2）個別商品の価値 W は、「生産手段の価値移転部分 c」＋「労働により新たに付加された価値 v＋m（賃金に等しい v＋剰余価値 m）」＝ c＋v＋m から構成される。

　3）個別企業が生産した商品資本「W′（＝ c＋v＋m）」は、販売され貨幣資本に転換（W′―G′）された後、資本家による剰余価値取得 m と次の生産のための「生産手段を購入・補填する不変資本投資 c」＋「労働力を購入・補填する可変資本投資 v」に分配される。

　4）社会的総生産物 W′ は、素材構成として各資本家が再び生産を行うのに必要な生産手段と労働者と資本家が生活するのに必要な消費手段の二分類・二部門からなる。価値構成として総不変資本価値 c＋総可変資本価値 v＋総剰余価値 m の三価値からなる。

　5）したがって社会経済全体は、生産手段と消費手段が過不足なく生産、消費されること、および生産手段生産部門、消費手段生産部門それぞれにおいて、次の生産に必要な不変資本 c の支出（機械や原材料の補填）、可変資本 v の支出（賃金支払・労働力の補填）、剰余価値 m の取得を過不足なく一体のシステムとして行う必要がある。

　「直接に提起されている問題は、次のことである。すなわち、生産において消費された資本は、その価値から見て、どのようにして年々の生産物から補填されるのか、そしてこの補填の運動は、資本家による剰余価値の消費および労働者による労賃の消費とどのようにからみ合うのか？　である」（『資本論』⑦ 629 頁）

　この一体のシステムを二部門分割三価値構成で一括表示したものがマルクス『資本論』の再生産表式である。

## 2　単純再生産の「基本条件」（部門間均衡式）

単純再生産は、社会的総資本が次年度も同量の商品価値を供給し需要される経済である。

1）社会的総生産物 $W'$ は、素材視点とそれを構成する価値視点から次のような二部門三価値構成の表式で表される。

Ⅰ　$c + v + m = W'_I$（生産手段）
Ⅱ　$c + v + m = W'_{II}$（消費手段）

Ⅰは生産手段生産部門、Ⅱは消費手段生産部門を表す。$W'_I$ は生産手段の価値総額を表し、$W'_{II}$ は消費手段の価値総額を表す。

2）生産手段 $W'_I$ は、今年度の生産手段および消費手段の生産のためにそれぞれ利用された生産手段を補塡し次年度に利用するために、同額の大きさで生産されねばならない。よって、

$$W'_I = Ic + IIc \quad \cdots(1)$$

同時に $W'_I = I(c + v + m) \quad \cdots(2)$　であるから(2) = (1)より

$$I(c + v + m) = Ic + IIc \quad \cdots(3)$$　両辺から共通項を消せば、

$$I(v + m) = IIc \quad \cdots(4)$$

(4)は、Ⅱ部門がⅡcにあたる消費手段を販売しそのカネでⅠ部門のⅠ(v + m)にあたる生産手段を買うことを意味する。

３）消費手段 $W'_{II}$ は部門Ⅰ、Ⅱの資本家、労働者の生活維持に必要なだけ生産される。よって、

$$W'_{II} = I(v+m) + II(v+m) \quad \cdots(1')$$

同時に $W'_{II} = II(c+v+m) \quad \cdots(2')$ であるから $(2') = (1')$ より

$II(c+v+m) = I(v+m) + II(v+m) \quad \cdots(3')$ 　両辺から共通項を消せば、

$$IIc = I(v+m) \quad \cdots(4')$$

$(4')$ は、Ⅰ部門の労働者と資本家が $I(v+m)$ にあたる生産手段を販売しそのカネでⅡ部門の消費手段を買うことを意味する。

４）以上から$(4)$ないし$(4')$の価値均等関係が部門ⅠとⅡの間の均衡条件、均衡式である。$I(v+m)$ の生産手段とⅡcの消費手段が同額の貨幣でもって相互に交換されることが「単純再生産の基本条件」である。

　　「単純再生産の場合には、Ⅰの商品資本のうちの価値額 v＋m は……、大部門Ⅱの総商品生産物のうちの……不変資本Ⅱcに等しくなければならない。……$I(v+m) = IIc$ でなければならない」（『資本論』⑦644頁）

## 3　単純再生産における貨幣還流の法則

１）「$I(v+m) = IIc$」という単純再生産の「基本条件」（均衡式）

　この部門間均衡式は、表式で表現される経済循環の均衡的性格を満たす基本条件である。しかし、社会的総生産物は貨幣を媒介に流通を通して分配される。よって均衡的経済循環を全面的に説明するため、「貨幣のやりとり」を導入して素材的、価値的補塡の関係を考察する必要がある。誰が何をどれだけ生産し、所得（賃金、剰余価値・利潤）を得、何をどれだけ消費するかの考察である。そしてこの「貨幣のやりとり」は「商品流通が正常に進行すれば貨幣を流通に前貸しする商品生産者のもとに貨幣が復帰するという一般的法則」（『資本論』

⑦ 663 頁）、すなわち最初に投資した資本家に貨幣が戻る「貨幣還流の法則」に則っている。

次の単純再生産表式（『資本論』⑦ 636 頁）を例とする。

$$\text{I} \quad 4000c + 1000v + 1000m = 6000\,W'_\text{I}$$
$$\text{II} \quad 2000c + \ \ 500v + \ \ 500m = 3000\,W'_\text{II}$$

2）この再生産表式の意味と基本条件

◎生産手段生産部門（Ⅰ）の資本は「6000 $W'_\text{I}$ の生産手段（例えば機械、原材料）」を生産する。その価値構成は「4000c の不変資本」の価値がそのまま移転する部分（4000）と「1000v の可変資本」が賃金に等しい価値形成をする部分（1000）および「1000m の剰余価値」を増殖する部分（1000）からなる。「6000 $W'_\text{I}$ の機械、原材料」は販売され貨幣になると、次の生産を始めるために、「機械、原材料補填に 4000c」「労働力補填に 1000v」「資本家の剰余価値取得に 1000m」分配、支出される。

◎消費手段生産部門（Ⅱ）の資本は「3000 $W'_\text{II}$ の消費手段（例えば食品）」を生産する。その価値構成は「2000c の不変資本」の価値がそのまま移転する部分（2000）と「500v の可変資本」が賃金に等しい価値形成をする部分（500）および「500m の剰余価値」を増殖する部分（500）からなる。「3000 $W'_\text{I}$ の消費手段・食品」は販売され貨幣になると、次の生産を始めるために、「機械、原材料補填に 2000c」「労働力補填に 500v」「資本家の剰余価値取得に 500m」分配、支出される。

◎ Ⅰ（1000v + 1000m）＝ Ⅱ 2000c　なので単純再生産の基本条件は満たしている。

3）貨幣還流の法則について

資本家を K、労働者を P、貨幣の流通の方向を矢印→で示し、社会的総生産物 $W'$ の素材的、価値的補填を示す。

◎ Ⅰ 4000c について。「部門Ⅰの資本家」は、生産的に消費した生産手段4000 を補填するため別の「部門Ⅰの資本家」から生産手段を購入する（例：機械メーカーが部品を買う、部品メーカーが機械を買う）。貨幣の流れは ⅠK → ⅠK

である。

◎Ⅱ（500v＋500m）について。

（ⅰ）Ⅱ500vについて。「部門Ⅱの資本家」は「部門Ⅱの労働者」に賃金を支払う。「部門Ⅱの労働者」は受け取った賃金で「部門Ⅱの資本家」から消費手段を購入する。貨幣の流れはⅡK→ⅡP→ⅡKである。

（ⅱ）Ⅱ500mについて。「部門Ⅱの資本家」は得た剰余価値で、別の「部門Ⅱの資本家」から消費手段を購入する。貨幣の流れはⅡK→ⅡKである。

◎Ⅰ（1000v＋1000m）とⅡ2000cについて。

（ⅰ）Ⅰ1000vとⅡ1000cについて。「部門Ⅱの資本家」は生産的に消費した生産手段を補填するため「部門Ⅰの資本家」から生産手段を購入する。生産手段を販売した「部門Ⅰの資本家」は「部門Ⅰの労働者」に賃金を支払う。賃金を受け取った「部門Ⅰの労働者」は「部門Ⅱの資本家」から消費手段を購入する。貨幣の流れはⅡK→ⅠK、ⅠK→ⅠP→ⅡKである。

（ⅱ）Ⅰ1000mとⅡ1000cについて。「部門Ⅱの資本家」は生産的に消費した生産手段を補填するため「部門Ⅰの資本家」から生産手段を購入する。生産手段を販売した「部門Ⅰの資本家」は得た剰余価値で、「部門Ⅱの資本家」から消費手段を購入する。貨幣の流れはⅡK→ⅠK、ⅠK→ⅡKである。以上で、社会的総生産物9000W′はすべて実現（売り買い）され、素材的、価値的に補填された。貨幣は前貸しした資本家の手元にすべて還流した。

## 4　拡大再生産の「基本条件」（部門間均衡式）

拡大再生産は消費水準の拡大でなく、剰余の蓄積拡大、資本の成長拡大を目的に行われる。拡大再生産のためには「余剰生産手段」「追加労働力」「余剰消費手段」が必要となる。

1）次のように定義する。

剰余価値mのうち蓄積される部分：mα

剰余価値mのうち資本家の消費部分：mβ

mαのうち販売後、追加的不変資本（機械、原材料の購入）に向けられる部

分：mc

m$\alpha$ のうち販売後、追加的可変資本（賃金・雇用）に向けられる部分：mv

拡大再生産表式は一般に次のように表現される。

$$\text{I} \quad c+v+\overbrace{mc+mv}^{m\alpha}+m\beta = W'_{\text{I}} \text{（生産手段）}$$
$$\text{II} \quad c+v+\underbrace{mc+mv}_{m\alpha}+m\beta = W'_{\text{II}} \text{（消費手段）}$$

m $\bigg\langle$ $\begin{array}{l} m\alpha \\ m\beta \end{array}$ , $m\alpha$ $\bigg\langle$ $\begin{array}{l} mc \\ mv \end{array}$

2）年間の生産手段生産 $W'_{\text{I}}$ は、今年度ⅠⅡ部門で消費される生産手段に加え、次年度の拡大再生産のための追加生産手段を賄う大きさの価値および素材だけ生産されねばならない。

$$\cdots W'_{\text{I}} = \text{I}(c+mc) + \text{II}(c+mc) \quad \cdots(1)$$

同時に、$W'_{\text{I}} = \text{I}(c+v+mc+mv+m\beta) \quad \cdots(2)$

であるから、(2) = (1) より、

$$\text{I}(c+v+mc+mv+m\beta) = \text{I}(c+mc) + \text{II}(c+mc) \quad \cdots(3)$$

整理して… $\underline{\text{I}(v+mv+m\beta) = \text{II}(c+mc)} \quad \cdots\cdots(4)$

この(4)式の意味は、Ⅱ部門がⅡ(c+mc)にあたる消費手段を販売し、そのカネでⅠ部門から生産手段Ⅰ(v+mv+m$\beta$)を買い補填するということである。

3）年間の消費手段 $W'_{\text{II}}$ は、部門ⅠⅡの資本家および労働者、さらに拡大再生産を担う追加労働者の生活を維持するのに必要な大きさの価値、素材で生産されていなければならない。

$$\cdots W'_{\text{II}} = \text{I}(v+mv+m\beta) + \text{II}(v+mv+m\beta) \quad \cdots(1')$$

同時に、$W'_{\text{II}} = \text{II}(c+v+mc+mv+m\beta) \quad \cdots(2')$

であるから、(2') = (1') より、

$$\text{II}(c+v+mc+mv+m\beta) = \text{I}(v+mv+m\beta) + \text{II}(v+mv+m\beta) \quad \cdots(3')$$

整理して… $\text{II}(c+mc) = \text{I}(v+mv+m\beta) \quad \cdots(4')$

この(4)式の意味は、Ⅰ部門がⅠ(v+mv+m$\beta$)にあたる生産手段を販売し

そのカネでⅡ部門から消費手段Ⅱ（c＋mc）を買うということである。

4）以上から、（4）ないし（4′）の価値均等関係が部門Ⅰと部門Ⅱとの間に存在することが拡大再生産のための不可欠の前提条件（「基本条件」「部門間均衡条件」）である。

## 5　拡大再生産表式における余剰生産手段と余剰消費手段の生産および「基本条件」

1）社会全体で次のような経済が循環する。$6000c＋1500v＋1500m＝9000\,W'$

蓄積率50％（剰余価値の半分が蓄積に回る）の次のような拡大再生産表式を想定する。[◆4]

Ⅰ　$4400c＋1100v＋1100m＝6600\,W'_Ⅰ$

Ⅱ　$1600c＋\phantom{0}400v＋\phantom{0}400m＝2400\,W'_Ⅱ$

生産手段は部門Ⅰで4400、部門Ⅱで1600消費されるが、6600生産されている。よって600の余剰生産手段（⊿Pm）が生産される。

$6600\,W'_Ⅰ－（4400＋1600）＝600⊿Pm$

余剰生産手段600⊿Pmを次年度に過不足なく消費するために（資本構成4：1不変で）、$600mc＋150mv＝750m\alpha$　の蓄積（新投資）が必要となる。

これは余剰生産手段600を買う追加の不変資本600＋動かす追加的労働力を買う追加の可変資本150が必要であることを示している。

余剰生産手段、追加労働力不足にならぬよう全体で$750m\alpha÷（Ⅰ1100m＋Ⅱ400m）＝50％$の蓄積率（$m\alpha/m$）が必要となる。

生産力水準（資本構成$4c：1v$、剰余価値率$m/v＝100％$）、両部門均等蓄積率50％は一定とする。

2）年生産物の価値・素材配置は次のようになる。

$$\mathrm{I} \quad 4400c + 1100v + \overbrace{440mc + 110mv}^{550m\alpha} + 550m\beta = 6600\,\mathrm{W'_I}$$
$$\mathrm{II} \quad 1600c + \phantom{0}400v + \underbrace{160mc + \phantom{0}40mv}_{200m\alpha} + 200m\beta = 2400\,\mathrm{W'_{II}}$$

3）この拡大再生産表式の意味は次のとおりである。

◎部門Ⅰの資本は6600 W'_Iの生産手段（例：機械と原材料）を生産する。その価値構成は「4400c の不変資本」がそのまま移転する部分（4400）と「1100v の可変資本」が賃金に等しい価値形成をする部分（1100）および「剰余価値1100m」を増殖する部分からなる。

6600 W'_Iの生産手段が販売され貨幣に変わると、「すでにある不変資本の補填に 4400c」「追加的な不変資本に 440mc」「すでにある可変資本の補填に1100v」「追加的な可変資本に 110mv」「消費する剰余価値に 550mβ」、それぞれ分配される。

◎部門Ⅱの資本は2400 W'_Ⅱの消費手段（例：食品）を生産する。その価値構成は「1600c の不変資本」がそのまま移転する部分（1600）と「400v の可変資本」が賃金に等しい価値形成をする部分（400）、および「剰余価値400m」を増殖する部分からなる。

2400 W'_Ⅱの消費手段が販売され貨幣に変わると、「すでにある不変資本の補填に 1600c」「追加的な不変資本に 160mc」「すでにある可変資本の補填に400v」「追加的な可変資本に 40mv」「消費する剰余価値に 200mβ」、それぞれ分配される。

4）余剰生産手段と余剰消費手段の生産は次のとおり過不足なく生産、消費される。

◎余剰生産手段 ｛6600 W'_I －（Ⅰ 4400c ＋ Ⅱ 1600c）＝600 ⊿Pm｝は両部門の拡大再生産（Ⅰ 440mc ＋ Ⅱ 160mc）に全て利用される。

◎余剰消費手段 ｛2400 W'_Ⅱ －（Ⅰ 1100v ＋ Ⅱ 400v）－（Ⅰ 550mβ ＋ Ⅱ 200mβ）＝ 150｝もそれに対応して過不足なく（Ⅰ 110mv ＋ Ⅱ 40mv）利用されている。

5）拡大再生産の基本条件(4)式は満たされている。

$$Ⅰ(1100v + 110mv + 550m\beta) = Ⅱ(1600c + 160mc)$$

## 6　蓄積基金の積立（貯蓄）と投下（新投資）拡大再生産における貨幣還流の法則

$$Ⅰ\quad 4400c + 1100v + \overbrace{440mc + 110mv + 550m\beta}^{550m\alpha} = 6600W'_Ⅰ$$
$$Ⅱ\quad 1600c + \;400v + \underbrace{160mc + \;40mv}_{200m\alpha} + 200m\beta = 2400W'_Ⅱ$$

以上の年生産物の全ては次のように実現（売り買い）されている。

1）Ⅰ4400c について。「部門Ⅰの資本家」が生産的に消費した生産手段 4400 を補塡するために別の「部門Ⅰの資本家」から生産手段を購入する。貨幣の流れはⅠK → ⅠK である。

2）Ⅱ（400v + 200m$\beta$）について。
（ⅰ）Ⅱ400v について。「部門Ⅱの資本家」は「部門Ⅱの労働者」に賃金を払う。賃金を受け取った「部門Ⅱの労働者」は「部門Ⅱの資本家」から消費手段を購入する。貨幣の流れはⅡK → ⅡP → ⅡK　である。
（ⅱ）Ⅱ200m$\beta$ について。剰余価値を得た「部門Ⅱの資本家」は「部門Ⅱの資本家」から消費手段を購入する。貨幣の流れはⅡK → ⅡK　である。

3）Ⅰ（1100v + 500m$\beta$）とⅡ1600c について（Ⅰ50m$\beta$ については後述）。
（ⅰ）Ⅰ1100v とⅡ1100c について。「部門Ⅱの資本家」は生産的に消費した生産手段を補塡するため「部門Ⅰの資本家」から生産手段を購入する。生産手段を販売した「部門Ⅰの資本家」は「部門Ⅰの労働者」に賃金を払う。賃金を受け取った「部門Ⅰの労働者」は「部門Ⅱの資本家」から消費手段を購入する。貨幣の流れはⅡK → ⅠK、ⅠK → ⅠP → ⅡK である。
（ⅱ）Ⅰ500m$\beta$ とⅡ500c について。「部門Ⅱの資本家」は生産的に消費した生産手段を補塡するために「部門Ⅰの資本家」から生産手段を購入する。生

産手段を販売した「部門Ⅰの資本家」は「部門Ⅱの資本家」から消費手段を購入する。貨幣の流れはⅡK→ⅠK、ⅠK→ⅡKである。以上は、単純再生産の場合の貨幣還流の法則と共通の内容である。

4）問題は蓄積mα部分、Ⅰ（440mc＋110mv）とⅡ（160mc＋40mv）の実現である。

剰余価値のうち蓄積部分mαは投下される一定の大きさになるまで、貨幣で蓄蔵される。商品を売ってすぐに買わないことで貨幣資本を形成し、新投資に必要な量が貯まったら支出（生産手段＋労働力の購入）する。以下に、蓄積基金の積立を行う資本家群をKₐ、蓄積基金の投下を行う資本家群をK_Bとする。

「Aは自分の剰余価値の分だけ貨幣を流通から引きあげてそれを蓄蔵する」「B……の側では、貨幣を流通に投げ入れ、その代わりに商品だけを流通から引きあげる」（『資本論』⑦801頁）

「均衡は、ただ、一方的諸購買の価値額と一方的諸販売の価値額とが一致するという仮定のもとでしか現存しない」（『資本論』⑦803頁）

5）まだ未実現の生産物は次の通り（都合上、Ⅱ160mcを110mcと50mcに分割）。

Ⅰ　……440mc＋110mv＋50mβ

Ⅱ　110mc＋50mc＋40mv……

（ⅰ）Ⅰ440mcについて。積立完了した「部門Ⅰの資本家ⅠK_B」が「部門Ⅰの資本家ⅠKₐ」より生産手段を購入する。生産手段を販売した「部門Ⅰの資本家ⅠKₐ」は貨幣を積み立てる（積立完了時にⅠK_Bになる）。貨幣の流れはⅠK_B→ⅠKₐである。

（ⅱ）Ⅰ110mvとⅡ110mcについて。消費手段を販売し得た貨幣を積立完了した「部門Ⅱの資本家ⅡK_B」は「部門Ⅰの資本家ⅠKₐ」から生産手段を購入する。生産手段を販売し積立完了した「部門Ⅰの資本家ⅠK_B」が「部門Ⅰの追加労働者」に賃金を払う。「部門Ⅰの追加労働者」は「部門Ⅱの資本家ⅡKₐ」から消費手段を購入する。「部門Ⅱの資本家ⅡKₐ」は積立完了後、ⅡK_Bに変化する。貨幣の流れはⅡK_B→ⅠKₐ、ⅠK_B→ⅠP→ⅡKₐである。

（iii）Ⅰ50mβ（前述のⅠ550mβのうちの残り50mβ）とⅡ50mcについて。

　消費手段を販売し得た貨幣を積立完了した「部門Ⅱの資本家ⅡKB」は「部門Ⅰの資本家」から生産手段を購入する。「部門Ⅰの資本家」は「部門Ⅱの資本家ⅡKA」から消費手段を購入する。消費手段を販売した「部門Ⅱの資本家ⅡKA」は積立完了後、ⅡKBに変化する。貨幣の流れはⅡKB→ⅠK、ⅠK→ⅡKA　である。

（iv）Ⅱ40mvについて。

　積み立てを完了した「部門Ⅱの資本家ⅡKB」は「部門Ⅱの追加労働者」に賃金を払う。「部門Ⅱの追加労働者」は「部門Ⅱの資本家ⅡKA」から消費手段を購入する（積立完了時にⅡKBになる）。貨幣の流れはⅡKB→ⅡP→ⅡKA である。

以上で拡大再生産表式における貨幣還流の法則がすべて説明された。


## 第4節　三部門三価値構成の拡大再生産表式を用いた賃金上昇と経済成長との関係分析


### 1　二部門三価値再生産表式から三部門三価値拡大再生産表式へ

　次に二部門三価値拡大再生産表式を三部門三価値拡大再生産表式に発展させる。第一に消費手段生産部門を「資本家消費手段生産部門」と「労働者消費手段生産部門」に分割し部門間均衡条件を導出する。第二に三部門三価値拡大再生産表式における貨幣還流の法則を解明し、この表式を第二年次、第三年次に展開して、総生産、総利潤の変化を確かめる。第三にこの三部門三価値拡大再生産表式を賃金10%増加（剰余価値・利潤10%削減）の条件で修正することで部門間均衡条件と貨幣還流の法則も修正されつつ成立することを確認し、第四にこの修正した三部門三価値拡大再生産表式を第二年次、第三年次に展開して総生産、総利潤の変化を確かめる。結論として賃金増加が総利潤を維持しつつ総生産を拡大する賃金主導型経済成長を可能にすることを証明する。

## 2　三部門三価値構成の拡大再生産表式における部門間均衡条件の導出

1）次のような三部門三価値構成の拡大再生産表式における部門間均衡条件を明らかにする。

$\mathrm{I}\,(\mathrm{c}+\mathrm{v}+\mathrm{mc}+\mathrm{mv}+\mathrm{m}\beta)=\mathrm{W}'_{\mathrm{I}}$（生産手段生産部門）

$\mathrm{II}\,(\mathrm{c}+\mathrm{v}+\mathrm{mc}+\mathrm{mv}+\mathrm{m}\beta)=\mathrm{W}'_{\mathrm{II}}$（資本家消費手段生産部門）

$\mathrm{III}\,(\mathrm{c}+\mathrm{v}+\mathrm{mc}+\mathrm{mv}+\mathrm{m}\beta)=\mathrm{W}'_{\mathrm{III}}$（労働者消費手段生産部門）

c：不変資本　v：可変資本　mc：追加不変資本　mv：追加可変資本　剰余価値のうち蓄積される部分 $\mathrm{m}a=\mathrm{mc}+\mathrm{mv}$　$\mathrm{m}\beta$：剰余価値のうち資本家の消費部分

2）まずⅠⅡⅢ部門で用いられる不変資本 c、追加不変資本 mc の合計は第Ⅰ部門の総生産額に等しい。

よって生産手段の均衡はⅠ$(\mathrm{c}+\mathrm{mc})$ + Ⅱ$(\mathrm{c}+\mathrm{mc})$ + Ⅲ$(\mathrm{c}+\mathrm{mc})$ = Ⅰ$(\mathrm{c}+\mathrm{v}+\mathrm{mc}+\mathrm{mv}+\mathrm{m}\beta)$ となる。

これを整理して次の式(1)が成り立つ。

$$\mathrm{II}\,(\mathrm{c}+\mathrm{mc}) + \mathrm{III}\,(\mathrm{c}+\mathrm{mc}) = \mathrm{I}\,(\mathrm{v}+\mathrm{mv}+\mathrm{m}\beta) \quad \cdots(1)$$

3）次にⅠⅡⅢ部門の剰余価値のうち資本家の消費部分合計は第Ⅱ部門の総生産額に等しい。

よって資本家消費手段の均衡は、

$\mathrm{I}\,\mathrm{m}\beta + \mathrm{II}\,\mathrm{m}\beta + \mathrm{III}\,\mathrm{m}\beta = \mathrm{II}\,(\mathrm{c}+\mathrm{v}+\mathrm{mc}+\mathrm{mv}+\mathrm{m}\beta)$　となる。

これを整理して次の式(2)が成り立つ。

$$\mathrm{I}\,\mathrm{m}\beta + \mathrm{III}\,\mathrm{m}\beta = \mathrm{II}\,(\mathrm{c}+\mathrm{v}+\mathrm{mc}+\mathrm{mv}) \quad \cdots(2)$$

4）最後にⅠⅡⅢ部門で用いられる可変資本 v、追加可変資本 mv の合計は第Ⅲ部門の総生産額に等しい。

よって労働者消費手段の均衡は、

Ⅰ$(v + mv) + $Ⅱ$(v + mv) + $Ⅲ$(v + mv) = $Ⅲ$(c + v + mc + mv + m\beta)$

これを整理して次の式(3)が成り立つ。

Ⅰ$(v + mv) + $Ⅱ$(v + mv) = $Ⅲ$(c + mc + m\beta)$　　…(3)

この式(3)は投資需要に基づく有効需要原理を表している。ⅠⅡ部門における追加的雇用・賃金引き上げがⅢ部門の生産、所得、支出増大を生む。以上から、この三部門三価値構成の拡大再生産表式における部門間均衡条件は式(1)(2)(3)であることが明らかになった。


## 3　三部門三価値構成の拡大再生産表式
### ——資本にとって正常な蓄積が行われる場合◆5

１）三部門三価値構成の拡大再生産表式において「資本にとって正常な蓄積が行われる場合」を数値例で分析する。資本構成４：１　剰余価値率 m/v = 100%　蓄積率（ma/m）= 50%　成長率（mc/c, mv/v）= 10%　本章第3節の6（173ページ）で示した表式と前項の2で示した部門間均衡条件(1)(2)(3)より次の表式をたてる。


$$\left.\begin{array}{l}
Ⅰ \quad 4400c + 1100v + 440mc + 110mv + 550m\beta = 6600 \, W'_{Ⅰ} \\
Ⅱ \quad 500c + 125v + 50mc + 12.5mv + 62.5m\beta = 750 \, W'_{Ⅱ} \\
Ⅲ \quad 1100c + 275v + 110mc + 27.5mv + 137.5m\beta = 1650 \, W'_{Ⅲ}
\end{array}\right\} 第一年度$$


２）この表式の成立は部門間均衡条件(1)(2)(3)から次のように説明することができる。

Ⅰ$\quad 4400c + 1100v + 440mc + 110mv + 550m\beta = 6600 \, W'_{Ⅰ}$

このⅠ式は本章第3節の6（173ページ）と同じである。


３）部門間均衡条件(1) Ⅱ$(c + mc) + $Ⅲ$(c + mc) = $Ⅰ$(v + mv + m\beta)$　　…(1)より、

Ⅱ$(500c + 50mc) + $Ⅲ$(1100c + 110mc) = $Ⅰ$(1100v + 110mv + 550m\beta)$　　…(1')

$K_A$；蓄積基金の積立を行う資本家群。　$K_B$；蓄積基金の投下を行う資本家群。

この(1')は次のような「貨幣還流の法則」より得ることができる。

（ⅰ-1）Ⅲ1100c とⅠ1100v について（Ⅰ1100v がⅢ1100c を決定）。

貨幣還流は、ⅠK→ⅠP→ⅢK→ⅠK

Ⅰ部門資本家がⅠ部門労働者に賃金を支払い、Ⅰ部門労働者はⅢ部門資本家から消費手段を購入、Ⅲ部門資本家はそのカネでⅠ部門資本家より生産手段を購入する。

（ⅰ-2）Ⅲ110mc とⅠ110mv について（Ⅰ110mv がⅢ110mc を決定）。

貨幣還流は、ⅠK$_B$→ⅠP→ⅢK$_A$、ⅢK$_B$→ⅠK$_A$

積立完了したⅠ部門資本家がⅠ部門追加労働者に賃金を支払い、Ⅰ部門追加労働者はⅢ部門資本家から消費手段を購入、積立完了後（ⅢK$_A$ がⅢK$_B$ に変化）、Ⅲ部門資本家はそのカネでⅠ部門資本家より追加生産手段を購入する。

（ⅰ-3）Ⅱ500c とⅠ500m$\beta$（Ⅰ50m$\beta$ は後述）について（Ⅰ500m$\beta$ がⅡ500c を決定）。

貨幣還流は、ⅠK→ⅡK→ⅠK

Ⅰ部門資本家が剰余価値を支出しⅡ部門資本家より消費手段を購入、Ⅱ部門資本家はそのカネでⅠ部門資本家より生産手段を購入する。

（ⅰ-4）Ⅱ50mc とⅠ50m$\beta$ について（成長率10％でありⅠ50m$\beta$ がⅡ50mc を決定）。

貨幣還流は、ⅠK→ⅡK$_A$、ⅡK$_B$→ⅠK

Ⅰ部門資本家が剰余価値を支出しⅡ部門資本家より消費手段を購入、積立完了後（ⅡK$_A$ がⅡK$_B$ に変化）、Ⅱ部門資本家はそのカネでⅠ部門資本家より追加生産手段を購入する。

以上から、Ⅱ500c が決定されたので資本の有機的構成4：1からⅡ125v が決定される。Ⅱ50mc が決定されたので資本の有機的構成4：1からⅡ12.5mv が決定される。剰余価値率100％、蓄積率（m$a$/m）＝50％からⅡ62.5m$\beta$ が決定され、750W$'_Ⅱ$ も決定される。

またⅢ1100c が決定されたので資本の有機的構成4：1からⅢ275v が決定される。

Ⅲ110mc が決定されたので資本の有機的構成4：1からⅢ27.5mv が決定される。剰余価値率100％、蓄積率（m$a$/m）＝50％からⅢ137.5m$\beta$ が決定され、1650W$'_Ⅲ$ も決定される。

４）部門間均衡条件(2) Ⅰmβ＋Ⅲmβ＝Ⅱ（c＋v＋mc＋mv）　…(2)より、

Ⅰ550mβ＋Ⅲ137.5mβ＝Ⅱ（500c＋125v＋50mc＋12.5mv）　…(2′)

この(2′)は次のような「貨幣還流の法則」が成り立っている。

（ⅱ-１）Ⅲ125mβ（Ⅲ12.5mβは後述）とⅡ125vについて。

　貨幣還流は、ⅡK→ⅡP→ⅢK→ⅡK

　Ⅱ部門資本家がⅡ部門労働者に賃金を支払い、Ⅱ部門労働者はⅢ部門資本家から消費手段を購入、Ⅲ部門資本家はそのカネでⅡ部門資本家より消費手段を購入する。

（ⅱ-２）Ⅲ12.5mβとⅡ12.5mvについて。

貨幣還流は、ⅡK_B→ⅡP→ⅢK→ⅡK_A

　積立完了したⅡ部門資本家がⅡ部門追加労働者に賃金を支払い、Ⅱ部門追加労働者はⅢ部門資本家から消費手段を購入、Ⅲ部門資本家はそのカネでⅡ部門資本家より消費手段を購入（積立完了時にⅡK_Bになる）する。

（ⅱ-３＝ⅰ-３の裏側）Ⅰ500mβ（Ⅰ50mβは後述）とⅡ500cについて。

　貨幣還流は、ⅡK→ⅠK→ⅡK

　Ⅱ部門資本家がⅠ部門資本家から生産手段を購入、Ⅰ部門資本家はそのカネでⅡ部門資本家から消費手段を購入する。

（ⅱ-４＝ⅰ-４の裏側）Ⅰ50mβとⅡ50mcについて。

　貨幣還流は、ⅡK_B→ⅠK→ⅡK_A

　積立完了したⅡ部門資本家がⅠ部門資本家から追加生産手段を購入、Ⅰ部門資本家はそのカネでⅡ部門資本家から消費手段を購入（積立完了時にⅡK_Bになる）する。


５）部門間均衡条件(3) Ⅰ（v＋mv）＋Ⅱ（v＋mv）＝Ⅲ（c＋mc＋mβ）　…(3)より、

Ⅰ（1100v＋110mv）＋Ⅱ（125v＋12.5mv）＝Ⅲ（1100c＋110mc＋137.5mβ）　…(3′)

この(3′)は次のような「貨幣還流の法則」が成り立っている。

（ⅲ-１＝ⅰ-１の裏側）Ⅰ1100vとⅢ1100cについて。

貨幣還流は、ⅢK→ⅠK→ⅠP→ⅢK

　Ⅲ部門資本家がⅠ部門資本家から生産手段を購入、Ⅰ部門資本家はそのカ

ネでⅠ部門労働者に賃金を支払い、Ⅰ部門労働者はⅢ部門資本家から消費手段を購入する。

（ⅲ-2＝ⅰ-2の裏側）Ⅰ110mv とⅢ110mc について。

　貨幣還流は、ⅢK$_B$→ⅠK$_A$、ⅠK$_B$→ⅠP→ⅢK$_A$

　積立完了したⅢ部門資本家がⅠ部門資本家から追加生産手段を購入、積立完了後（ⅠK$_A$がⅠK$_B$に変化）、Ⅰ部門資本家はそのカネでⅠ部門追加労働者に賃金を支払い、Ⅰ部門追加労働者はⅢ部門資本家から消費手段を購入（積立完了時にⅢK$_B$になる）する。

（ⅲ-3＝ⅱ-1の裏側）Ⅱ125v とⅢ125m$\beta$（Ⅲ12.5m$\beta$ は後述）について。

　貨幣還流は、ⅢK→ⅡK→ⅡP→ⅢK

　Ⅲ部門資本家がⅡ部門資本家から消費手段を購入、Ⅱ部門資本家はそのカネでⅡ部門労働者に賃金を支払い、Ⅱ部門労働者はⅢ部門資本家から消費手段を購入する。

（ⅲ-4＝ⅱ-2の裏側）Ⅱ12.5mv とⅢ12.5m$\beta$ について。

　貨幣還流は、ⅢK→ⅡK$_A$、ⅡK$_B$→ⅡP→ⅢK

　Ⅲ部門資本家がⅡ部門資本家から消費手段を購入、積立完了後（ⅡK$_A$がⅡK$_B$に変化）、Ⅱ部門資本家はそのカネでⅡ部門追加労働者に賃金を支払い、Ⅱ部門追加労働者はⅢ部門資本家から消費手段を購入する。


6）部門内部の貨幣還流について。

（ⅳ-1）Ⅰ4400c について。貨幣還流は、ⅠK→ⅠK

　Ⅰ部門資本家が別のⅠ部門資本家より生産手段を購入する。

（ⅳ-2）Ⅰ440mc について。貨幣還流はⅠK$_B$→ⅠK$_A$

　積立完了したⅠ部門資本家が別のⅠ部門資本家より追加生産手段を購入（積立完了時にⅠK$_B$になる）する。

（ⅳ-3）Ⅱ62.5m$\beta$ について。貨幣還流は、ⅡK→ⅡK

　Ⅱ部門資本家が別のⅡ部門資本家より消費手段を購入する。

（ⅳ-4）Ⅲ275v について。貨幣還流は、ⅢK→ⅢP→ⅢK

　Ⅲ部門資本家が労働者に賃金を支払い、Ⅲ部門労働者はⅢ部門資本家から消費手段を購入。

（iv-5）Ⅲ27.5mv について。貨幣還流は、ⅢK$_B$→ⅢP→ⅢK$_A$

　積立完了したⅢ部門資本家がⅢ部門追加労働者に賃金を支払い、Ⅲ部門追加労働者は別のⅢ部門資本家から消費手段を購入（積立完了時にⅢK$_B$になる）する。


7）第一年度の蓄積と成長の結果は、総 m$\beta$＝750、総 m＝1500、総生産9000、利潤率 r は部門ごとに r Ⅰ＝20％（1100/5500）　r Ⅱ＝20％（125/625）r Ⅲ＝20％（275/1375）となる。


8）この表式を第二年度に「正常に」展開する。

Ⅰ　4840c＋1210v＋1210m＝7260 W$'_Ⅰ$
Ⅱ　550c＋137.5v＋137.5m＝825 W$'_Ⅱ$
Ⅲ　1210c＋302.5v＋302.5m＝1815 W$'_Ⅲ$

｝第二年度

Ⅰ　4840c＋1210v＋484mc＋121mv＋605m$\beta$＝7260 W$'_Ⅰ$
Ⅱ　550c＋137.5v＋55mc＋13.75mv＋68.75m$\beta$＝825 W$'_Ⅱ$
Ⅲ　1210c＋302.5v＋121mc＋30.25mv＋151.25m$\beta$＝1815 W$'_Ⅲ$

蓄積率（m$a$/m）＝50％　成長率（mc/c, mv/v）＝10％という同じ条件で、総 m$\beta$＝825、総生産9900、利潤率 r は、

r Ⅰ＝20％（1210/6050）、r Ⅱ＝20％（137.5/687.5）、r Ⅲ＝20％（302.5/1512.5）。


9）この表式を第三年度に「正常に」展開する。

Ⅰ　5324c＋1331v＋1331m＝7986 W$'_Ⅰ$
Ⅱ　605c＋151.25v＋151.25m＝907.5 W$'_Ⅱ$
Ⅲ　1331c＋332.75v＋332.75m＝1996.5 W$'_Ⅲ$

｝第三年度

Ⅰ　5324c＋1331v＋532.4mc＋133.1mv＋665.5m$\beta$＝7986 W$'_Ⅰ$
Ⅱ　605c＋151.25v＋60.5mc＋15.125mv＋75.625m$\beta$＝907.5 W$'_Ⅱ$
Ⅲ　1331c＋332.75v＋133.1mc＋33.275mv＋166.375m$\beta$＝1996.5 W$'_Ⅲ$

蓄積率（m$a$/m）＝50％　成長率（mc/c, mv/v）＝10％という同じ条件で、

総 $m\beta = 907.5$、総生産 10890、利潤率 r は、r I ＝20％（1331/6655）　r II ＝20％（151.25/756.25）　r III ＝20％（332.75/1663.75）となる。

### 4　三部門三価値構成の拡大再生産表式──10％の賃金上昇（10％剰余価値・利潤削減）＋蓄積率上昇で成長率は維持される場合[6]（m$\alpha$維持、m$\beta$削減）〔賃金主導型経済成長論〕

1）最後に三部門三価値構成の拡大再生産表式において所得分配、「10％の賃金上昇が行われる場合」を同様の数値例を用いて分析する。各部門で賃金が10％上昇する分、I II 部門で剰余価値・利潤は10％減少する。しかし、各部門の成長率（mc/c, mv/v）が10％で維持されるよう剰余価値の中から追加資本の蓄積にまわす部分 m$\alpha$ は確保され、結果的に剰余価値のうち資本家の消費部分 m$\beta$ が削減され、蓄積率（m$\alpha$/m）は上昇する。I II 部門で賃金10％上昇（同時に剰余価値・利潤10％削減）により剰余価値率 m/v は100％から81.8181％へ低下する。資本の有機的構成は（1：0.25）から（1：0.275）へ低下する。次のような表式が得られる。

$$
\begin{array}{lll}
\text{I} & 4400c + 1210v + 440mc + 121mv + 429m\beta = 6600\,W'_{\text{I}} & \\
\text{II} & 500c + 137.5v + 50mc + 13.75mv + 48.75m\beta = 750\,W'_{\text{II}} & \left.\vphantom{\begin{array}{c}1\\2\\3\end{array}}\right\}\begin{array}{c}\text{第}\\\text{一}\\\text{年}\\\text{度}\end{array} \\
\text{III} & 1100c + 302.5v + 110mc + 30.25mv + 272.25m\beta = 1815\,W'_{\text{III}} &
\end{array}
$$

2）ここで I II III 各部門において賃金（v, mv）10％増加、各部門の成長率（mc/c, mv/v）10％維持、I m$\beta$、II m$\beta$ が賃金（v, mv）増加額だけ減少という条件により III m$\beta$ 以外すべて決定される。

III m$\beta$ は176、177ページの部門間均衡条件(2)(3)より決定される。

ここで蓄積率（m$\alpha$/m）は、I：56.66 ％（561/990）、II：56.66 ％（63.75/112.5）、III：34％（140.25/412.5）となる。成長率（mc/c, mv/v）＝10％、総 m$\beta$ ＝750、総生産9165、

利潤率は r I ＝17.6 ％（990/5610）　r II ＝17.6 ％（112.5/637.5）　r III ＝29.41 ％（412.5/1402.5）

３）部門間均衡条件(1)(2)(3)は全て成立している。

◎部門間均衡条件(1) $\text{II}(c+mc)+\text{III}(c+mc)=\text{I}(v+mv+m\beta)$  …(1)

　$\text{II}(500c+50mc)+\text{III}(1100c+110mc)=\text{I}(1210v+121mv+429m\beta)$

◎部門間均衡条件(2) $\text{I}\,m\beta+\text{III}\,m\beta=\text{II}(c+v+mc+mv)$  …(2)

　$\text{I}\,429m\beta+\text{III}\,272.25m\beta=\text{II}(500c+137.5v+50mc+13.75mv)$

◎部門間均衡条件(3) $\text{I}(v+mv)+\text{II}(v+mv)=\text{III}(c+mc+m\beta)$  …(3)

　$\text{I}(1210v+121mv)+\text{II}(137.5v+13.75mv)=\text{III}(1100c+110mc+272.25m\beta)$


４）部門間均衡条件(1)　$\text{II}(c+mc)+\text{III}(c+mc)=\text{I}(v+mv+m\beta)$ …(1)より、

　$\text{II}(500c+50mc)+\text{III}(1100c+110mc)=\text{I}(1210v+121mv+429m\beta)$  …(1′)

この(1′)は次のような「貨幣還流の法則」が作用している。

（ⅰ-1）$\text{III}1100c$ と $\text{I}1100v$（$\text{I}110v$ は後述）について。

貨幣還流 $\text{I}\,K\rightarrow\text{I}\,P\rightarrow\text{III}\,K\rightarrow\text{I}\,K$

　Ⅰ部門資本家がⅠ部門労働者に賃金を支払い、Ⅰ部門労働者はⅢ部門資本家から消費手段を購入、Ⅲ部門資本家はそのカネでⅠ部門資本家より生産手段を購入する。

（ⅰ-2）$\text{III}110mc$ と $\text{I}110mv$（$\text{I}11mv$ は後述）について。

貨幣還流は、$\text{I}\,K_B\rightarrow\text{I}\,P\rightarrow\text{III}\,K_A$、$\text{III}\,K_B\rightarrow\text{I}\,K_A$

　積立完了したⅠ部門資本家がⅠ部門追加労働者に賃金を支払い、Ⅰ部門追加労働者はⅢ部門資本家から消費手段を購入、積立完了後（$\text{III}\,K_A$ が $\text{III}\,K_B$ に変化）、Ⅲ部門資本家はそのカネでⅠ部門資本家より追加生産手段を購入（積立完了時に $\text{I}\,K_B$ になる）する。

（ⅰ-3）$\text{II}429c$（$\text{II}71c$ は後述）と $\text{I}429m\beta$ について。

貨幣還流は、$\text{I}\,K\rightarrow\text{II}\,K\rightarrow\text{I}\,K$

　Ⅰ部門資本家が剰余価値を支出しⅡ部門資本家より消費手段購入、Ⅱ部門資本家はそのカネでⅠ部門資本家より生産手段を購入する。

　部門間均衡条件(1′)展開の残りは、$\text{II}(71c+50mc)=\text{I}(110v+11mv)$ …(1″)

5）部門間均衡条件(2) I mβ + Ⅲmβ = Ⅱ(c + v + mc + mv)　…(2)より、

$\quad$ I 429mβ + Ⅲ272.25mβ = Ⅱ(500c + 137.5v + 50mc + 13.75mv)　…(2′)

この(2′)は次のような「貨幣還流の法則」が作用している。

（ⅱ-1 ＝ ⅰ-3の裏側）I 429mβとⅡ429c（Ⅱ71cは後述）について。

$\quad$ 貨幣還流は、ⅡK→IK→ⅡK

$\quad$ Ⅱ部門資本家がI部門資本家から生産手段を購入、I部門資本家はそのカネでⅡ部門資本家から消費手段を購入する。

（ⅱ-2）Ⅲ137.5mβ（Ⅲ134.75mβは後述）とⅡ137.5vについて。

$\quad$ 貨幣還流は、ⅡK→ⅡP→ⅢK→ⅡK

$\quad$ Ⅱ部門資本家がⅡ部門労働者に賃金を支払い、Ⅱ部門労働者はⅢ部門資本家から消費手段を購入、Ⅲ部門資本家はそのカネでⅡ部門資本家より消費手段を購入する。

（ⅱ-3）Ⅲ13.75mβ（Ⅲ121mβは後述）とⅡ13.75mvについて。

$\quad$ 貨幣還流は、ⅡK_B→ⅡP→ⅢK→ⅡK_A

$\quad$ 積立完了したⅡ部門資本家がⅡ部門追加労働者に賃金を支払い、Ⅱ部門追加労働者はⅢ部門資本家から消費手段を購入、Ⅲ部門資本家はそのカネでⅡ部門資本家より消費手段を購入（積立完了時にⅡK_Bになる）する。

$\quad$ 部門間均衡条件(2′)展開の残り：Ⅲ121mβ = Ⅱ(71c + 50mc)　…(2″)


6）部門間均衡条件(3) I(v + mv) + Ⅱ(v + mv) = Ⅲ(c + mc + mβ)　…(3)より、

$\quad$ I(1210v + 121mv) + Ⅱ(137.5v + 13.75mv) = Ⅲ(1100c + 110mc + 272.75mβ)　…(3′)

この(3′)は次のような「貨幣還流の法則」が作用している。

（ⅲ-1 ＝ ⅰ-1の裏側）I 1100v（I 110vは後述）とⅢ1100cについて。

$\quad$ 貨幣還流は、ⅢK→IK→IP→ⅢK

$\quad$ Ⅲ部門資本家がI部門資本家から生産手段を購入、I部門資本家はそのカネでI部門労働者に賃金を支払い、I部門労働者はⅢ部門資本家から消費手段を購入する。

（ⅲ-2 ＝ ⅰ-2の裏側）I 110mv（I 11mvは後述）とⅢ110mcについて。

貨幣還流は、ⅢK_B→ⅠK_A、ⅠK_B→ⅠP→ⅢK_A

積立完了したⅢ部門資本家がⅠ部門資本家から追加生産手段を購入、積立完了後（ⅠK_AがⅠK_Bに変化）、Ⅰ部門資本家はそのカネでⅠ部門追加労働者に賃金を支払い、Ⅰ部門追加労働者はⅢ部門資本家から消費手段を購入（積立完了時にⅢK_Bになる）する。

（ⅲ-3＝ⅱ-2の裏側）Ⅱ137.5vとⅢ137.5m$\beta$（Ⅲ134.75m$\beta$は後述）について。

貨幣還流は、ⅢK→ⅡK→ⅡP→ⅢK

Ⅲ部門資本家がⅡ部門資本家から消費手段を購入、Ⅱ部門資本家はそのカネでⅡ部門労働者に賃金を支払い、Ⅱ部門労働者はⅢ部門資本家から消費手段を購入する。

（ⅲ-4＝ⅱ-3の裏側）Ⅱ13.75mvとⅢ13.75m$\beta$（Ⅲ121m$\beta$は後述）について。

貨幣還流は、ⅢK→ⅡK_A、ⅡK_B→ⅡP→ⅢK

Ⅲ部門資本家がⅡ部門資本家から消費手段を購入、積立完了後（ⅡK_AがⅡK_Bに変化）、Ⅱ部門資本家はそのカネでⅡ部門追加労働者に賃金を支払い、Ⅱ部門追加労働者はⅢ部門資本家から消費手段を購入する。

部門間均衡条件(3′)展開の残り：Ⅰ(110v＋11mv)＝Ⅲ121m$\beta$）　…(3″)


7）残りの部門間均衡条件は、次の(1″)(2″)(3″)式だが、各式内部で貨幣還流は成立しない。なぜなら10％賃上げ（利潤削減）により、賃上げ前と比べて販売相手が変化するからである。

Ⅱ(71c＋50mc)＝Ⅰ(110v＋11mv)　…(1″)

Ⅲ121m$\beta$＝Ⅱ(71c＋50mc)　…(2″)

Ⅰ(110v＋11mv)＝Ⅲ121m$\beta$　…(3″)

よって(1″)(2″)(3″)式をめぐる貨幣還流の法則は、三部門を横断する「三角貿易的取引」、貨幣還流・素材流通により解決される。

（ⅳ-1）Ⅰ(110v＋11mv)とⅡ(71c＋50mc)とⅢ121m$\beta$について。

◎Ⅰ71vとⅡ71cとⅢ71m$\beta$について（Ⅰ39vとⅡ39mcとⅢ39m$\beta$について、およびⅠ11mvとⅡ11mcとⅢ11m$\beta$について後述）。

貨幣還流は、ⅢK→ⅡK→ⅠK→ⅠP→ⅢK

Ⅲ部門資本家がⅡ部門資本家から消費手段購入、Ⅱ部門資本家はⅠ部門資

本家から生産手段購入、Ⅰ部門資本家はそのカネでⅠ部門労働者に賃金を支払い、Ⅰ部門労働者はⅢ部門資本家から消費手段を購入する。

◎Ⅰ39vとⅡ39mcとⅢ39mβについて（Ⅰ11mvとⅡ11mcとⅢ11mβについて後述）。

貨幣還流は、ⅢK→ⅡK$_A$、ⅡK$_B$→ⅠK→ⅠP→ⅢK

Ⅲ部門資本家がⅡ部門資本家から消費手段購入、積立完了後（ⅡK$_A$がⅡK$_B$に変化）、Ⅱ部門資本家はⅠ部門資本家から追加生産手段購入、Ⅰ部門資本家はそのカネでⅠ部門労働者に賃金を支払い、Ⅰ部門労働者はⅢ部門資本家から消費手段を購入する。

◎Ⅰ11mvとⅡ11mcとⅢ11mβについて。

貨幣還流は、ⅢK→ⅡK$_A$、ⅡK$_B$→ⅠK$_A$、ⅠK$_B$→ⅠP→ⅢK

Ⅲ部門資本家がⅡ部門資本家から消費手段購入、積立完了後（ⅡK$_A$がⅡK$_B$に変化）、Ⅱ部門資本家はⅠ部門資本家から追加生産手段購入、積立完了後（ⅠK$_A$がⅠK$_B$に変化）、Ⅰ部門資本家はそのカネでⅠ部門追加労働者に賃金を支払い、Ⅰ部門追加労働者はⅢ部門資本家から消費手段を購入する。

（ⅳ-2＝ⅳ-1の裏側）Ⅰ（110v＋11mv）とⅡ（71c＋50mc）とⅢ121mβについて。

（ⅳ-1）の各◎と同じ。


8）部門内部の貨幣還流について。

（ⅴ-1）Ⅰ4400cについて。貨幣還流は、ⅠK→ⅠK

Ⅰ部門資本家が別のⅠ部門資本家より生産手段を購入。

（ⅴ-2）Ⅰ440mcについて。貨幣還流は、ⅠK$_B$→ⅠK$_A$

積立完了したⅠ部門資本家が別のⅠ部門資本家より追加生産手段を購入（積立完了時にⅠK$_B$になる）。

（ⅴ-3）Ⅱ48.75mβについて。貨幣還流は、ⅡK→ⅡK

Ⅱ部門資本家が別のⅡ部門資本家より消費手段購入。

（ⅴ-4）Ⅲ302.5vについて。貨幣還流は、ⅢK→ⅢP→ⅢK

Ⅲ部門資本家がⅢ部門労働者に賃金を支払い、Ⅲ部門労働者は別のⅢ部門資本家から消費手段を購入。

（v－5）Ⅲ30.25mv について。貨幣還流は、Ⅲ$K_B$ → ⅢP → Ⅲ$K_A$

積立完了したⅢ部門資本家がⅢ部門追加労働者に賃金を支払い、Ⅲ部門追加労働者は別のⅢ部門資本家から消費手段を購入（積立完了時にⅢ$K_B$になる)。

9）次にこの表式を第二年度に展開する。

第二年度

Ⅰ　$4840c + 1331v + 1089m = 7260W'_{Ⅰ}$ ◆7

Ⅱ　$550c + 151.25v + 123.75m = 825W'_{Ⅱ}$

Ⅲ　$1210c + 332.75v + 453.75m = 1996.5W'_{Ⅲ}$

Ⅰ　$4840c + 1331v + 484mc + 133.1mv + 471.9m\beta = 7260W'_{Ⅰ}$

Ⅱ　$550c + 151.25v + 55mc + 15.125mv + 53.625m\beta = 825W'_{Ⅱ}$

Ⅲ　$1210c + 332.75v + 121mc + 33.275mv + 299.475m\beta = 1996.5W'_{Ⅲ}$

ここでも各部門の成長率（mc/c, mv/v）は10％を維持、Ⅲ$m\beta$は176、177ページの部門間均衡条件(2)(3)より決定される。

ⅠⅡ部門の剰余価値率m/vは81.8181％、蓄積率（$m\alpha$/m）はⅠ：56.66％（617.1/1089)、Ⅱ：56.66％（70.125/123.75)、Ⅲ：34％（154.275/453.75)、成長率（mc/c, mv/v）＝10％、総$m\beta$＝825、総生産10081.5、利潤率rは、rⅠ＝17.6％（1089/6171)、rⅡ＝17.6％（123.75/701.25)、rⅢ＝29.41％（453.75/1542.75）となる。

10）次にこの表式を第三年度に展開する。

第三年度

Ⅰ　$5324c + 1464.1v + 1197.9m = 7986W'_{Ⅰ}$

Ⅱ　$605c + 166.375v + 136.125m = 907.5W'_{Ⅱ}$

Ⅲ　$1331c + 366.025v + 499.125m = 2196.15W'_{Ⅲ}$

Ⅰ　$5324c + 1464.1v + 532.4mc + 146.41mv + 519.09m\beta = 7986W'_{Ⅰ}$

Ⅱ　$605c + 166.375v + 60.5mc + 16.6375mv + 58.9875m\beta = 907.5W'_{Ⅱ}$

Ⅲ　$1331c + 366.025v + 133.1mc + 36.6025mv + 329.4225m\beta = 2196.15W'_{Ⅲ}$

ここでも各部門の成長率（mc/c, mv/v）は10％を維持、Ⅲ$m\beta$は176、177ページの部門間均衡条件(2)(3)より決定される。ⅠⅡ部門の剰余価値率m/vは81.8181％、蓄積率（$ma/m$）は、Ⅰ：56.66％（678.81/1197.9）、Ⅱ：56.66％（77.1375/136.125）、Ⅲ：34％（169.7025/499.125）、成長率（mc/c, mv/v）＝10％、総$m\beta$＝907.5、総生産11089.65、利潤率rは、rⅠ＝17.6％（1197.9/6788.1）、rⅡ＝17.6％（136.125/771.375）、rⅢ＝29.41％（499.125/1697.025）となる。

## 第7章のまとめに代えて――ここでの結論

　三部門三価値構成の拡大再生産表式において「3　資本にとって正常な蓄積が行われる場合」と「4　10％の賃金上昇（10％剰余価値・利潤削減）＋蓄積率（$ma/m$）上昇で成長率（mc/c, mv/v）は維持される場合（$ma$は維持し$m\beta$を削減する）」を比較すると結論は次のとおりである。個々の部門で賃金が10％上昇したにもかかわらず、社会全体での「資本家が消費する剰余価値$m\beta$」は維持され、社会的総生産はかえって拡大する。理論的な核心はⅠ（v＋mv）＋Ⅱ（v＋mv）＝Ⅲ（c＋mc＋$m\beta$）　の関係で表される、資本家の可変資本への投資（ここが労働者の賃金・消費需要となる）が利潤の大きさを決定することにある。カレツキも1968年の論文で強調しているように労働者消費手段生産部門に過剰生産能力が存在する限り[8]、賃金の増大、消費需要の増大は、価格の上昇なく利潤の維持に役立ち、賃金主導型経済成長を実現する。この「$ma$は維持し$m\beta$を削減する」というミクロな資本家の投資決意がマクロ経済の総$m\beta$を維持するという結論の意味は重大である。利潤の中で再投資に向かわない「内部留保を取り崩し賃金・雇用に回せ」という要求は結論として利潤を維持することになるのである。

注

◆1　Kalecki, M. (1968), The Marxian Equations of Reproductions and Modern Economics, in *Collected Works of Michal Kalecki, Vol. II*, 1991, Clarendon Press, Oxford.

ミハウ・カレツキは、20世紀のポーランドを代表する経済学者であり、思想的には社会主義者、マルクス主義者であるが、その経済学はイギリスの近代経済学の影響を強く受け、欧米のケインズ派経済学者を中心に世界的に高く評価されている。カレツキのポーランド語による1933年の論文を基にした《A Macrodynamic Theory of Business Cycles》（*Econometrica*, Jul. 1935）は、ケインズとは独立に、ケインズが《一般理論》で展開した有効需要の原理に到達したものであると高く評価されている。カレツキは投資の大きさが所得の水準を決定するというケインズ的な考えを、マルクスの再生産論からヒントを得て展開した（伊東光晴氏の解説、『経済学辞典（第3版）』岩波書店、1992年所収、179頁）。

◆2　「投資決意」とは、資本家が賃金上昇・利潤低下に直面しても、蓄積率（$ma/m$：利潤の中から拡大再生産・再投資に振り向ける割合）を向上させ$ma$を維持して投資を実行することを指す。

◆3　カレツキによる三部門二価値再生産表式を用いた有効需要原理の証明については、関野秀明「マルクス『資本論』第1部資本蓄積論と賃金主導型経済成長論――3部門3価値再生産表式における所得分配と経済成長との関係を中心に」熊本学園大学『経済論集』第14巻第1・2・3・4合併号、2008年3月、99〜114頁、を参照。なお本論「第4節　三部門三価値構成の拡大再生産表式を用いた賃金上昇と経済成長との関係分析」は、上記の熊本学園大学『経済論集』での分析を「貨幣還流の法則」解明にまで発展させたものである。

　不破哲三氏は、マルクス『資本論』の再生産表式におけるⅡa部門（労働者消費手段生産部門）とⅡb部門（資本家消費手段生産部門）との分割、三部門三価値再生産表式の考察について、それは19世紀イギリスの社会的な条件、消費生活上の画然とした階級区分の存在を反映しており、現代日本ではこのような消費手段部門の分割を見いだすことは難しい旨、述べられる（不破哲三『「資本論」全三部を読む　新版⑤』105頁）。その上で、本章が三部門三価値構成の再生産表式を分析する目的は、再生産表式に所得分配効果分析を導入し、可変資本投資・賃金上昇が労働者消費手段の総生産を拡大することで資本家所得・総利潤を決定・維持しうる旨の、有効需要原理を証明することである。再生産表式が解明すべき問題は「労働者消費手段生産部門と資本家消費手段生産部門を画然と分けることが可能か」ではなく、「賃金を引き上げることで経済は成長できるか」にあると考える。

◆4　ここでの拡大再生産表式の設定と説明は、市原健志「現代資本主義と再生

産論」『現代資本主義と「資本論」II』所収、新日本出版社、1991年、58-70頁を参考とした。理由は、『資本論』第二部第三篇でマルクスが設定している拡大再生産表式（『資本論』⑦ 831頁および843頁）は、部門間均衡条件を守るために蓄積率（ma/m）や成長率（mc/c, mv/v）が一定にならず展開が複雑になるからである。

◆5　「資本にとって正常な蓄積」とは、剰余価値率を後退させないという条件での蓄積である。よって次項は、賃金上昇、剰余価値削減で剰余価値率を後退させた条件での蓄積となる。

◆6　ここでもしm全体、したがってmaもmβも等しく10％削減したとする。そうすると当然蓄積に回される追加資本は減少し成長率は8.8％余に低下、総mβも同率で低下することになる。賃上げに際し、個々の資本家がmβの低下を恐れ追加的投資資金maを抑制すると社会全体でのmβを逆に低下させてしまう。

◆7　ここでIm：1089 IIm：123.75となるのは、10％の賃金上昇（10％剰余価値・利潤削減）により剰余価値率が100％から81.8181％へ低下するからである。部門間均衡条件（2）（3）がIII 299.475mβを決定し、III 121mc＋III 33.275mv＋III 299.475mβ＝III 453.75mとなる。

◆8　繰り返すが、このような賃金主導型経済成長が成立する絶対的な条件は「過剰生産能力の存在」である。III部門での賃金上昇が消費需要の拡大となり、「III部門の設備稼働率と同時に利潤性を引き上げる」ことが含意されている。もし過剰生産能力が存在しないなら賃金の上昇は労働者消費手段の価格上昇で吸収されてしまう。しかし今日の先進資本主義経済において「過剰生産能力の存在」が「非現実的な前提」とは思われない。

# 第8章 「少子化」の原因を解明、克服する

## ——賃金主導型経済成長と新しい福祉国家

2017年9月25日衆議院解散会見において、また11月7日特別国会衆参両院での所信表明演説において、「森友、加計疑惑」に追い詰められた安倍首相が強調した「政策」は「北朝鮮危機」と並んで「少子化＝国難」突破論であった。そして安倍首相の「少子化対策」は、若い子育て労働者世帯に重い負担を強いる、2019年10月からの消費税増税と「引き換え」であった。このような「子どもを人質に増税を迫る」手法自体が、少子化の本当の原因を理解していない証拠である。

　同じ誤りは岸田政権においても繰り返されている。「異次元の少子化対策」を掲げる岸田政権は、2023年6月1日の「こども未来戦略会議」において3.5兆円規模の子育て支援を表明しながら具体的な財源案の提示を避けている◆1。そして政権や財界に近い有識者は消費税増税への期待を繰り返し表明している。1％のエリート層は、アベノミクス・インフレ不況に苦しむ99％の労働者・勤労市民家計の実態を理解できず、非科学的な「対策」で再び少子化を加速させている。少子化の解決には科学的な原因の究明が必要である。少子化を克服した先進国にはどのような特徴があるのか。さらには、先進資本主義国が少子化に陥りやすい傾向・法則性とは何であるのか。

　本章では第一に、日本の少子化が「国難」・外的要因でなく、大企業・富裕層優遇による内的要因、「社会保障の貧困」を原因とすることを明らかにする。第二に、「社会保障の貧困」が労働者を劣悪な労働条件に追い詰める「働き方の貧困」を生み、さらなる少子化の原因となっていることを明らかにする。第三に、「社会保障の貧困」と「働き方の貧困」の悪循環を克服する「新しい福祉国家」と「賃金主導型経済成長」との相互作用を解明し、「新しい福祉国家」建設のために具体的に必要な社会保障充実施策と規模および必要となる財源を明らかにする。そして第四に、マルクス『資本論』に立ち返り、少子化・人手不足が労働力の「標準的な」価値以下の賃金を原因とすること、そのような「最低限界」の労働条件での労働力供給を法則的に生み出す「資本主義的生産様式に固有の人口法則」（相対的過剰人口法則）が存在することを解明する。そして私たち労働者・勤労市民階級がこれら資本主義の客観的法則を理解し主体

的に克服する闘い、「新しい福祉国家」と「賃金主導型経済成長」実現の担い手を育て組織すること自体が社会発展の法則であること、この社会発展の法則性の解明こそ『資本論』の生命力であることを示す。


## 第１節　少子化の原因（１）──社会保障の貧困と消費税


### 1　出生率低下と「社会保障の貧困」

最初に日本の少子化の現状を合計特殊出生率（一人の女性が生涯に産み育てる子どもの数の平均：以下「出生率」）の変化から明らかにする。図8-1は、日本の出生率が1984年の1.81をピークに2005年の1.26まで下がり続け、その後上昇の後、再び下降し19年に1.36にとどまることを示している。図8-2は、OECD（経済協力開発機構）加盟38か国のうち19年時点で出生率が平均1.7を超える8か国（以下「高出生国」）の出生率も2000年代後半から現在までに2.0水準から1.7水準へ下がったことを示す[2]。しかし、この高出生国8か国は2010年代に一度、出生率を2.0水準へ回復させることに成功している（2010年2.03）。

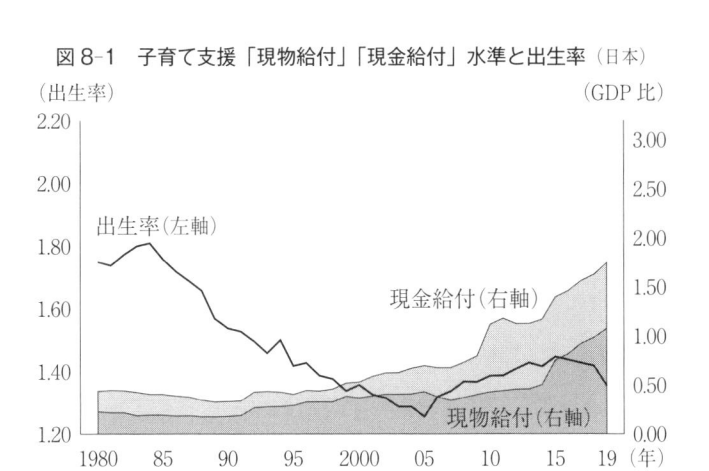

図8-1　子育て支援「現物給付」「現金給付」水準と出生率（日本）

（出所：OECD Social Expenditure Database, Family Database より筆者作成）

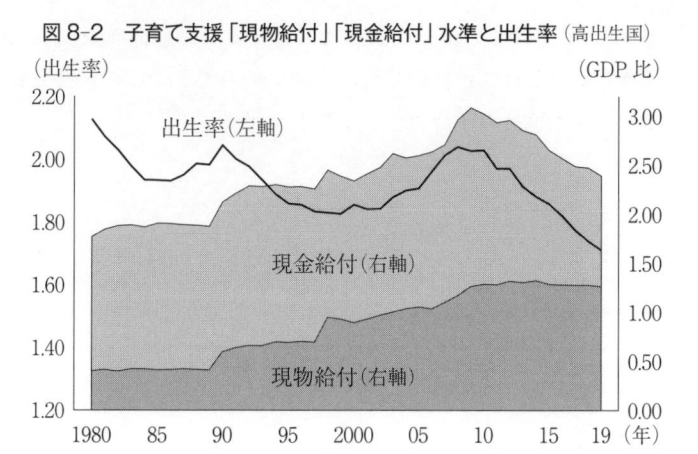

図8-2 子育て支援「現物給付」「現金給付」水準と出生率（高出生国）

（出所：OECD Social Expenditure Database, Family Database より筆者作成）

　このような日本の低迷する出生率・少子化の現状は自然災害に類する「国難」ではない。同じく図8-2は、高出生国が公的子育て支援支出（対GDP比）として「現金給付（子ども手当等）」をおよそ1.4％（1980年）から1.8％（2009年）へ、「現物給付（保育所整備等）」を0.5％（1980年）から1.4％近く（2009年）へ、あわせて対GDP比3.2％に増やして成功したことを示している。これに対して日本の公的子育て支援支出は、図8-1のように、80〜90年代半ばまで「現金給付」「現物給付」あわせて0.5％程度であり、19年でもそれぞれ1.1％、0.7％程度と、高出生国の半分程度（56％）に過ぎない。

　日本の少子化は、第一に「社会保障の貧困」「公的子育て支援の不足」による「こどもの生存権保障」の欠如を原因としている。

## 2　第二次安倍政権における保育政策の失敗

　このような「社会保障の貧困」「公的子育て支援の不足」は、第二次安倍政権以降、本質的に改善していない。図8-3は、2012年以降の認可保育園に入園することのできない「待機児童」を示している。厚労省が認定する「待機児童数」は2017年に2万6000人を超過したのち、2022年に3000人以下にまで減少した。しかし、認可保育所不足を補うための「地方単独施策」受入数や

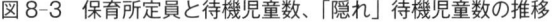

図8-3　保育所定員と待機児童数、「隠れ」待機児童数の推移

（人）　　　　　　　　　　　　　　　　　　　　　　　　　　（万人）

* 2012〜14年における「育休中、求職休止中、特定園希望」の「隠れ待機児童
数」はデータがない

（出所：厚労省「保育所等関連状況とりまとめ」より筆者作成）

「（保護者の）育児休暇中」「求職活動休止中」等を理由に、特に兄弟姉妹で同じ保育園に入れない、通園が困難など「（親の）特定の園希望」を理由に「待機児童ではない」と判定された数を合わせると、待機児童数は6万4000人を上回る。

　このような安倍政権における保育政策の停滞は15年4月より施行された「子ども子育て新システム」の構造的欠陥を原因とする。「新システム」の制度的本質は、「市町村の保育義務（認可保育所設置・サービスの現物給付）」に代えて、「利用者の自己責任（利用者と認定こども園等との商契約への補助金給付）」に移行したことである。これに伴い、「保育所整備国庫補助（国1/2、自治体1/4）」が廃止、保育士配置基準が認可保育所の半分以下である営利企業主導型保育が推奨されている。この「新システム」は、国・自治体が全ての子どもへの保育義務・人権保障に質、量共に責任を負う認可保育所制度を「施設整備費や人件費が高過ぎる」「公費投入が多すぎて保育料が安すぎる」「安いから使いすぎて不足する」と攻撃してきた「市場重視の経済学者」の「学説」に基づく

ものである。

しかし、「新システム」8年の経験は、「質、量共に必要充分な保育保障は営利ビジネスと矛盾すること」「公費投入が少なすぎ保育士賃金が低すぎることが受け皿、担い手不足の原因であること」を証明している。図8-4は、全産業平均給与と保育士給与（所定内給与・月額）との比較を示す。保育士平均給与は全産業平均に比べ月額5万円余

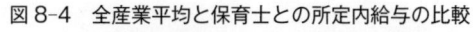

**図8-4　全産業平均と保育士との所定内給与の比較**

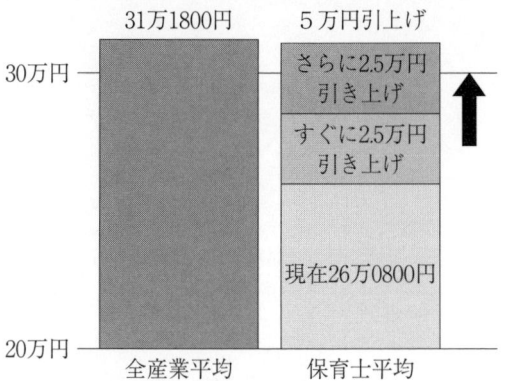

31万1800円　　　5万円引上げ

30万円 —

さらに2.5万円
引き上げ

すぐに2.5万円
引き上げ

現在26万0800円

20万円 —

全産業平均　　　保育士平均

＊保育士58.8万人、月給2.5万円引き上げ＝1800億円
（厚労省「賃金構造基本統計調査」2022年、「保育士の現状と主な取組」2020年より筆者作成）

低い。2020年に現場で働く保育士58.8万人全員の月額給与を2.5万円×12か月分引き上げるのに必要な金額は1800億円、さらに2.5万円、合計5万円引き上げても3600億円である。「高出生国」8か国に準じた公的子育て支援支出の倍増こそが少子化対策、「こどもの生存権保障」に必要である。

## 3　「社会保障財源＝消費税」の問題点

しかしながら「公的子育て支援支出」増額財源を消費税増税に求めることは誤りである。

「社会保障財源＝消費税」論の第一の問題点は、消費増税が「所得の中に占める消費支出の割合（消費性向）」の高い低所得家計ほど重課（貯蓄性向の高い高所得家計ほど軽課）となる逆進性である。図8-5は、2013年から18年にかけての総務省「家計調査」、国税庁「民間給与実態統計調査」のデータをもとに消費税率10％時の「年収に占める消費税負担割合」を試算した結果である[3]。消費税負担割合は年収200万円未満から年収1500万円以上にかけて完全な逆進性を示している。消費税は子育て・若年層ほど負担の重い税金である。

「社会保障財源＝消費税」論の第二の問題点は、消費増税が日本経済全体の

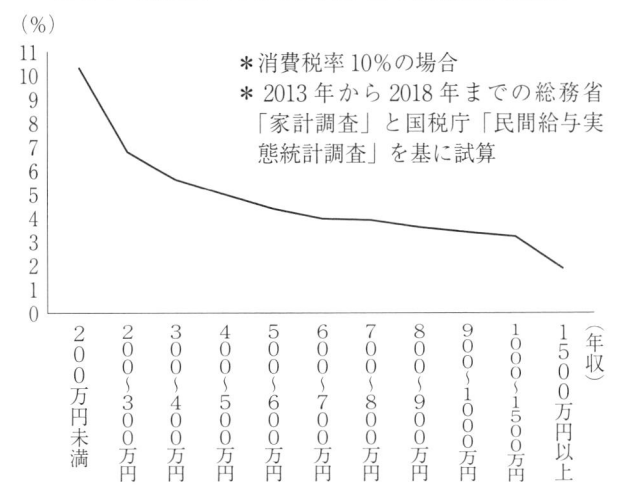

図 8-5　消費税率 10%時の年収に占める消費税負担割合

(%)

＊消費税率 10%の場合
＊2013 年から 2018 年までの総務省
　「家計調査」と国税庁「民間給与実
　態統計調査」を基に試算

（出所：日本経済新聞「消費税図解カイセツ」2019 年 9 月 20 日より筆者作成）

図 8-6　家計最終消費支出の推移

（兆円）

13 年平均 247.6 兆円

254.6
247.9
245.5
239.6
240.7
239.0
237.6
239.0
226.5
213.7

（出所：内閣府「国民経済計算（実質季節調整系列）」より筆者作成）

需要不足、長期停滞の主要因となっている事実である。図 8-6 は、家計最終消費支出（実質季節調整値）の推移を示す。家計最終消費支出は、2014 年 4 月の消費税増税（税率 5 → 8 ％）の後、低迷を続け、その後 2013 年平均 247.7 兆円

の水準を一度も超えることのないままに2019年10月の消費税増税（税率8→10%）を経て、大きく下落した。[4]2020年以降のコロナ危機の影響も大きく、家計最終消費支出は、2023年3月末においても2013年平均を約8.6兆円下回る。支出側GDPの5割以上を占める家計消費支出の低迷は長期停滞の主要因にほかならない。少子化対策財源を唱えた消費増税が家計所得、家計消費を押し下げ、低成長、低税収となっては意味がない。

「社会保障財源＝消費税」論の第三の問題点は、消費税収が社会保障充実財源として使われず、「法人税、所得税・住民税の減税」財源として使われた事実である。図8-7は、1989年から2022年までの消費税収額と法人税減収額、所得税・住民税減収額の推移を示す。この期間において、累計消費税収額は477兆円に達する。しかし、法人税率がおよそ50%から30%へ下がったために累計法人税減収額が315兆円、所得税・住民税の最高税率（所得4000万円以

図8-7 消費税収と法人3税、所得税・住民税減収額の推移

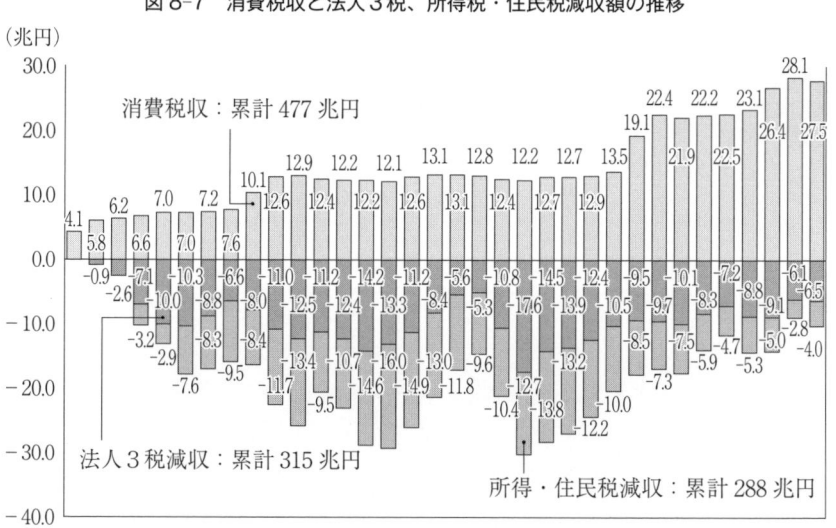

＊法人3税減収額は地方法人特別税、地方法人税、特別法人事業税、復興法人特別税を含み、ピーク時（1989年）と比べた減収額

＊所得税・住民税減収額は復興特別所得税を含み、ピーク時（1991年）と比べた減収額

（出所：財務省、総務省資料、全労連・労働総研『2023年国民春闘白書』より筆者作成）

上）が65％から55％へ下がった等のために累計所得税・住民税減収額が288兆円となる。結果的に、消費税収は全て、法人減税と富裕層所得減税に飲み込まれ、財政赤字、社会保障費抑制が残った。「消費税は社会保障経費に充てる」旨の消費税法は、社会保障財源であった法人税収、所得税収を引き揚げて、消費税収に入れ替えるだけの意味である。

## 4　中小零細業者、地域経済を苦しめるインボイス制度の問題点

2023年10月から開始された消費税「インボイス制度」は、地域の中小零細業者、独立開業者の経営を圧迫することで上記の「消費税の問題点」をさらに悪化させる。「インボイス」とは「適格請求書」のことで、販売者が購買者に消費税率8％取引、10％取引をそれぞれ整理して記載し発行する統一形式の請求書である。消費税を納税する販売者のみが「インボイス」を発行できる。また購買者は「インボイス」を使った場合のみ、「仕入れ税額控除」を利用することができる。この仕組みが「消費税を実質的に払ってもらえない、価格転嫁できない」中小零細業者、独立開業者を消費税納税で苦しめる。図で解明してみよう。

図8-8は、「インボイス導入前で中小零細業者が消費税を価格転嫁できる場合」を示す。大企業は消費者に1000円の商品を販売し消費税率10％で1100

図8-8　「仕入れ税額控除」とインボイス制度①消費税分転嫁可能

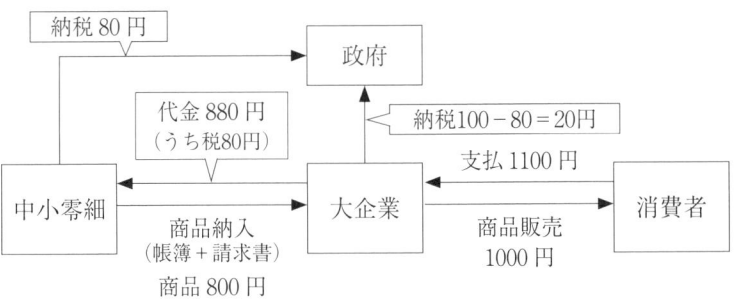

大企業：売上1100円、仕入れ880円、納税額20円、利益200円
中小零細：商品800円、代金880円－納税額80円＝売上800円

図8-9　消費税10％の価格転嫁状況

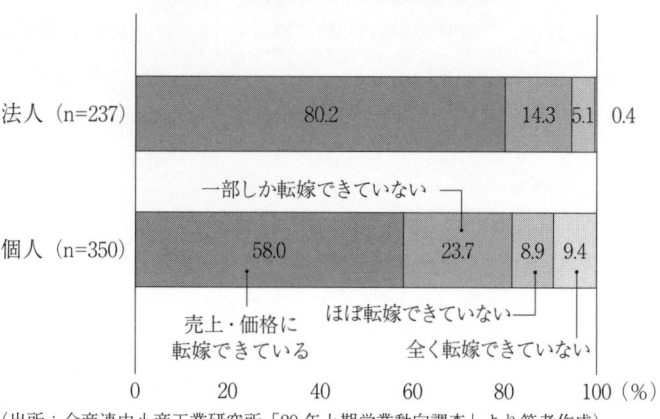

（出所：全商連中小商工業研究所「20年上期営業動向調査」より筆者作成）

円（消費税100円）を受け取る。しかし、大企業は政府に対して消費税100円を納めることはない。理由は「仕入れ税額控除」により、大企業が中小零細業者からの仕入れ・購買に支払った消費税を控除できるからだ。大企業は中小零細業者から800円の商品を仕入れ、「個別の請求書」を受け取り、税込み880円（消費税80円）を支払う。そして大企業は、消費者から受け取った消費税100円から中小零細企業に払った消費税80円を「仕入れ税額控除」し、「個別の請求書」を用いて20円を政府に納税する。「大企業の利益＝売り上げ1100円－仕入れ880円－納税額20円＝200円」になる。中小零細企業は、大企業から受け取った消費税80円を納税する。「中小零細企業の売り上げ＝販売代金880円－納税額80円＝800円」になる。ポイントは、中小零細企業は価格転嫁できた消費税を納税することである。

　しかし、図8-9は、消費税が税率10％になった2020年上期に、法人企業の20％、個人営業の42％が消費税を価格に転嫁できていないという事実を示している。小規模事業者は大企業事業者の顧客に対して価格交渉力を持たないため、消費税を価格転嫁することは困難である。これが「インボイス問題の本質」＝「顧客が払ってくれない消費税を中小零細事業者が自腹を切って納税する」問題、「消費税は顧客から預かれない」問題である。

　図8-10は、「インボイス導入前で中小零細業者が消費税を価格転嫁できない

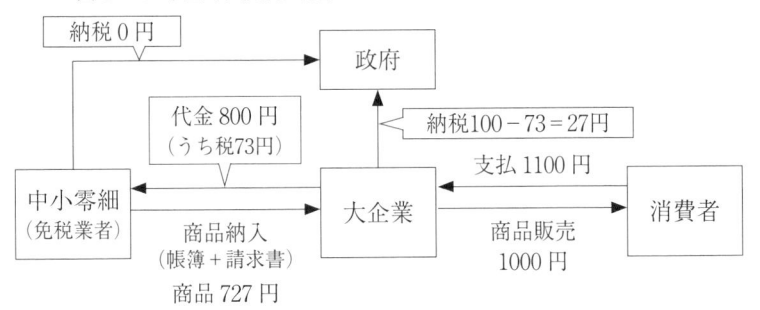

図8-10 「仕入れ税額控除」とインボイス制度②消費税分転嫁困難

大企業：売上1100円、仕入れ800円、納税額27円、利益273円
中小零細：商品727円代金800円（税込）－納税額0円＝売上800円

場合」を示す。大企業は消費者に1000円の商品を販売し消費税率10％で1100円（消費税100円）を受け取る。そして大企業は中小零細業者から800円の商品を仕入れるが、消費税分の値下げを強要する。結果、大企業は中小零細企業に「品代727円＋消費税73円の個別の請求書」を発行させて、800円（税込）を支払う。そして大企業は、消費者から受け取った消費税100円から中小零細企業に払った（形だけよそおった）消費税73円を「仕入れ税額控除」し、「個別の請求書」を用いて27円を政府に納税する。「大企業の利益＝売り上げ1100円－仕入れ800円－納税額27円＝273円」になる。しかし、インボイス導入前において、年間売上額1千万円以下の中小零細企業「免税業者」は消費税納入義務を負わない。よって「中小零細企業（免税業者）の売り上げ＝販売代金800円－納税額0円＝800円」になる。ポイントは、中小零細企業は価格転嫁できない消費税を納税せず売り上げを維持できること、大企業も「個別の請求書」を用いて「仕入れ税額控除」ができることである。

　図8-11は、「インボイス導入で中小零細業者が価格転嫁できない消費税を納める場合」を示す。大企業は消費者に1000円の商品を販売し消費税率10％で1100円（消費税100円）を受け取る。大企業は中小零細業者から800円の商品を仕入れ、消費税分の値下げを強要して「品代727円＋消費税73円のインボイス・適格請求書」を受け取る。大企業は「インボイス」を受け取らないと「仕入れ税額控除」を使うことができない。結果、大企業は中小零細企業に

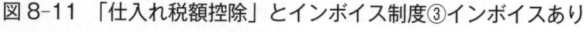

## 図8-11 「仕入れ税額控除」とインボイス制度③インボイスあり

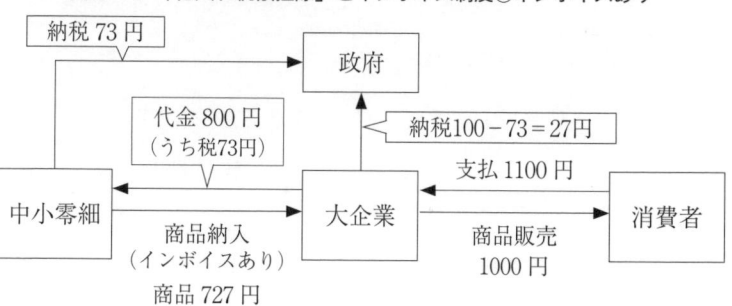

大企業：売上1100円、仕入れ800円、納税額27円、利益273円
中小零細：商品727円代金800円（税込）－納税額73円＝売上727円

800円（税込）を支払う。そして大企業は、消費者から受け取った消費税100円から中小零細企業に払った（形だけよそおった）消費税73円を「仕入れ税額控除」し、「インボイス」を用いて27円を政府に納税する。「大企業の利益＝売り上げ1100円－仕入れ800円－納税額27円＝273円」になる。そして年間売上額1千万円以下の中小零細企業も「インボイス」を発行するためには消費税納入業者にならなければならない。よって「中小零細企業（消費税納入業者）の売り上げ＝販売代金800円－納税額73円＝727円」になる。ポイントは、中小零細企業は価格転嫁できない消費税を、自腹を切って納税し売り上げ・収入が減少すること、中小零細業者が消費税納入業者にならず免税業者のままだと、取引に「インボイス」を発行できず、取引先・大企業は「仕入れ税額控除」を使えない、よって免税業者は取引から事実上排除されることである。

　「インボイス」の導入は、地域の中小零細事業、独立開業者の収入を減らすことで地域経済、国民経済の所得を奪い、長期停滞に拍車をかける。また政府が「インボイス・適格請求書」により、税率10％取引と軽減税率8％取引を整理して記載させたい真の目的は、消費税率20％引き上げ時の多様な軽減税率導入にあるともされる。消費税20％と社会保障抑制という「税と社会保障の一体改革」が貧困と少子化を促進することは確実である。

## 第2節　少子化の原因（2）
### ——「働き方改革」＝「働く貧困の増加」

### 1　所得低下と「働き方の貧困」

　日本の少子化は、第二に「働き方の貧困」による「親の生存権保障」の欠如も原因としている。図8-12は、日本と高出生8か国の実質年間平均賃金を90年の値を基準値1とし22年までの推移を示している。高出生8か国は、平均して1.54倍、賃金が上昇しているのに対し、日本は1.03倍、ほぼ賃金が上がっていない。未来に向かって賃金所得が上がり豊かになれる希望が欠如してい

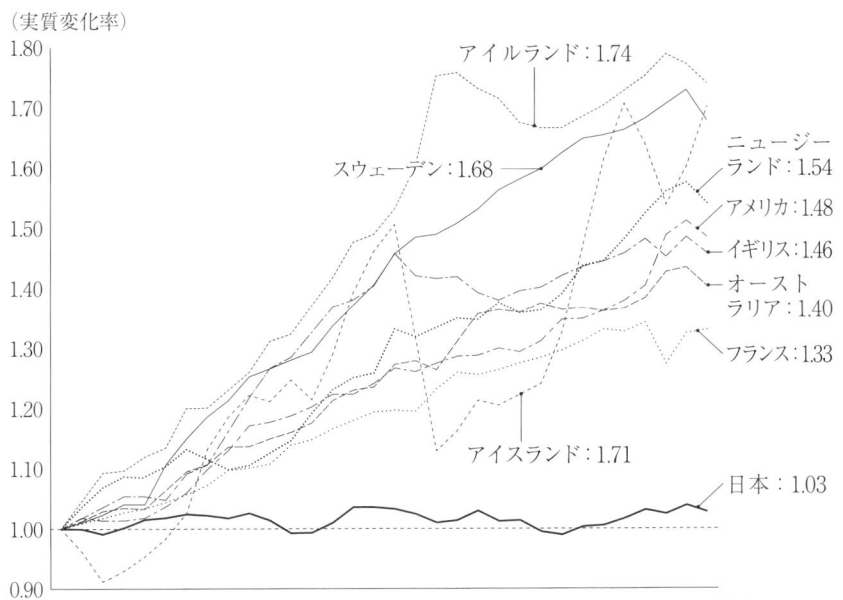

図8-12　日本、高出生8か国の実質年間平均賃金の推移（1991年数値を1）

（実質変化率）

アイルランド：1.74

スウェーデン：1.68

ニュージーランド：1.54

アメリカ：1.48

イギリス：1.46

オーストラリア：1.40

フランス：1.33

アイスランド：1.71

日本：1.03

1991　93　95　97　99　2001　03　05　07　09　11　13　15　17　19　21　(年)

＊出生率は日本が1.3、高出生8か国が1.7

（出所：OECD stat. より筆者作成）

表 8-1　世帯人員別標準生計費 (全国平均、各年 4 月月額・単位：円) の推移

| | 世帯人員 | 1 人 | 2 人 | 3 人 | 4 人 | 5 人 |
|---|---|---|---|---|---|---|
| 合計 | 2010 年 | 123,360 | 191,130 | 210,360 | 229,600 | 248,830 |
| | 2012 年 | 117,540 | 175,850 | 201,950 | 228,050 | 254,160 |
| | 2014 年 | 121,200 | 179,580 | 199,600 | 219,630 | 239,660 |
| | 2016 年 | 115,530 | 170,520 | 196,470 | 222,440 | 248,420 |
| | 2018 年 | 116,930 | 150,690 | 186,520 | 222,350 | 258,160 |
| | 2020 年 | 110,610 | 153,040 | 176,230 | 199,420 | 222,640 |
| | 2022 年 | 114,480 | 178,930 | 196,090 | 213,240 | 230,390 |

(出所：「人事院勧告」各年参考資料より筆者作成)

る日本の現実が子どもを金銭的、時間的費用としか見ない荒廃した社会を生み出している。

　この希望なき現実は第二次安倍政権以降、ますます悪化している。表 8-1 は、世帯人員 (家族の人数) ごとの一か月標準生計費を示す。要点は二つで、第一は「1 人 (一人暮らし)」から「5 人 (五人家族)」まですべての世帯類型において、標準生計費が 2010 年に比べて 2022 年は減少していることである。第二は、すべての世帯類型が標準生計費を趨勢的に減らしている下で、「一人暮らしが結婚して二人になる」「二人暮らしが子どもをもうけて三人になる」、そのような生計費の増加を受け容れることは難しいことである。事実、図 8-13 は、成果主義導入と非正規雇用積極活用を特徴とする「労働構造改革」＝「働き方改革」がスタートする 1995 年以降、「生涯未婚率」が上昇し続け、2020 年に男性の 28.3％、女性の 17.8％に上ることを示す。

## 2　第二次安倍政権における「働き方改革」の問題点

　2018 年、安倍政権は「働き方改革」と称し、さらなる「働き方の貧困」を推進した。高年収労働者の労働時間規制を撤廃し完全な成果主義賃金へ移行する「高度プロフェッショナル労働制」導入や「裁量労働制・適用職種拡大」の試み、単月で 100 時間未満、2 〜 6 か月平均月 80 時間という「過労死危険ラ

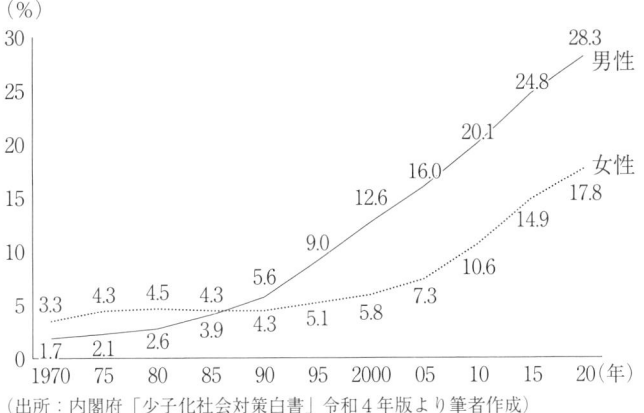

図8-13　生涯未婚率（50歳までに一度も結婚しない人の割合）の推移

（出所：内閣府「少子化社会対策白書」令和4年版より筆者作成）

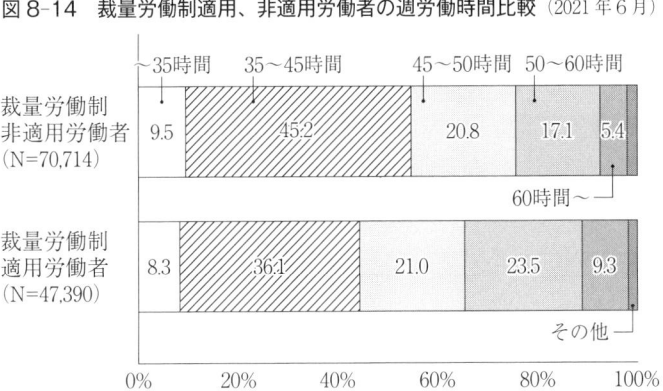

図8-14　裁量労働制適用、非適用労働者の週労働時間比較（2021年6月）

＊ 2019年10月31日現在

（出所：厚労省「裁量労働制実態調査」2021年6月25日より筆者作成）

イン」付近の残業を合法化する「労働時間上限規制」など、「8時間働いて家族と普通に暮らす」「親の生存権保障」をさらに危うくしている。

　仕事の進め方や時間管理の仕方を労働者の裁量とすることで使用者の管理責任をあいまいにする「裁量労働制」は、「時間に払うのでなく成果に払う」ことを口実に、成果主義賃金制度と抱き合わせで導入され、「目標を達成すれば早く帰宅できる」などと喧伝された。

　図8-14は、週間労働時間（所定内労働時間1日8時間×5日＝40時間）につ

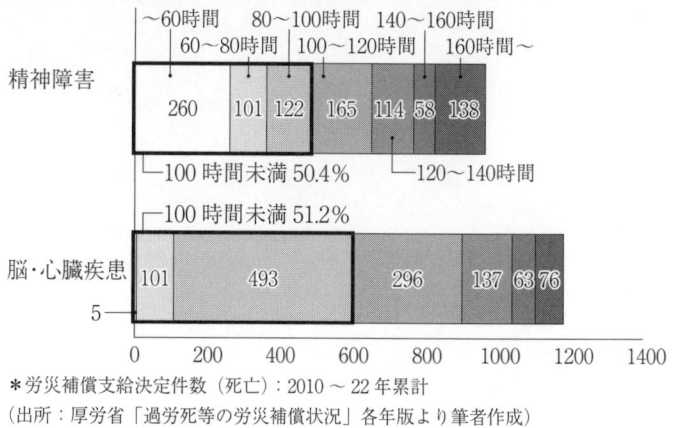

図8-15　過労死による月残業時間別労災補償支給決定件数（10～22年）

精神障害

　～60時間　　　80～100時間　　140～160時間
　　　60～80時間　　100～120時間　　160時間～

| 260 | 101 | 122 | 165 | 114 | 58 | 138 |

　　└100 時間未満50.4%　　　　　　　└120～140時間

脳・心臓疾患

└100 時間未満51.2%

| 101 | 493 | 296 | 137 | 63 | 76 |

5──

　　0　　200　　400　　600　　800　　1000　　1200　　1400

＊労災補償支給決定件数（死亡）：2010～22年累計
（出所：厚労省「過労死等の労災補償状況」各年版より筆者作成）

いて「裁量労働制非適用労働者」と「裁量労働制適用労働者」との比較を示している。およそ「所定内労働時間」に近い「週35～45時間」働く労働者は「裁量労働制非適用」で45.2%、「同適用」で36.1%、「所定内労働時間」を超える「週45時間以上」働く労働者は「裁量労働制非適用」で43.3%、「同適用」で53.8%である。この結果は、「裁量労働制適用労働者」が成果主義の下、過重な目標達成まで帰宅できない現実を示している。

　図8-15は、2010年から22年にかけて過労死認定された全労働者のうち、単月また2～6か月平均で「月80時間～100時間」以内の残業により「精神障害による過労自殺」をした者が50.4%、「脳・心臓疾患による過労死」をした者が51.2%に及ぶことを示す。アベノミクス「働き方改革」の「労働時間上限規制」は、半分の過労死を「合法」とするものである。

　岸田政権が策定した「骨太の改革2023」は「三位一体労働市場改革」として「リスキリング（労働者自己責任の学び直し）」「ジョブ型雇用（成果主義的職務給）」「成長分野への労働移動の円滑化（解雇の金銭解決制度導入）」により「構造的賃上げ」を実現するという。

　しかし、能力開発の責任を労働者に押し付け、成果主義で労働者間競争を煽り立てることは長時間過密労働に結びついても賃上げに結びつくことはない。特に「労働移動の円滑化＝解雇の金銭解決制度」は危険である。図8-16は、

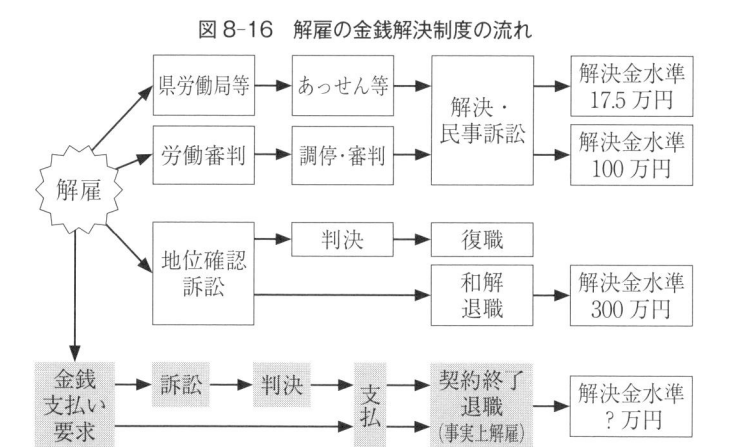
図 8-16　解雇の金銭解決制度の流れ

（出所：内閣府規制改革会議第 18 回雇用 WG 資料「労働審判制度における解決金について」2014 年 1 月 29 日より筆者作成）

「解雇の金銭解決制度の流れ」を示す。要点は三つで、第一は、現状の「解雇」においてそれが不当解雇ならば、労働者の「復職」が可能なことである。第二は、現状の「解雇」において労働者が「労働局のあっせん」「労働審判」「地位確認訴訟」のいずれを用いても労働者が希望すれば金銭解決が可能なことである。第三は、「解雇の金銭解決制度」においては、解雇が正当であろうと不当であろうと労働者が復職する可能性はなくなり解決金の交渉以外に選択肢はなくなる。企業は金銭さえ支払えば、いつでも誰でも解雇可能となる。解雇規制権は労働者にとって最も重要な権利である。解雇自由の下では賃上げ、時短を要求した者から解雇となることは自明である。

　図 8-17 は、日本の「長時間労働者」割合が 15％に達し、総実労働時間の長さとあわせ、依然として先進国最悪レベルの長時間労働国であることを示す。この上さらなる労働者の権利後退、長時間過密労働が子育て・家族生活と矛盾することは明らかでる。

## 3　「働き方の貧困」と「社会保障の貧困」との相互依存関係

　これまで見たように、日本の少子化の原因は「社会保障の貧困」と「働き方

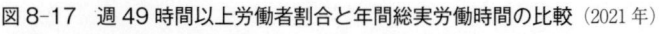

図 8-17　週 49 時間以上労働者割合と年間総実労働時間の比較（2021 年）

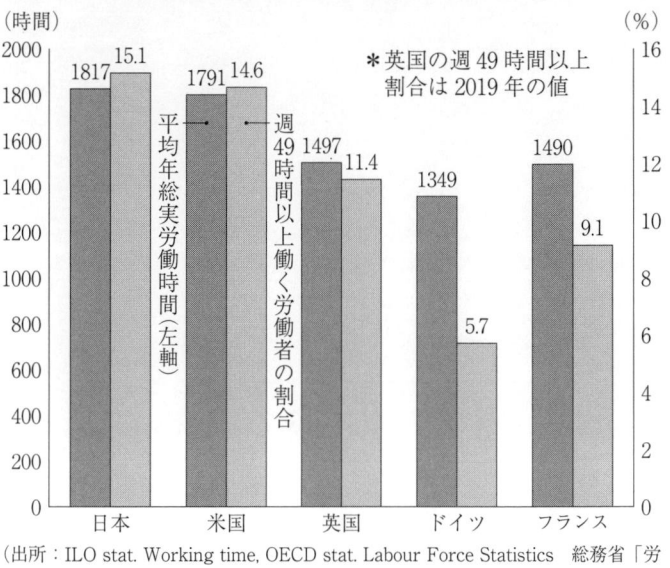

（出所：ILO stat. Working time, OECD stat. Labour Force Statistics　総務省「労働力調査」産業、職業別従業者平均年間就業時間より筆者作成）

　の貧困」である。そしてこの二要因は相互促進的に作用する法則性をもつ。「社会保障の貧困」と「働き方の貧困」との相互促進である。

　図 8-18 は、日米欧の失業率、相対的貧困率、公的家族支援、公的住宅支援の比較を示す。全般的傾向として、日米は「低失業、高貧困」社会である。特に日本は「みな働いているのに貧しい」顕著な傾向を示す。対して英、仏、独、スウェーデンの欧州福祉国家は「高失業、低貧困」社会である。この全般的傾向は社会保障の充実度で説明できる。欧州福祉国家は「公的子育て・家族支援」を対 GDP 比 2.4 ～ 3.4％支出する。しかし日米は 0.6 ～ 1.7％に留まる。また欧州福祉国家は「公的住宅支援」を 0.4 ～ 1.1％支出する。しかし、日米は 0.1 ～ 0.2％に過ぎない。ここからわかることは、相対的に欧州福祉国家が子育てや住宅を公的支援で支えるため、子育て・教育費や住宅ローンのための長時間過密労働を拒否できるということである。反対に日米は子育ても住宅も公的支援が脆弱で自己責任とされるため、子育て・教育費捻出や住宅ローン返済のため死ぬほどの長時間過密労働を拒めないということである。このような「貧

図 8-18　日米欧の失業率、相対的貧困率、公的家族支援、住宅支援の比較（2019年）

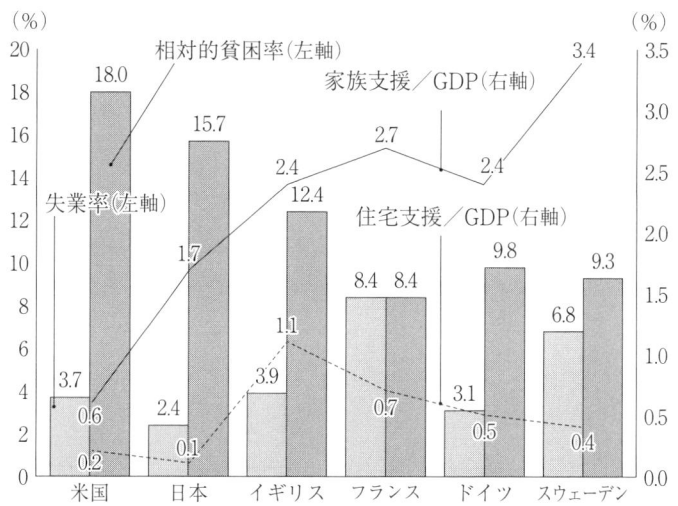

＊ドイツと日本の相対的貧困率は 2018 年の値

（出所：労働政策研究研修機構「データブック国際労働比較 2023」、OECD Social Expenditure Aggregated data より筆者作成）

困に追い詰められた労働（窮迫労働）」が蔓延すると非人間的な労働条件、ブラック企業的就労を淘汰する（労働者が集まらない）ことができなくなる。

　図 8-19 は、日本の相対的貧困率と貧困線（貧困の有無を分ける基準）の推移を示す[5]。要点は二つで、第一は、日本人全体の所得が下がり、貧困線が97年149 万円から 21 年127 万円に下がっても、貧困率が15％程度の横ばいとなっていること、第二は、ひとり親世帯の86％が働いているにもかかわらず、約45％が貧困であることである。ここにも脆弱な社会保障・公的支援ゆえに最低賃金で働き続けなければならない日本の現実が表れている。

　図 8-20 は、先進各国における「1 日 24 時間（1440 分）」の使い方の国際比較を示す。日本の男性は最も賃金労働時間（Paid work）が長く、家事労働時間（Unpaid work）が短い。日本の女性は、賃金労働時間と家事労働時間の合計で男性よりも長く働いている。そして男女ともに日本人は最も眠らない、眠れない生活を送っている。

　そして「脆弱な社会保障ゆえに眠らず働いても貧困」という日本的な「働き

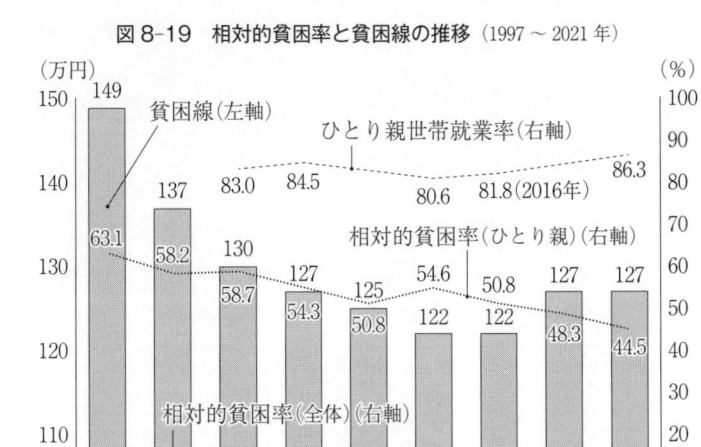

図 8-19　相対的貧困率と貧困線の推移（1997 ～ 2021 年）

＊相対的貧困率とは世帯別等価可処分所得の中央値の半分（貧困線）以下の世帯
　数割合。ひとり親世帯就業率「15 年」は 16 年の値

（出所：厚労省「国民生活基礎調査」各年版より筆者作成）

方の貧困」は社会保障や公共サービスをいっそう脆弱にする作用をもっている。
「働いても貧困」だが税や社会保険料負担が重い人の怒りは、二つの方向に向
かう。[6]第一は「自分たちが働いて納めた税金で遊んで暮らしている人がいる」
という社会保障・生活保護バッシングである。第二は「自分たちが働いて納め
た税金で自分たちより良い暮らしをしている人がいる」という公務員バッシン
グである。どちらのバッシングも「働く貧困」を解消することはできないだけ
でなく、社会保障・公共サービス削減に利用され、いっそう脆弱になった社
会保障は窮迫労働を増やすだけである。

　「福祉・社会保障は甘えを生む、怠け者を生む」という考えは誤りである。
社会保障から追い出され強制される労働は健全な労働意欲に基づかず生産性も
低い。健全な労働意欲は、充実した社会保障で生存権を守った上で、高い賃金、
人間らしい労働条件により引き出される。労働者は自分たちを大切にする企業
こそ本気で守ろうと考える。

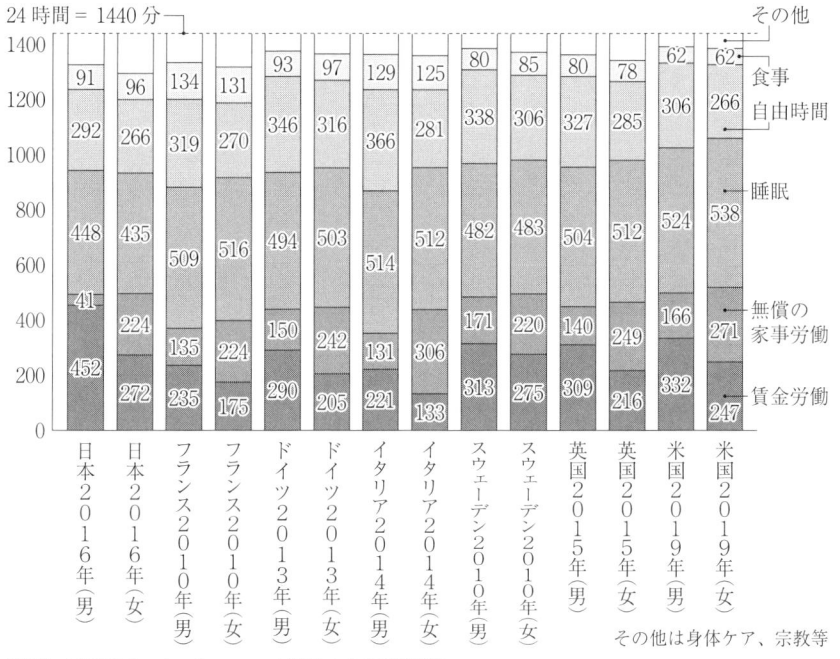

図 8-20　1 日（24 時間＝1440 分）の時間の使い方の男女別国際比較

（出所：OECD Gender data portal 2021 より筆者作成）

## 第3節　「賃金主導型経済成長」と「新しい福祉国家」を支える財源論

### 1　日本と比べた欧州福祉国家の「社会支出（社会保障支出）」と「社会保障財源の内訳」

以上に見たような「社会保障の貧困」と「働く貧困」の悪循環を断ち切り少子化を止めるため、健全な労働意欲を引き出す高賃金を実現するため、社会保障の充実が必要である。

図 8-21 は欧州福祉国家と日本の「社会支出（対 GDP 比）」を示す。日本の

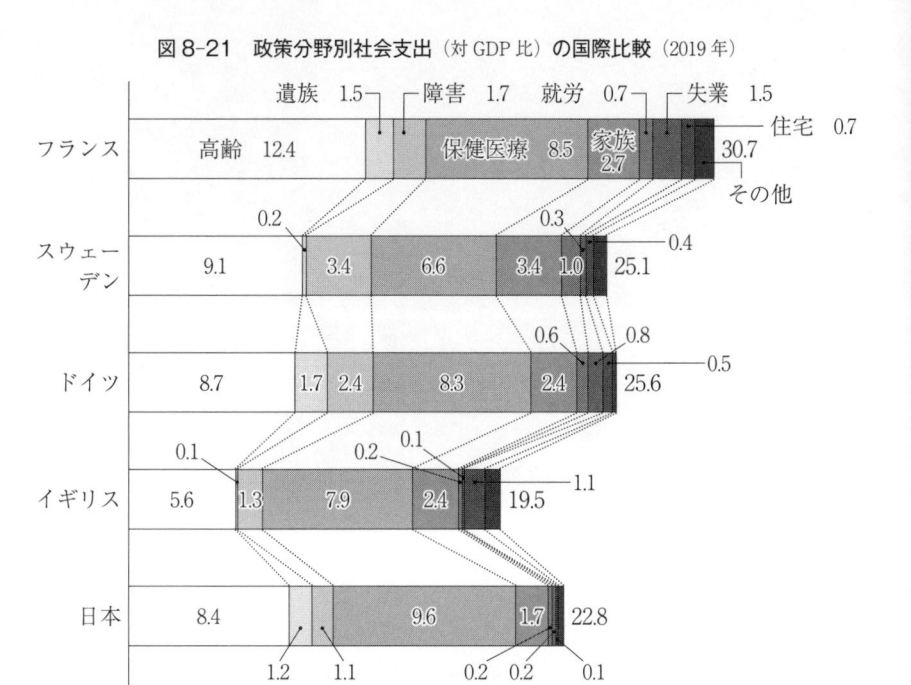

図 8-21　政策分野別社会支出（対 GDP 比）の国際比較（2019 年）

（出所：OECD Social Expenditure Database2021 より筆者作成）

社会支出総額は対ドイツで 2.8％（15.7 兆円）、対フランスで 7.9％（44.2 兆円）少ない。日本は「小さな政府」である。個別政策分野においても、日本の公的家族支援はスウェーデンの 1/2、失業対策はドイツの 1/4、高齢対策はフランスの 2/3、公的住宅対策は英国の 1/11 に過ぎない。

　「欧州福祉国家は高負担高福祉」「日本は低負担低福祉」という見解は、「負担＝消費税標準税率」と結び付ける限り、誤りである。図 8-22 は各国の社会保障財源の内訳を示す。社会保障財源のうち消費税収部分（対 GDP 比）は日本 4.01％、フランス 1.78％、スウェーデン 3.43％、ドイツ 2.56％、英国 2.50％である。このような結果になる原因は、食料品の消費税率が日本 8％（標準税率 10％）、フランス 5.5％（同 20％）、ドイツ 7％（同 19％）、英国 0％（同 20％）だからである。[7]日本の食料品 8％課税は日常的な重課である。欧州福祉国家の最大の財源は「社会保険料事業主負担」であり、各国とも「社会保険料労

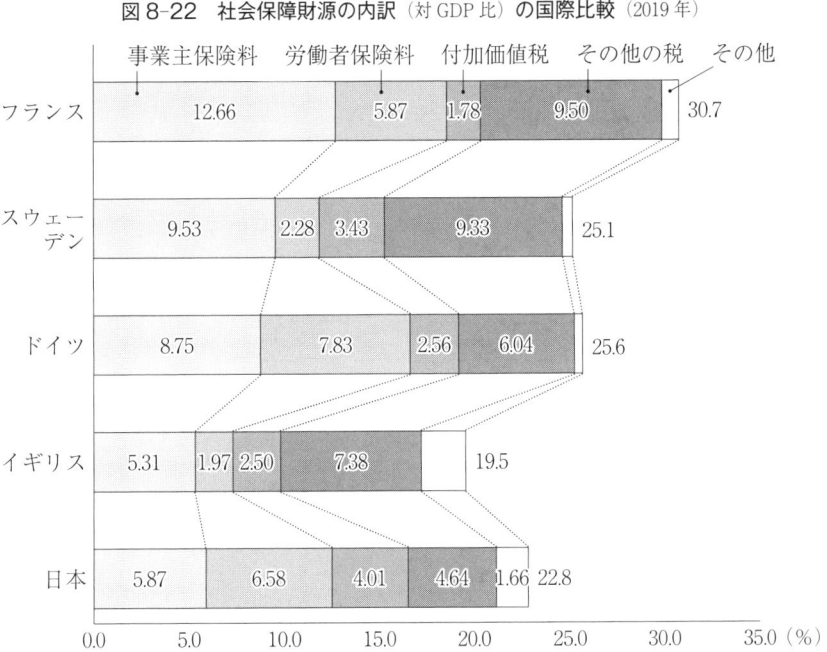

図 8-22　社会保障財源の内訳（対 GDP 比）の国際比較（2019 年）

| | 事業主保険料 | 労働者保険料 | 付加価値税 | その他の税 | その他 |
|---|---|---|---|---|---|
| フランス | 12.66 | 5.87 | 1.78 | 9.50 | 30.7 |
| スウェーデン | 9.53 | 2.28 | 3.43 | 9.33 | 25.1 |
| ドイツ | 8.75 | 7.83 | 2.56 | 6.04 | 25.6 |
| イギリス | 5.31 | 1.97 | 2.50 | 7.38 | 19.5 |
| 日本 | 5.87 | 6.58 | 4.01 | 4.64 | 1.66 / 22.8 |

（出所：OECD Social Expenditure Database2021、社会保障・人口問題研究所「社会保障費用統計」、EuroStat 資料、労働総研『2023 年国民春闘白書』より筆者作成）

働者負担」より多い。「消費税以外の税収（法人税、所得税が中心）」も消費税収の３倍程度にのぼり、「応能負担（支払能力に応じた負担）原則」が生きている。日本は、「社会保険料労働者負担」が「事業主負担」より重く、「消費税以外の税収（法人税、所得税が中心）」と比べて「消費税収」の多さが突出し、「応益負担原則（消費した便益に応じた負担)」である[8]。

## 2　日本の「資金循環図」から社会保障財源を探索する

日本が「新しい福祉国家」に生まれ変わる財源は、日本全体の資金循環図を俯瞰することでこそ明らかになる。図 8-23 は 2022 年末の「日本経済のお金の流れ（資金循環図）」を示す。政府部門は普通国債 1000 兆円を含め 1437 兆円の負債がある。しかし、金融資産も 772 兆円あり、資金不足は 665 兆円である。

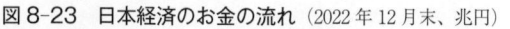

図 8-23　日本経済のお金の流れ（2022 年 12 月末、兆円）

政府
企業
家計
海外
金融資産 772
資金不足 665
負債 1437
上位0.2% 400兆円
金融資産 1542
資金不足 587
負債 2129
上位2.8% 364兆円
金融資産 2043
負債 383
資金余剰 1660
36
437
2位　ドイツ　332
3位　香　港　245
4位　中　国　228
資金余剰 NPO

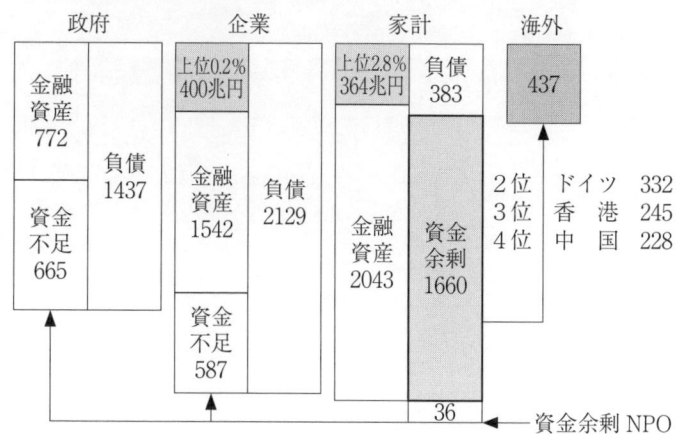

（出所：日銀「資金循環統計」より筆者作成）

図 8-24　純金融資産保有額別「世帯数」「保有資産規模」

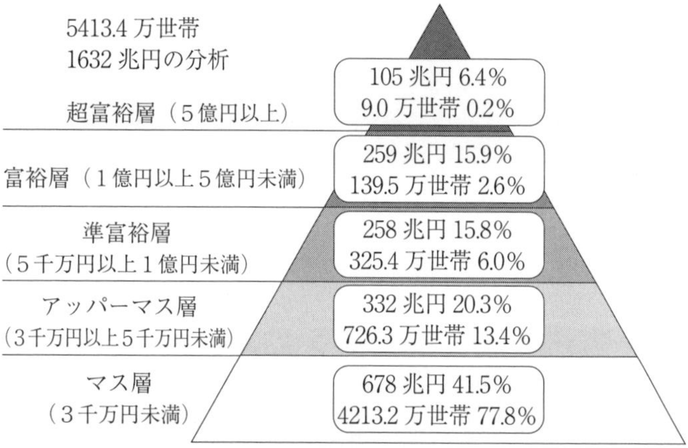

5413.4 万世帯
1632 兆円の分析
超富裕層（5 億円以上）
105 兆円 6.4%
9.0 万世帯 0.2%
富裕層（1 億円以上 5 億円未満）
259 兆円 15.9%
139.5 万世帯 2.6%
準富裕層
（5 千万円以上 1 億円未満）
258 兆円 15.8%
325.4 万世帯 6.0%
アッパーマス層
（3 千万円以上 5 千万円未満）
332 兆円 20.3%
726.3 万世帯 13.4%
マス層
（3 千万円未満）
678 兆円 41.5%
4213.2 万世帯 77.8%

（野村総合研究所調査 2021 年より筆者作成）

企業部門も 587 兆円の資金不足であるが、「上位 0.2%（資本金 10 億円以上）の大企業」は 400 兆円の金融資産（現金預金 80 兆円、有価証券 320 兆円）を保有している。反対に家計部門は 1660 兆円の資金余剰を保有しており、「上位 2.8%（純金融資産 1 億円超）の富裕層」が 364 兆円の金融資産を保有している。

図 8-24 は、純金融資産保有額別の世帯数と保有資産規模を示している。「上

位 0.2％（純金融資産 5 億円超）の超富裕層」が 105 兆円、「上位 2.6％（純金融資産 1 億円超）の富裕層」が 259 兆円の純金融資産を保有していることがわかる。その上で、これら上位 0.2％大企業、上位 2.8％富裕層が中心となり海外で運用する純資産・「対外純資産」が 437 兆円にのぼる。以上から、「新しい福祉国家」の財源は、「上位 0.2％（資本金 10 億円以上）の大企業の金融資産 400 兆円」、「上位 2.8％（純金融資産 1 億円超）の富裕層の金融資産 364 兆円」、「対外純資産 437 兆円」、合計 1201 兆円の中から調達すべきである。◆9

## 3　具体的な 30 兆円の財源提案

本章は「新しい福祉国家」の具体案として当該 1201 兆円の 2.5％、30 兆円の税の集め方と使い方を考察する。図 8-25（次ページ）は「大企業・富裕層優遇税制の是正（財源確保）」案である。

① 「大型公共事業費、海外派兵用軍事費、原発対策費の削減 3.1 兆円」

図 8-26（218 ページ）は「請負金額別の公共事業の推移」を示す。第二次安倍政権発足の 2013 年度から 22 年度にかけて、請負金額 10 億円超の「超大規模」公共事業が毎年平均 1.3 兆円増加している。これを 2012 年度以前の規模にまで削減する。支払義務のない「在日米軍思いやり予算、米軍再編経費 4000 億円」（防衛省「在日米軍駐留負担経費の推移」）も削減し、海外派兵用の正面装備 1 兆円も削減する。原子力発電事業推進のための予算も毎年 4000 億円規模で支出されているが削減し原発事業は廃炉、撤退事業に絞る。

② 「証券優遇税制廃止、総合課税化 1.7 兆円」

本書第 1 章図 1-8（24 ページ）で示したように、日本の有価証券分離課税・税率 20.3％は低すぎる。また事業所得や労働・給与所得と比べて優遇する根拠もない。原則通り総合課税化する。◆10

③ 「法人減税中止、税率 2013 年水準復帰 4.1 兆円」

2022 年度、法人税率（国税部分）は 23.2％で法人税収は 13.9 兆円であった。

### 図8-25 大企業・富裕層優遇税制の是正（年間）

①大型公共事業費、海外派兵用軍事費、原発対策費削減⇒3.1兆円

②証券優遇税制廃止、総合課税⇒1.7兆円

③法人減税中止、税率2013年水準復帰⇒4.1兆円

④租税特別措置等廃止⇒5.1兆円

⑤所得税＋住民税最高税率を1998年水準に戻す⇒2.0兆円

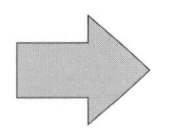

⑥5億円超純資産に2％、1億円超純資産に1％富裕課税⇒4.7兆円

⑦為替取引税0.03％創設＋環境（炭素）税引き上げ⇒5.5兆円

⑧月収65万円以上年金保険料引き上げ＋月収139万円以上医療・介護保険料引き上げ⇒2.2兆円

⑨2013〜21年の内部留保積増額に2％課税⇒2兆円　合計30.4兆円

仮に第二次安倍政権以前の税率30％に復帰すると、法人税収は18兆円、4.1兆円の増収となる。

④　「租税特別措置等の廃止5.1兆円」

　本稿第6章で詳述したとおり、「研究開発減税廃止」「特定目的会社、投資法人、特定株式信託配当課税等特例廃止」「賃上げ減税廃止」「受取配当益金、外国子会社配当益金不算入制度廃止」「連結納税制度廃止」「タックスヘイブン投資課税」で財源5.1兆円が生じる。

⑤　「所得税＋住民税最高税率の1998年水準への復帰2.0兆円」

　表8-2（218ページ）は、「1998年以前と2023年現在との所得税、住民税の税率」の比較を示す。現在は98年時と比べて、「所得700万円〜1800万円で2％」「所得1800万円〜3000万円で5％」「所得3000万円〜4000万円で15％」「所得4000万円以上で10％」税率が低い。これを98年時の税率に戻すと2.0兆円の増収となる。[11]

図 8-28　緊急に必要な社会保障充実（年間）

①消費税の税率を５％に下げる⇒13.5 兆円

②国保料「平等割」「均等割」廃止で平均４割引き下げ⇒1.3 兆円

③年金月５千円上げ 2.4 兆円＋国民年金積立 0.5 兆円⇒2.9 兆円

④診療報酬 2000 年水準回復（10.8％引き上げ）⇒4.3 兆円

⑤保健所予算２倍化＋感染症研究予算 10 倍化⇒0.4 兆円

⑥保育 58.8 万人、介護 215 万人、月 2.5 万円賃上げ⇒0.8 兆円

⑦障害者＋18 歳以下医療無償化、生活保護削減回復⇒0.6 兆円

⑧大学、専門学校授業料半減⇒1.5 兆円

⑨最低賃金引き上げのための中小企業助成金⇒5.1 兆円

合計 30.4 兆円（うち消費税減税以外 16.9 兆円）


⑥　「５億円超純資産に２％、１億円超純資産に１％の富裕課税 4.7 兆円」

　図 8-24 における、「上位 0.2％（純金融資産５億円超）の超富裕層」が所有する 105 兆円の純金融資産に２％課税、「上位 2.6％（純金融資産１億円超）の富裕層」が所有する 259 兆円の純金融資産に１％課税し、合わせて 4.7 兆円の財源を得る。

⑦　「為替取引税 0.03％創設＋環境（炭素）税引き上げ 5.5 兆円」

　図 8-27（219 ページ）は、2022 年４月１営業日あたりの日本の外国為替取引高が 4785 億ドルに上ることを示す。年間 250 日、１ドル 140 円で換算すると、年間の外国為替取引高は１京 6625 兆円で、このうち貿易実需は１％程度である。この 99％の為替投機に対して 0.03％課税することで５兆円の財源が得られる。また現在、すべての化石燃料に対して最終的に排出される $CO_2$ １トン当たり 289 円が課税され 2623 億円の税収となっている。この課税水準を欧州福祉国家に近づけ３倍化することで、新たな税収 0.5 兆円を得る。

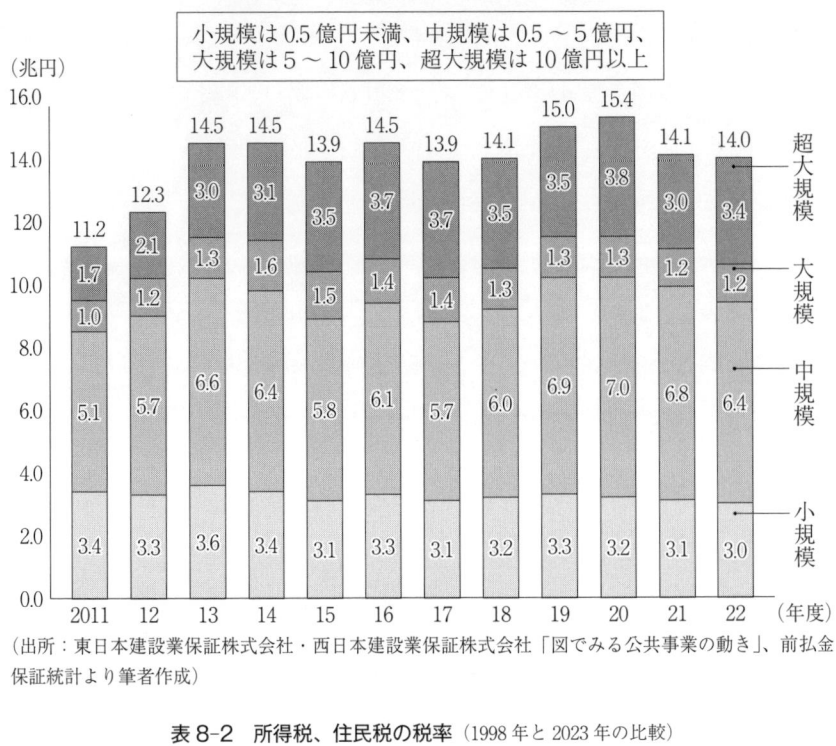

図 8-26　請負金額別の公共事業の推移

小規模は 0.5 億円未満、中規模は 0.5 〜 5 億円、
大規模は 5 〜 10 億円、超大規模は 10 億円以上

（出所：東日本建設業保証株式会社・西日本建設保証株式会社「図でみる公共事業の動き」、前払金
保証統計より筆者作成）

表 8-2　所得税、住民税の税率（1998 年と 2023 年の比較）

| 所得税（住民税）課税所得区分 | ①98 年以前 | | | ②現在 | | | ②−① | | |
|---|---|---|---|---|---|---|---|---|---|
| | 所得税 | 住民税 | 合計 | 所得税 | 住民税 | 合計 | 所得税 | 住民税 | 合計 |
| 〜 195（200）万円 | 10 | 5 | 15 | 5 | 10 | 15 | ▲ 5 | 5 | 0 |
| 〜 330 万円 | | 10 | 20 | 10 | | 20 | 0 | 0 | 0 |
| 〜 695（700）万円 | 20 | | 30 | 20 | | 30 | 0 | 0 | 0 |
| 〜 900 万円 | | | 35 | 23 | | 33 | 3 | | ▲ 2 |
| 〜 1800 万円 | 30 | | 45 | 33 | | 43 | 3 | | |
| 〜 3000 万円 | 40 | 15 | 55 | 40 | | 50 | 0 | ▲ 5 | ▲ 5 |
| 〜 4000 万円 | 50 | | 65 | | | | ▲ 10 | | ▲ 15 |
| 4000 万円超 | | | | 45 | | 55 | ▲ 5 | | ▲ 10 |

（出所：財務省資料、垣内亮「社会保障・教育の財源は、消費税にたよらず確保できる」『経済』2018
年 2 月号 77 頁、表 9 より筆者作成。カッコ内は住民税課税所得区分）

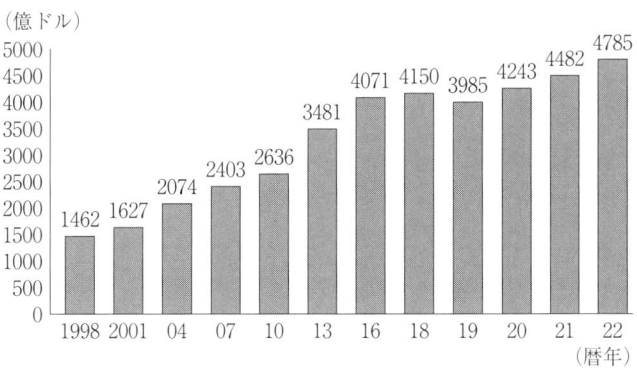

図8-27　日本の外国為替取引高の推移

（億ドル）

（出所：日本銀行「外国為替およびデリバティブに関する中央銀行サーベイ」各年4月1営業日当たり平均取引高）

⑧　「月収65万円以上の年金保険料引き上げ＋月収139万円以上の医療・介護保険料引き上げ2.2兆円」

　　現在、公的年金保険料の標準報酬月額上限は65万円、公的医療・介護保険料の標準報酬月額は139万円であり、これを超える月額収入について社会保険料は徴収されていない。この標準報酬月額の上限を撤廃し、原則どおり、労使折半の保険料を年金18.3％、健康保険10.2％、介護保険1.8％を徴収すると2.2兆円の財源を見込むことができる。[12]

⑨　「2013～21年の内部留保積増額に2％課税2兆円」

　　金融・保険業も含む大企業内部留保額は2012年度に333.5兆円で、2021年度には484.3兆円と150兆円増加した。このうち、賃金引き上げと設備投資に充てられたとみなして50兆円を控除し、100兆円に2％を課税する。2兆円の財源を得る。[13]

　　以上の①～⑨の財源案の合計は30.4兆円となる。

## 4 実施可能な30兆円の福祉施策

30兆円の財源を活かした「新しい福祉国家」の具体的施策は図8-28（217ページ）のとおりである。

① 「消費税税率5％引き下げ13.5兆円」

消費税増税による長期停滞の歴史を転換するため税率を5％引き下げる。消費税1％分の税収は2.7兆円なので、5％引き下げは13.5兆円の財源を必要とする。

② 「国民健康保険料の平等割、均等割廃止で保険料平均4割引き下げ1.3兆円」

国保料収入3.1兆円の4割を占める「平等割」「均等割」を廃止する。「平等割」は世帯ごとに課される保険料、「均等割」は世帯の家族数に課される保険料である。頭数でとる税金（保険料）は負担能力を無視した悪税である。図8-29は、90年代後半に3割未満であった国保料「平等割」「均等割」が年々増大し2021年に42％に至ったことを示す。国保料「平等割」「均等割」の廃止と、国保財政へ同額の国庫支出金投入に1.3兆円の財源が必要となる。◆14

③ 「年金月5千円上げ2.4兆円＋国民年金積立0.5兆円、合計2.9兆円」

年金受給者4千万人に月5千円、12か月、給付を底上げすると2.4兆円の財源が必要となる。また「年金マクロ経済スライド」を廃止して減らない年金にするため、国民年金財政に毎年0.5兆円を投入する。合わせて2.9兆円の財源が必要となる。◆15

④ 「診療報酬2000年水準回復（10.8％引き上げ）4.3兆円」

本書第1章図1-3（20ページ）で示したように、2000年以降診療報酬は累積で10.8％引き下げられた。2019年11月1日財務省資料「社会保障について②医療」によると診療報酬は患者自己負担分を除くと40兆円である。これを10.8％引き上げると4.3兆円の財源が必要となる。

## 図8-29　国民健康保険料算定内訳の推移

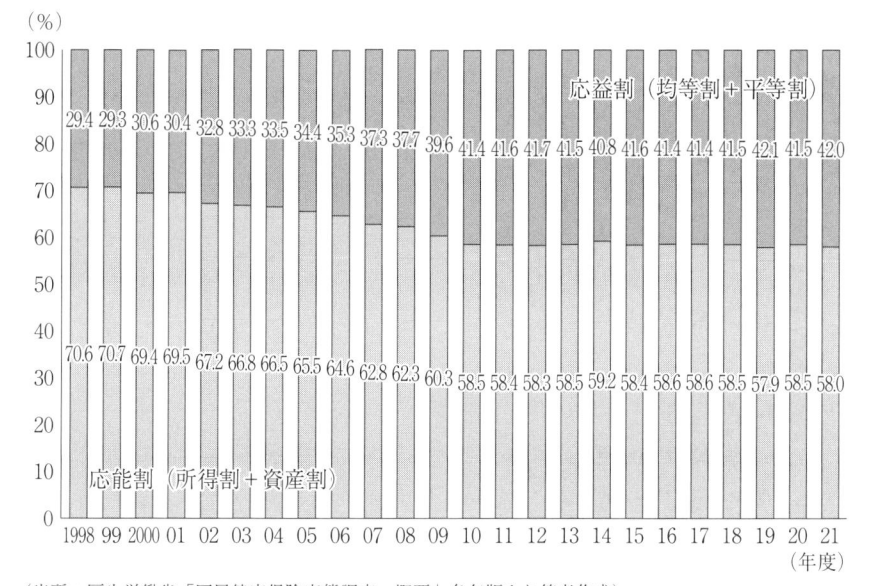

（出所：厚生労働省「国民健康保険実態調査・概要」各年版より筆者作成）

⑤　「保健所予算２倍化＋感染症研究予算 10 倍化 0.4 兆円」

本書第１章図1-5（22 ページ）で示した保健所、医師、技師半減を改め２倍化し、感染症研究予算を 10 倍化するのに必要な財源は 0.4 兆円である。[16]

⑥　「保育士 58.8 万人、介護士 215 万人に月 2.5 万円賃上げ 0.8 兆円」

保育士 58.8 万人に月 2.5 万円賃上げすると 1760 億円、介護士 215 万人に月 2.5 万円賃上げすると 6450 億円、あわせておよそ 0.8 兆円の財源が必要となる。

⑦　「障害者＋18 歳以下医療無償化、生活保護削減回復 0.6 兆円」

障害者自立支援法の応益自己負担の廃止は 300 億円で可能である。18 歳以下の医療費自己負担無償化は 0.5 兆円で可能となる。生活保護のうち生活扶助 1.2 兆円は 2013 年以降、平均８％引き下げられた。これを元に戻すには 0.1 兆円が必要となる。[17]

⑧ 「大学、専門学校授業料半減 1.5 兆円」

　学費半減のため、国公立大学生 76 万人に 27 万円、私立大学生 216 万人に 50 万円、専門学校生 60 万人に 50 万円を給付する。1.5 兆円の財源が必要となる。

⑨ 「最低賃金引き上げのための中小企業助成金（社会保険料事業主負担減免）
　　5.1 兆円」

　本書第 6 章で詳述したとおり、中小零細企業の社会保険料事業主負担を 70％減免し、今すぐ最低賃金時給 1500 円を実現する。5.1 兆円の財源を社会保険料会計に投入する。

　以上の①～⑨の社会保障・福祉充実案の必要財源合計は 30.4 兆円となる。◆18


## 第4節　労働者階級の再生産を可能にする賃金と 「資本主義的生産様式に固有な人口法則」

　労働力・労働者階級の再生産、「親子の生存」と賃金・所得との関係は、マルクス『資本論』第一部第二篇第 4 章の「労働力商品の価値」論、および第七篇第 23 章の「相対的過剰人口法則」論において本質的に解明されている。


### 1　労働力商品の価値──その三つの要素

　最初にマルクスは、労働者階級の再生産を可能とする賃金、その満たすべき条件を、労働力商品の価値規定、その三つの要素から解明している。

　第一に、労働力の価値は、労働力の維持に必要な生活諸手段の価値であるという要素からなる。まずは個人として食べていける賃金でないと働くことは困難ということである。

　マルクスは、「労働力商品の価値は、他のどの商品の価値とも同じく、この独特な物品の生産に、したがってまた再生産に必要な労働時間によって規定さ

れている」とする（『資本論』②297頁）。そして「労働力は、生きた個人の素質としてのみ存在する」ので、「したがって、労働力の生産はこの生きた個人の生存を前提する」としている（『資本論』②297〜298頁）。

　生存するために「生きた個人は、一定量の生活諸手段を必要とする」ゆえに、「労働力の生産に必要な労働時間は、この生活諸手段の生産に必要な労働時間に帰着する」。よって「労働力の価値は、労働力の所有者の維持に必要な生活諸手段の価値」という結論を得る（『資本論』②298頁）。「したがって、生活諸手段の総量は、労働する個人を労働する個人として、その正常な生活状態で維持するのに足りるものでなければならない」（『資本論』②298頁）。

　第二に、労働力の価値は、労働者階級を再生産するために家族として必要な生活諸手段の価値であるという要素からなる。つまり家族を持ち子どもを育てることができる賃金でないと世代を越えて働き、社会を再生産することはできないということである。マルクスは、「心身消耗と死亡とによって市場から取り去られる労働力は、少なくとも同数の新たな労働力によって絶えず補充されなければならない」と指摘する（『資本論』②299頁）。

　よって労働力商品の価値＝賃金としての「労働力の生産に必要な生活手段の総計は、補充人員すなわち労働者の子供たちの生活諸手段を含む」としている。マルクスは、労働力の価値がこの家族として必要な生活諸手段の価値であるという要素こそが「この独自な商品所有者の“種族”が商品市場で自己を永久化する」条件であるとしている（『資本論』②299頁）。

　第三に、「技能と熟練とに到達し、発達した独特の労働力」の価値は、特定の養成、教育、修業の費用という要素を含む。つまり職業人としての成長が保障される賃金が必要である。

　「一般的人間的な本性を変化させて、それが特定の労働部門における技能と熟練とに到達し、発達した独特な労働力になるようにするためには、特定の養成または教育が必要であり、……大なり小なりの額の商品等価物が費用としてかかる。労働力の性格がより複雑なものであるかないかの程度に応じて、その養成費も異なってくる」（『資本論』②300頁）。

　現代の資本主義において、労働力・労働者階級の再生産、「家族単位での生存」を可能にする賃金、労働力商品の価値の三要素のうち、特に「第二」の

「家族として必要な生活諸手段の価値」と「第三」の「技能と熟練を発達させる教育費用」は、社会的生存権として社会保障給付により保障される必要がある。なかでも家族全員の医療保障、住宅保障、教育無償化と並び、すべての子どもへの保育保障・公的子育て支援は、労働力商品の価値を「標準的に」補塡する重要な所得、「第二の賃金所得」として重要な役割を持つ。そして繰り返し述べたように、「社会保障の充実」が労働意欲を引き出すための「高賃金・人間らしい労働条件の実現」を引き出す作用をもつのである。

## 2 「賃金の労働力の価値以下への低下」と労働力の「萎縮した形態」

その上でマルクスは、以上の「労働力商品の価値規定」、その三つの要素が「標準的」に満たされない場合の考察に進む。マルクスは、三要素が「標準的」に満たされない、「労働力の価値の……最低限界」とは「日々その供給を受けなければ……人間がその生活過程を更新しえない」「肉体的に必要不可欠な生活諸手段の価値」だとしている（『資本論』②301頁）。

そして現実の賃金、「労働力の価格がこの最低限にまで下がるならば、それは労働力の価値未満への低下」であって、「その場合には労働力は、ただ萎縮した形態でしか維持され発揮されえない」。なぜなら「あらゆる商品の価値は、その商品を標準的な品質で供給するために必要な労働時間によって規定されている」からだと指摘する（『資本論』②301頁）。この「個人として最低限度食べるだけの価値」であるが「家族として必要な生活諸手段の価値」「技能と熟練を発達させる教育費用」には届かない賃金のもたらす労働力の「萎縮した形態」とは世代的な「萎縮」・少子化であり、技能的な「萎縮」・人材不足ということである。

## 3 「資本主義的生産様式に固有な人口法則」——相対的過剰人口の法則

しかしながらマルクスは、資本蓄積がこの労働力商品の再生産における「萎縮した形態」、少子化による労働力不足を一時的に突破する「資本主義的生産様式に固有な人口法則」、相対的過剰人口の法則を兼ね備えているとしている。

本来、少子化、人材不足は、社会保障の充実と高賃金、人間らしい働き方による労働者階級の自然的・社会的再生産により克服されるべき課題である。しかし、資本主義の利潤第一主義ゆえに「（労働力不足による…引用者）労働価格の高騰は、資本主義制度の基礎を侵害しないだけでなく、より拡大された規模でのこの制度の再生産をも保証する限界のうちに閉じ込められ続ける」、そのようなメカニズムの存在にマルクスは着目する（『資本論』④1085頁）。

　マルクスは、社会全体で資本蓄積が増大すると、「生産規模の拡大」「労働者数の拡大」に比例し、「彼らの労働の生産力の発展」つまり生産設備や材料・素材の改良・増強、技術革新、労働生産性の向上がおこると指摘する。この結果、資本蓄積は、相対的に大きな設備投資と相対的に小さな人的投資、「資本の有機的構成の高度化」という傾向を持つ。

　この資本蓄積によって、「資本による労働者のより大きな吸引（高蓄積のこと…引用者）が労働者のより大きな反発（リストラ・合理化による労働者の排出のこと…引用者）」を生み、「相対的過剰化」、産業現役軍（正規労働者）の過度労働と予備軍（失業者と非正規・半失業者）の排出という労働力供給強化に結びつく（『資本論』④1100～1101頁）。

　「したがって労働者人口は、それ自身によって生み出される資本の蓄積につれて、それ自身の相対的過剰化の手段をますます大規模に生み出す。これこそが、資本主義的生産様式に固有な人口法則で……ある」（『資本論』④1101頁）。

## 4　「相対的過剰人口の法則」による危機の先送り
### ——「大洪水よ、わが亡きあとに来たれ！」

　しかしこのような「人口法則」に基づく労働力供給強化、少子化、人材不足の「解決」は危機の先送りでしかない。結果としてマルクスは、資本蓄積により労働者階級の健康と寿命が危機に瀕し経済社会の健全性が損なわれる傾向について次のように論じている。

　「この過剰人口の流れ（相対的過剰人口の生産…引用者）は、発育不全な、短命な、急速に交替する、いわば未熟のうちに摘み取られる代々の人間から形成されている」（『資本論』②470頁）。

そうであるにもかかわらず、「労働者世代の苦悩を否認する実に『十分な理由』」つまり飽くなき利潤増殖欲求をもつ「資本は、その実際の運動において、人類の将来の退化や結局は食い止めることのできない人口の減少という予想によっては少しも左右されない」（『資本論』②471頁）と、マルクスは指摘する。そしてマルクスは、最後に次のような結論に至る。

　「いつかは雷が落ちるに違いないということはだれでも知っているが、自分自身が黄金の雨を受け集めてそれを安全な場所に運んだあとで、隣人の頭に雷が命中することをだれもが望むのである。"大洪水よ、わが亡きあとに来たれ！"これがすべての資本家およびすべての資本家国家のスローガンである。それだから、資本は、社会によって強制されるのでなければ、労働者の健康と寿命にたいし、なんらの顧慮も払わない[19]」（『資本論』②464頁）。

## 第8章のまとめに代えて

　マルクスが論じたとおり、資本蓄積に狂奔する１％のエリート層・資本家階級は、労働生産性の向上、相対的過剰人口の生産、それを梃子にした長時間過密労働と不規則で不安定な就労の強制、結果として生まれる「貧困」「不健康」「発育不全」「短命」「退化」「人口の減少」という99％のノン・エリート層・労働者階級の「貧困の蓄積」に顧慮・遠慮することはけっしてしない。しかし、マルクスは、資本家の顧慮・遠慮ではなく、社会変革の主体的条件である労働者階級の主体的成熟が「社会による強制」として労働者階級自らを守り解放すると考えた[20]。

　「自分たちを悩ます蛇（搾取と貧困のこと…引用者）にたいする『防衛』のために、労働者たちは結集し、階級として一つの国法を、資本との自由意志による契約によって自分たちとその同族とを売って死と奴隷状態とにおとしいれることを彼らみずから阻止する強力な社会的バリケードを、奪取しなければならない」（『資本論』②532頁）。

　そして「労働組合など」の「社会的バリケード」としての役割が特に重視されている。

　「彼ら自身のあいだの競争の強度がまったく相対的過剰人口の圧迫に依存

していることを労働者たちが発見するやいなや、したがってまた、資本主義的生産の自然法則が彼らの階級におよぼす破壊的諸結果を打破または弱化するために、労働者たちが、"労働組合"などによって、就業者と失業者とのあいだの計画的協力を組織しようとつとめるやいなや、資本とそのへつらい者である経済学者は、『永遠の』、そしていわば『聖なる』需要供給法則の侵害についてがなりたてるのである。というのは、就業者と失業者とのあいだのどんな結合も、あの法則の『純粋な』作用を撹乱するからである」（『資本論』④1117頁）。

「少子化」現象の客観的原因（労働力の価値以下の賃金・所得）とそれを生む法則性（相対的過剰人口法則）の解明と、この危機を克服する社会変革の主体的条件、労働者階級の主体的成熟の必然性、労働組合や労働者政党の組織化・強化、社会保障充実の制度化を結び付け解明できることは、『資本論』の現代的な「生命力」発揮の好例である。

注

◆1　2023年12月22日、岸田政権は「こども未来戦略〜次元の異なる少子化対策の実現に向けて〜」を閣議決定した。しかし、その内容は給付、負担の両面において問題が多い。例えば給付において、「扶養控除縮小と組み合わせた児童手当拡充案」「賃上げ具体策を欠く保育士増員案」「子ども3人以上を同時に扶養する世帯のみの大学授業料無償化案」など家計の負担軽減に程遠い。財源負担においては、「高齢者医療・介護窓口負担引上げ等社会保障削減策1.1兆円」「公的医療保険料に500円程度上乗せ徴収する支援金1兆円」「雇用保険料財政の流用や『特例国債』1.5兆円」の計3.6兆円が想定される。現役世代にとって子育て負担が減って介護負担が増えては意味がない。また本書第1章図1-7（24頁）で示したように、社会保険料負担は年収200万円程度が最も所得に対する負担割合が大きい。一律500円程度の社会保険料上乗せによる財源調達は、負担能力を無視した「頭数で徴税する」悪税にほかならない。この「こども未来戦略」は、大企業・富裕層に応能負担を求めないこと、「全世代型社会保障」と称し社会保障支出総額を抑制し続けること、将来の消費税増税を想定していることにおいて、少子化対策に失敗し続けてきた前例を踏襲しているにすぎない。

◆2 「高出生国」8か国とは、フランス、アイルランド、アイスランド、ニュージーランド、スウェーデン、米国、英国、オーストラリアの8か国である。なお図8-1、図8-2を使った少子化と公的子育て支援支出分析は、小塩隆士「少子化対策に新たな視点（上）現金より現物給付の充実を」日本経済新聞2017年2月7日付を参考にした。

◆3 図8-5は、日本経済新聞社のWebコンテンツである「消費税図解カイセツ」2019年9月20日付の図表（AGSコンサルティング和田博行税理士が協力、試算）を判読し作成した。

◆4 2019年7－9月期の家計最終消費支出が247.9兆円に増加し、2013年平均値を超えた理由は、同年10月の消費増税直前の「駆け込み需要」にほかならない。日本経済がプラス成長、所得増加を達成した結果ではない。

◆5 厚生労働省「国民生活基礎調査」の定義によると、「貧困線とは、等価可処分所得（世帯の可処分所得〔収入から税金・社会保険料等を除いたいわゆる手取り収入〕を世帯人員の平方根で割って調整した所得）の中央値の半分の額」ということになる。全体に占める貧困線以下の世帯員の割合が相対的貧困率である。

◆6 本書第1章図1-7（24ページ）で示したように、所得に占める社会保険料負担の最も重い階層は年収150〜200万円層である。

◆7 スウェーデンの消費税率は標準25％、食品12％である。

◆8 日本の2022年度の税収内訳は「消費税21.6兆円（33.1％）」「所得税20.4兆円（31.3％）」「法人税13.3％（20.4％）」であった（「国税庁レポート2022」）。

◆9 2013年末、「上位0.2％（資本金10億円以上）の大企業の金融資産271兆円」、「上位2.4％（純金融資産1億円超）の富裕層の金融資産241兆円」、「対外純資産316兆円」、合計828兆円であった。よって、2022年末の1201兆円と比べ、9年間で373兆円増加したことになる。毎年41.4兆円超のペースで増加していることになる。

◆10 垣内亮「社会保障・教育の財源は、消費税にたよらず確保できる（上）」『経済』2018年2月号、新日本出版社（以下、垣内2018a、2018年3月号の（下）は垣内2018b）は「配当益の総合課税化1兆円」「譲渡益の30％課税化0.2兆円」と財源を試算している。また不公平な税制をただす会編『消費税を上げずに社会保障財源38兆円を生む税制』大月書店、2018年も同様に配当所得課税、譲渡益所得課税の総合課税化で1.2兆円を算出している。その上で、財務省「法人企業統計」によると、日本の全産業、全企業規模の「配当金計」

は 2016 年 20 兆円、2021 年 30 兆円である。よって「配当益の総合課税化 1.5 兆円」「譲渡益の総合課税化 0.2 兆円」の財源創出を見込む。

◆ 11　所得税、住民税の税率 98 年時復帰が 2 兆円の税収増となる詳細な試算は、垣内 2018a、77 ～ 80 頁を参照。

◆ 12　この「月収 65 万円以上の年金保険料引き上げ＋月収 139 万円以上の医療・介護保険料引き上げ 2.2 兆円」についての詳細な試算は、垣内 2018b、94 ～ 98 頁を参照。

◆ 13　この内部留保課税の詳細は、日本共産党「物価高騰から暮らしと経済を立て直す緊急提案」2022 年 11 月を参照。

◆ 14　国民健康保険料収入総額（2020 年 3.1 兆円）は厚労省「国民健康保険の財政状況等について」を参照。

◆ 15　厚生労働省「平成 26 年金財政検証結果等」を使って、経済成長率 0.1 ％程度を前提に試算すると、2015 年から 2045 年の 30 年間において、厚生年金はマクロ経済スライドにより減額する必要は全くないことがわかる（逆に積立額が増える）。しかしながら国民年金は、マクロ経済スライドをしないと、当該の 30 年間で 13 兆円近い赤字が発生する。この赤字を解消し、減らない国民年金にするために、毎年 5 千億円弱の財政投入が必要と考える。

◆ 16　この「保健所予算 2 倍化＋感染症研究予算 10 倍化 0.4 兆円」の詳細は、2021 年 9 月 23 日付、日本共産党新経済提言「コロナ危機を乗り越え、暮らしに安心と希望を」を参照。

◆ 17　「18 歳以下医療費自己負担無償化」の財源 5000 億円については、「主張」（しんぶん赤旗 2023 年 3 月 30 日）を参照。

◆ 18　2023 年 9 月 28 日に発表された日本共産党「経済再生プラン」は本章図 8-25「大企業・富裕層優遇税制の是正」、図 8-28「緊急に必要な社会保障充実」と同じ性格を共有している。同「プラン」は、「1、政治の責任で賃上げと待遇改善を進める」として最低賃金全国一律 1500 円を大企業内部留保課税 2 兆円×5 年を財源とした中小企業支援策とセットで提案している。また「2、消費税減税、社会保障充実、教育費負担軽減」の給付策として消費税減税・インボイス廃止、年金底上げと国保料応益負担廃止、大学授業料半減と給付制奨学金整備、給食費無料化をあげ、また負担策として法人税増税、租税特別措置の是正、株主優遇税制の是正、高額所得者所得税増税、富裕税や為替取引税の新設、大型公共事業削減、軍事費削減等をあげる。さらに「3、気候危機の打開、エネルギーと食料自給率向上」として 2030 年まで $CO_2$ 排出 50 ～ 60％削

減（2010年度比）とセットで自然再生エネルギーを普及しエネルギー自給率を向上させること、食料自給率を向上させ農家を支援するために飼料・資材高騰対策を講じることを提案している。同「プラン」の特徴は「最低賃金引き上げ対策の中小企業支援策を2兆円規模×5年間の緊急策」としていること、「奨学金返済負担額半減5兆円」を重視していることである。それに対して、本稿の特徴は「最低賃金引き上げ対策の中小企業支援策を5兆円規模の恒久的施策」としていること、「診療報酬水準の回復4.3兆円」を重視していることである。

◆19　友寄英隆『「人口減少」社会とマルクス経済学』新日本出版社、2023年は、マルクス『資本論』第一部第七篇の「相対的過剰人口の累進的生産の法則」を、「生産力増大による過剰人口」論であり「生産力不足による過剰人口」論でないという意味で「資本主義的生産様式に固有な人口法則」である旨、正しい解釈を提示されている（同上、336～337頁）。その上で、「資本は人間の数を、なによりもまず労働者階級を、絶対的にも増加させる」（『資本論草稿集④』大月書店、486頁）というマルクスの分析に基づいて、19世紀の資本蓄積が「相対的過剰人口」の累進的生産をてことする労働者階級の貧困化の増大を通じて「労働力の再生産」を促進し、総人口を急激に増加させて「絶対的過剰人口」をもたらすという特質をもっていた旨、指摘されている（同上、339頁）。この指摘も19世紀から20世紀にかけての「人口変動の第Ⅰフェーズ（急激な人口増大期）」という事実に基づいている（同上、97頁）。その上で、なぜ同じ「相対的過剰人口の法則」がある時期（第Ⅰフェーズ）には急激な人口増大現象を、そして人口増大率の逓減現象（第Ⅱフェーズ：20世紀中葉）を経て、またある時期（第Ⅲフェーズ：20世紀末～）には少子化・人口減少の現象を生むのか、この二つの現象に如何なる理論的、歴史的関連性があるのかという問題は、今後の研究課題としたい。「現代日本の『貧困』は、家族を形成し、家族を維持することすら困難にしている『貧困』であり、『貧乏家族の子だくさん』の基本的な条件すら欠いた『貧困』『家族の貧困』である」（同上、101頁）という分析は必要であっても充分と言えるか熟慮してみたい。

◆20　資本主義の発達、資本蓄積の進行の中から「労働者階級の主体的発展」が生まれ、それこそが「資本主義の必然的没落」の法則性であることは、不破哲三『マルクス「資本論」──発掘・追跡・探究』（新日本出版社、2015年）の第三篇を参照。

関野秀明（せきの　ひであき）

　1969年京都府生まれ。1999年九州大学大学院経済学研究科博士後期課程単位取得退学。現在、下関市立大学経済学部教授（理論経済学）。

　著書に『今、「資本論」をともに読む』（共著、2023年、新日本出版社）、『金融危機と恐慌——「資本論」で考える現代資本主義』（2018年、新日本出版社）、『変革の時代と「資本論」——マルクスのすすめ』（共著、2017年、新日本出版社）、『現代の政治課題と「資本論」——自己責任論批判の経済学』（2013年、学習の友社）。

装丁・装画＝小林真理（STARKA）

インフレ不況と『資本論』——新しい福祉国家という出口戦略

2024年3月25日　初　版

|  |  |  |
|---|---|---|
| 著　者 | 関　野　秀　明 |  |
| 発　行　者 | 角　田　真　己 |  |

郵便番号　151-0051　東京都渋谷区千駄ヶ谷4-25-6

発行所　株式会社　新日本出版社
電話　03（3423）8402（営業）
03（3423）9323（編集）
info@shinnihon-net.co.jp
www.shinnihon-net.co.jp
振替番号　00130-0-13681
印刷　亨有堂印刷所　　製本　小泉製本

落丁・乱丁がありましたらおとりかえいたします。
Ⓒ Hideaki Sekino 2024
ISBN978-4-406-06792-8 C0033　　Printed in Japan